U0165970

圖解系列

圖解

社會政策
與社會立法

陳思緯 著

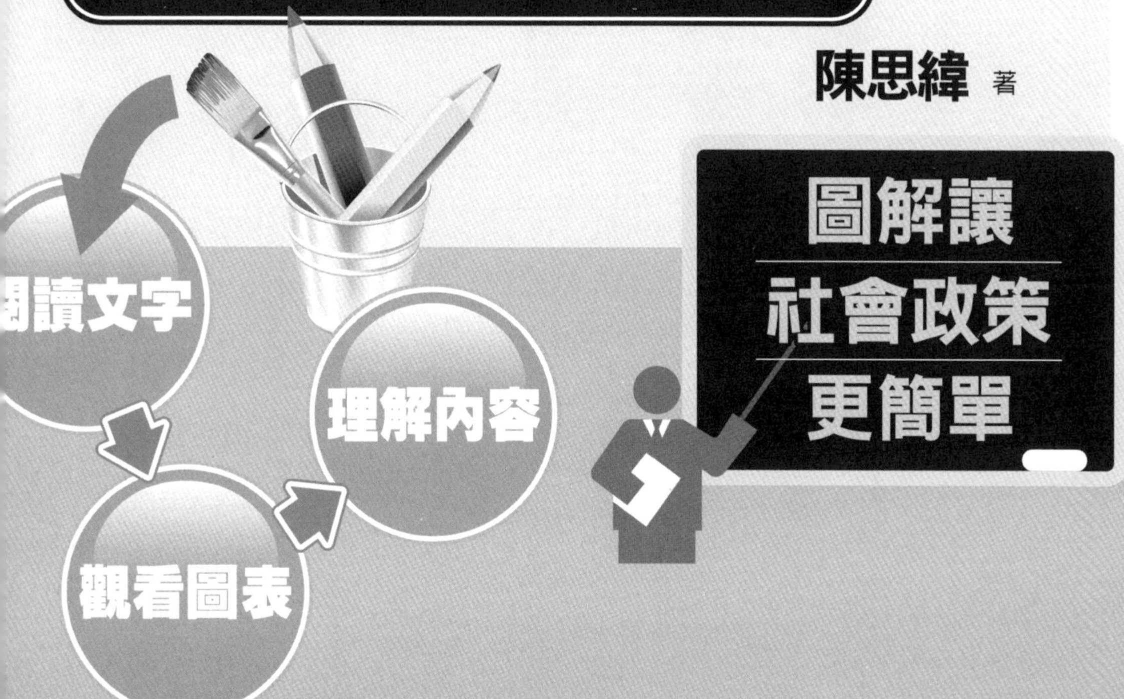

閱讀文字

理解內容

觀看圖表

圖解讓
社會政策
更簡單

五南圖書出版公司 印行

本書目錄

本書目錄

第 7 章　聯合國公約

第 8 章　強化社會安全網計畫

本書目錄

本書目錄

第 **1** 章

社會政策基本概念

章節體系架構 ▼

Unit 1-1
社會政策的發軔與內涵

對於社會政策的內涵之理解，是進入社會政策領域的重要踏階。我國《社會工作辭典》將社會政策定義為：「社會政策是國家或政黨為達成某種目標，所確立的某些基本原則或方針。而社會福利政策，則為解決或預防社會問題，以維持社會秩序並謀求人民福利，所確立的基本原則或方針」（中華民國社區發展研究訓練中心，1992）。在這個定義中，廣義的社會政策，即是國家政策；狹義的社會政策，即是社會福利政策（林勝義，2018）。

英國學者提墨斯（Timuss）曾指出，廣義社會政策是指一切與實現良善社會秩序有關之政策；而狹義的社會政策是指處理人們基本生活需求滿足之政策。此外，美國學者Marshall則指出，社會政策是政府直接影響市民福利的政策，這些政策包括社會保險、公共救助、衛生保健、福利和住宅等。

從以上學者對社會政策的定義歸納，可以發現社會政策的起源，是因為社會問題發生，國家或政府為了解決問題或預防社會問題所提出的政策。社會政策的範圍因對廣義或狹義範圍而有所不同，但其目的均係滿足人民的需要，增進社會的福利。

社會政策的內涵，包括：⑴什麼（what）是社會政策：是指對社會政策的內容的了解，例如：兒童保護政策是提供兒童一個安全的成長環境；⑵社會政策是如何（how）發展、管理及執行：例如：擬定「長期照顧計畫2.0」、「少子女化對策計畫」、「友善高齡者交通運輸計畫」；⑶為何（why）會有社會政策：社會政策的提出，涉及對政策的價值觀的影響，例如：對於長期照顧，有人主張採用社會保險制，另有人主張稅收制；而提升生育率的對策，有人主張托育公共化、有人主張津貼式的補助，此皆為涉及不同的社會政策意識型態。社會政策的意識型態，會受到政黨、國家體制、國家歷史、社會文化、社會輿論等諸多因素所影響，其層面是多元的。

社會政策的實踐，必須透過社會立法的方式來推動。社會立法包括了法律、行政命令、規則、方案或其他法規的方式。社會立法實際上是一個概括的名詞，是指解決許多社會問題而制定社會法規的總稱。林勝義（2018）指出，社會政策是社會立法的原則或方針，而社會立法則是社會政策的法制或條文化。

此外，Erskine對於社會政策提出分類，其從研究途徑加以區分為：1.社會議題（social issues）：主要是為了回應或探究當前的社會議題；2.社會問題（social problems）：政策的目的是解決社會問題；3.社會群體（social groups）：是指社會政策是對提供特殊社會群體／人口對象的需求之滿足；4.社會服務（social services）：指的是福利的項目。

社會政策的發韌

1873

- ◹ 「社會政策」（social policy）一詞出自於德國經濟學家。

- ◹ 為解決德國當時的勞動問題，組成「德國社會政策學會」，成為社會政策領域之發韌。

1884

- ◹ 英國有感於資本主義結構的變遷，成立費邊社（Fabian Society）。

- ◹ 費邊社認為國家應從社會面介入，提供社會保護，以對抗整體的社會問題。

1912

- ◹ 倫敦經濟學院設立社會科學與行政學系，形成社會政策的第一個，也是最重要的基礎。

1906

- ◹ 費邊社的推力，促使英國工黨成立，成為費邊社革新與改革的重要政治力量。

Erskine所提出的社會政策的分類（依研究途徑區分）

社會政策分類	政策目的	案例
社會議題（social issues）	回應或探究當前社會議題	為回應高齡化社會將面臨的年金破產議題，啟動年金改革政策。
社會問題（social problems）	解決現今面臨的社會問題	現今新興毒品氾濫，影響青少年健康，提出打擊毒品流入校園對策。
社會群體（social groups）	滿足特定人口的需求	為減輕育兒父母的育兒壓力，提供育有學齡前兒童的父母之育兒津貼。
社會服務（social services）	提供福利服務	提供居家式的長期照顧服務，服務之項目包括：身體照顧服務、日常生活照顧服務、家事服務、餐飲及營養服務、輔具服務、必要之住家設施調整改善服務、心理支持服務、緊急救援服務。

Unit 1-2
社會福利政策分析的面向

社會福利學者Neil Gilbert和Harry Specht以多種相互關聯的方式來研究社會福利政策，在他們出版的《社會福利政策面向》（Dimension of Social Welfare Policy）一書中，他們「以分析觀點研究的社會福利政策」，提出3Ps'的方法，包括：過程（process）、產物（product）及績效（performance），來分析社會福利政策。每種方法皆是用來檢視有關計畫、行政與研究專業角色等的社會政策問題。

過程（process）的研究，著重在政策形成中社會政治及技術層面的動態關係。在研究政策形成的過程中，最關注的是影響政策形成的政治體系、政府以及其他利益團體間的關係與互動（黃志忠等人譯，2012）。一項社會政策形成與制定的過程中，受到許多外在因素的影響。過程研究通常運用在政策評估進行的時候，透過各項資料的蒐集，以作為社會福利政策發展的決策依據。例如，近年來的無條件基本所得的政策倡議，可透過「我國社會福利體系中之基本所得保障研究」，加以檢視我國社會保險、社會津貼與社會救助等三項福利制度之現況、問題與連結等，以及各利益團體對此議題的看法，形成對政策評估，以評估我國在社會福利制度保障基本所得的變革方向及具體建議。

在產物（product）的研究中，所謂的「產物」就是政策的選擇（choices），研究的重點在於選擇的相關議題（issues）（黃志忠等人譯，2012）。政策的選擇，經常涉及政策選擇的意識型態、價值觀、理論、假設等。例如：以我國的長期照顧政策為例，長照的財源籌措方式可區分為社會保險制、稅收制，決策者所持的政策意識型態，會做出不同的選擇。例如：甲政黨主張以社會保險制度，而乙政黨主張以稅收制，二個政黨有不同的福利意識型態，而形成不同的政策產物。

績效（performance）的研究是著重在方案執行成果的描述與評估（黃志忠等人譯，2012）。績效的研究通常透過量化或質性的研究方法，以科學的方式進行。例如：針對以房養老政策的實施情形，進行績效的研究，了解政策的效益，以供滾動式調整政策的參考。

N o t e

筆

記

欄

社會福利政策之政治觀點

比較項目	個人主義觀點	集體主義觀點
政治理念	保守主義的。	自由主義／革新的。
看待社會問題的觀點	問題本身代表選擇不當、個人失功能及貧窮文化。	問題反映根本的社經狀況、取得資源有障礙及缺乏機會。
看待市場的觀點	支持無紀律是市場狀態和私人財產，以確保繁榮與福祉。	無紀律的市場會導致危險的經濟循環、失業、都市破壞、貧窮與不平等及環境衰退。
政府的責任	殘補式的觀點 —— 小政府，適度而非集權式的附屬於私人機構。	制度式觀點 —— 大政府，政府應該夠大到可以在廣大的社區推動社會福利。
社會政策議程	依賴市場性、自發性及宗教性的安排，提供著重窮人的安全網。	倚重公部門的領導人，提供廣泛的方案範圍，以確保完全的就業機會、經濟安全及基本的社會所需用品（social goods）。

資料來源：表格引自黃志忠等人譯（2012）。

美國共和黨總統
雷根（Ronald Reagan）

政府做的最好的一件事，
就是不要做事。

Unit 1-3
社會福利制度模式

在討論社會福利模式時，了解相關學者的分類模式，有助於學習。在社會福利模式的分類中，1965年Wilensky和Lebeaux所提出的殘補式、制度式福利模式，奠定了分類基礎模式。其後，在1958年，提墨斯（Richard Timuss）在其〈福利的社會分工〉（Social Division of Welfare）文中，則提出三種模型：殘補式、制度再分配（制度式）、工業成就表現模式等三種分類，延展了社會福利制度模式的更周延與細緻化。

殘補式的（residual）社會福利，主張社會福利係以個人「需求」和「補償」之標準，為分配福利資源的基礎。這意味著國家不是首要的福利提供者，在此模式下，只有當個人需求無法經市場或家庭獲得時，社會福利才會介入，且是短暫性的，國家角色退居第二線。例如：英國的《濟貧法》。殘補式的社會福利制度，是一種選擇性的福利，福利受益對象通常需要經過資產調查，例如：我國《社會救助法》對於符合生活扶助對象的資格規定。

制度再分配（制度式）模式，係以「需求」、「權利」和「補償」等標準，作為分配資源的基礎。此模式既然稱之為制度式模式，即表示社會福利制度為國家制度的一環，國家有義務保障國民基本生活，國家在社會福利運作和分配上，扮演第一線的角色。例如：英國的貝佛里奇模式。制度式社會福利是全民性的，不須經過資產調查，只要是符合資格的國民均納入福利受益對象，

例如：我國的全民健康保險制度。

在「殘餘式」與「制度再分配」（制度式）兩種分類上，提墨斯提出第三種模式，即為「工業成就模式」（industrial achievement-performance）加以補充。「工業成就模式」的福利基礎是指社會福利是經濟的補助者，社會需求之滿足必須立基於工作成就、生產力與功績。此種模式係把社會福利視為經濟的附屬品，而以工作表現和生產力的多寡作為分配福利資源的基礎。例如：俾斯麥實施的社會保險制度，係以有工作能力的勞工為保險對象。亦即，此模式認為社會政策是附屬於經濟政策，福利給付用於激勵生產，個人的社會經濟滿足，應依其本身的貢獻、工作表現及生產的多寡，社會政策是輔助經濟政策，用於激勵及酬償個人的成就或表現。此外，也有學者認為此模式是歐洲大陸社會安全制度的基石，義大利人稱之為「功績特殊模式」（meritocraticparticularistic model）或侍女模式（handmaiden model）。

三種不同的社會政策類型

Titmuss的命名	殘補式	制度再分配	工業成就表現
Esping-Andersen的命名	自由的	社會民主	保守－統合主義
地理上的位置	盎格魯－撒克遜	斯堪地那維亞	歐洲大陸
歷史關聯	貝佛里奇	貝佛里奇	俾斯麥
政策目標	貧窮及失業的緩和	對全體的平等；平等主義的再分配	勞動者所得維持
功能原則	選擇性	全民性	繳費
技術性方法	目標群體之救助	再分配制度	社會保險
接近模式	需求、貧窮	公民權、居留權	地位、就業
給付結構	財力調查	均一費率	比例（與繳費、所得相關）
財務機制	稅收	稅收	就業者薪資與繳費
經營、控制與決策	中央／地方政府	中央／地方政府	社會參與

資料來源：李易駿（2013）。

Marshall提出的「公民權利」（citizenship）

公民權利：
指的是一個共同體中所有的成員都享有的資格，成員因其資格被賦予相對的權利與義務。

類型	內涵
公民權	指個人享有自由所需的權利，包括人身、言論、思想及信仰自由、私有財產、締結契約、受司法保護的權利，相應而生的制度就是法院。
政治權	指參與政治力運作的權利，即參與政治組織並進行投票，相應而生的制度就是議會及地方政府。
社會權	指適度的經濟福利安全，完全享有社會遺業，以及過去社會普遍標準的文明生活，相應而生的就是教育體系與社會福利。

Unit 1-4
社會安全制度

根據國際勞工組織（International Labor Organization, ILO）將「社會安全」（social security）定義為：「社會經由系列的公共規章，來提供予其成員某種保障，以對抗經濟及社會的危難，而這些危難係由疾病、生育、職業傷害、失業、病弱、老年或死亡所引起及產生的所得中斷或實質的減少，這些保障的方法包括提供醫療照顧、對有未成年子女的家庭予以補助等」；Barker（1999）指出，「社會安全」是指「社會提供所得支持那些由於老年、疾病、失業、工作傷害等事故而失去所得的國民的一種制度」。是故，社會安全是一種促成人民以社會團結（social solidarity）的形式因應所得不足、減少、喪失的風險的一種集體機制（林萬億，2022）。

當對社會安全的定義有初步的理解後，我們要思考的是，社會安全的目的是什麼？可歸納為：(1)舒緩貧窮；(2)所得維持與替代；(3)促進社會團結；(4)對抗風險；(5)所得重分配；(6)補償某種損失的額外成本（黃源協等人，2021；侯東成譯，2006a）。其中，社會安全在促進社會團結上，係因為社會安全制度將不同的人口群納入，彼此之間形成相互支持的網絡，尤其是在工業化社會，所面臨的新社會風險不同於以往，每一個人都有可能因為某一個事件而落入風險中，透過社會安全制度，可以共同分擔風險，共同對抗風險，以因應不安全事件可能產生的風險。

現今的社會安全體系，從1942年英國貝佛里奇（Beveridge）爵士發表的社會安全報告書以來，歷經長時間的發展，已經是個高度複雜的有機體，而對此體系常以社會保險（繳費式福利）、社會救助（資產調查式福利）、社會津貼（非繳費式社會福利）等加以分類。例如：我國的「中華民國建國一百年社會福利政策綱領：邁向公平、包容與正義的新社會」中即指出：「政府應建構以社會保險為主，社會津貼為輔，社會救助為最後一道防線的社會安全體系，並應明定三者之功能區分與整合。」

社會保險（繳費式福利）的對象為就業人口或全體國民，其資格除了發生社會事故外，尚必須符合保險年資（或繳費紀錄）的規定，財源由受雇者、雇主和／或政府共同負擔。而社會救助（資產調查式福利）的對象則為社會中的經濟弱勢，其資格必須經過資產調查，經費由政府的租稅支應。至於社會津貼（非繳費式福利）則是提供均等現金給付給特定目標人口群，不考慮其所得、就業及財產，惟領取資格通常有居住設籍的規定，大部分財源來自政府稅收。前述三者有差異性。

社會安全的起源

美國總統羅斯福（Roosevelt）

‧社會安全（social security）一詞，源於1935年美國Roosevelt 總統執政時期通過的「社會安全法案」，是世界上最早將社會 安全意涵與經濟安全進行連結者。

‧相關概念已漸漸為國際組織採納。

聯合國世界人權宣言

1948年，聯合國的《世界人權宣言》第22條即指出：「身為社 會成員，每個人有權享有社會安全，也有資格透過國家努力與國 際合作，實現其尊嚴與人格自由發展所不可或缺的經濟、社會與 文化權利。」

資產調查給付與非資產調查給付的差異比較

比較項目	資產調查給付	非資產調查給付	
	社會救助	社會保險	普及式社會津貼
給付資格	貧民	被保險人（受僱者或全體國民）	老人、兒童、身心障礙者租屋者、單親家庭等
給付水平	吝嗇	慷慨	社會可接受水準
合格要件	合乎低所得標準（貧窮線）	強制納保	普及性涵蓋特定社會人口群
行政層次	地方主導	中央統籌	中央統籌
工作誘因	工作倫理的懲罰、烙印、不利工作的誘因	工作成就或功績	社會權
生活保障	社會最低標準	所得替代	基本生活保障
私生活介入	有	無	無
財源	一般稅收	保險費	一般稅收
國民支持度	負向質疑	廣泛被支持	廣泛被支持
政治合法性	慈善仁政	社會公民權（賺得的權利）	社會公民權（普及的權利）

資料來源：林萬億（2022）。

Unit 1-5
普及與選擇式社會福利

　　普及式（universal）社會福利與選擇式（selective）社會福利是常見的分類方式，這兩種方式，係立基於不同的社會政策思維而制定，其在許多層面存在著差異。

　　首先，普及式（universal）社會福利強調使用服務的社會權，係從公民權的思維進行政策思考，此類社會福利假設所有國民都有可能面對各種風險，接受服務是一種權利，是現代化國家基本的人權之一。在普及式福利中，受益人的財富或收入，不是主要的考慮因素，通常是以需求的類屬（例如：經濟安全、就業）、群體（例如：兒童、老人、身心障礙者）、地區（例如：教育優先區、山地離島地區）作為提供福利的基礎。例如：針對學齡前的父母提供的育兒津貼、偏鄉地區提供的早期療育巡迴服務等；或是提供服務給盡到福利義務的公民，個人必須履行繳納福利費用的義務之後，才取得享領社會福利的權利，例如：提供全民醫療服務的的全民健保，民眾必須善盡繳納健保費的義務。

　　普及式福利具有諸多的優點，包括：(1)較能適當回應不同類屬、群體、地區等人口群的基本社會需求；(2)不必經過資產調查，較能立即回應人們的立即需求；(3)較具有社會凝聚，可減少社會排除現象，也能避免受益對象遭受標籤化及汙名化；(4)福利對象涵括的對象範圍較廣，較易獲得人民的支持，在政治上較為有利。但其缺點為：(1)資源容易被浪費，引發不必要的福利需求效應；(2)國家財政負擔較重。

　　選擇式（selective）社會福利是指福利僅提供給部分的人，其政策核心思維是受益人必須進行資產調查，經過審核符合資格後，才有權利享有政府提供的福利服務。例如：社會救助、免費國民住宅等。此類社會福利政策受益對象，多聚焦在社會上或經濟上的弱勢族群，是基於政府對弱勢人口照顧的責任。例如：獨居老人、遭受家庭暴力者、特殊境遇家庭、身心障礙者、收入低於貧窮線者。選擇式社會福利的財源多來自稅收，福利受益對象不必相對應必須具備貢獻的義務。

　　選擇式福利的優點，包括：(1)服務提供聚焦在有特定需求的人身上，較不會浪費資源，效果較好；(2)因需經過資產調查，較能將每一分錢均花在刀口上，可減輕國家財政資源負擔。但此類社會福利，亦遭致相當多的批評，其缺點包括：(1)不能回應人民的基本需求；(2)易造成受益對象的標籤化或恥辱感；(3)資產調查所需的行政成本高；(4)不具有所得重分配效果；(5)缺乏脫離貧窮或激勵工作的誘因；(6)受益對象較少，在政治上難以獲得選票大量支持的政治紅利。

普及式與選擇式社會福利的差異

普及式福利		選擇式福利
所有人民、特定需求類屬、群體、地區	受益對象	特定人口，通常為社會弱勢對象
不需進行資產調查	資產調查	需進行資產調查
使用者涵蓋全部、多數人口，資源較有可能被濫用	資源運用效益	使用者限特定對象，資源管控力較強，較能有效運用
受益對象較多，所需財務費用較為龐大	財務負擔	限縮特定受益對象，財務負擔較輕
增強社會凝聚	社會效益	減少社會排除
具回應性、具立即性、減少汙名化、政治上有利	優點	避免資源浪費、國家財政負擔較輕
資源較易被浪費、國家財政負擔較重	缺點	基本需求回應不足、汙名化、行政成本高、無激勵誘因、政治紅利較少

資產調查（mean-tested）

☑ 資產調查，也就是社會救助或公共救助，請領給付者一定要經過資產或所得調查，其資產或所得低於規定水準以下，不足部分才由給付補足。

Unit 1-6
建國一百年社會福利政策綱領

為建構更具積極前瞻的福利改革政策，我國頒布「中華民國建國一百年社會福利政策綱領：邁向公平、包容與正義的新社會」，包括三大願景：

一、公平的新社會

首在保障弱勢國民，減少社會不公情形。政府除應支持家庭發揮生教養衛功能外，並應積極協助弱勢家庭，維護其家庭生活品質，落實在地服務，讓兒童、少年、身心障礙者、老人均能在家庭與社區中受到照顧與保護為優先原則，並在考量上述人口群的最佳利益之下提供補充性措施，以切合被服務者之個別需求與人性化的要求。為此，中央與地方政府應本於一體關係推動社會福利，全國一致的方案應由中央規劃推動，因地制宜之方案由地方政府負責規劃執行，而中央政府應積極協助縮小城鄉差距。政府應聚焦於國民基本生活、健康、尊嚴之保障，而民間能夠提供之服務，政府應發揚公私夥伴關係，鼓勵民間協力合作，並致力於創造非營利組織與社會企業發展的環境，以提供國民完善的服務。

二、包容的新社會

在於消除一切制度性的障礙，保障所有國民參與社會的權利。政府應積極介入，預防與消除國民因年齡、性別、種族、宗教、性傾向、身心狀況、婚姻、社經地位、地理環境等差異而可能遭遇的歧視、剝削、遺棄、虐待、傷害與不義，以避免社會排除。尊重多元文化差異，為不同性傾向、族群、婚姻關係、家庭規模、家庭結構所構成的家庭型態營造友善包容的社會環境。為達上述目標，政府應結合社會福利、衛生醫療、民政、戶政、勞動、教育、農業、司法、營建、原住民等部門，加強跨部會整合與績效管理，俾利提供全人、全程、全方位的服務，以增進資源使用的效率。

三、正義的新社會

在於提供所有國民平等的發展機會，以國民福祉為優先，針對政治、經濟、社會快速變遷下的國民需求，主動提出因應對策。尤其著重積極福利，藉由社會投資累積人力資本來促進經濟與所得的穩定成長，進而提升國民生活品質，維繫社會團結與凝聚。為此，各種社會福利措施應該善盡其各自的功能，因應生活風險建構健全的預防制度，以社會救助與津貼維護國民生活尊嚴，以社會保險維持國民基本經濟安全，以福利服務提升家庭生活品質，以健康照護維持國民健康與人力品質，以就業穩定國民之所得安全與社會參與，以居住協助與社區營造協助國民在地安居樂業。更需致力於社會福利財務負擔的平衡、即時資訊系統的整合、社工與衛生人力的充實、教育訓練的精進、研究發展的創新，以及科學指標的建構等，以期社會福利的永續發展。

《社會福利政策綱領》內涵項目比較

100年《社會福利政策綱領》	93年《社會福利政策綱領》
1. 社會救助與津貼 2. 社會保險 3. 福利服務 4. 健康與醫療照護 5. 就業安全 6. 居住正義與社區營造	1. 社會保險與津貼 2. 社會救助 3. 福利服務 4. 就業安全 5. 社會住宅與社區營造 6. 健康與醫療照護

社會福利三個黃金十年

黃金十年順序	內容
第一個黃金十年	民國40年代是第一個黃金十年，確立勞保、公保與軍保三大社會保險體系，實現政府遷臺前未竟的理想，也奠下臺灣現代福利體系的根基。
第二個黃金十年	民國60年代開啟了第二個黃金十年，「民生主義現階段社會政策」的制訂代表政府有了具體的福利施政方針，這段期間產生諸多後續影響深遠的福利發展：第一個具中央政策意涵的「社會福利政策綱領」、奠立專業化的社會工作員制度、初具現代化意義的社會救助措施、社區發展成為促進福利的方法之一，以及針對兒童、老人與身心障礙者的福利立法，這些都意味著中華民國的社會福利已經逐漸成為重要的施政項目。
第三個黃金十年	民國80年代則是第三個黃金十年，完成諸多具現代化與社會正義意義的福利法案，包括83年《全民健康保險法》、84年《兒童及少年性交易防制條例》（註：104年2月法案名稱修正為「兒童及少年性剝削防制條例」）、84年《老年農民福利津貼暫行條例》、86年《身心障礙者保護法》、86年《性侵害犯罪防治法》、86年《社會工作師法》及87年《家庭暴力防治法》等，在這段期間也開始召開全國社會福利會議，將民間與學者的意見納入到政府的福利決策之中，讓社會福利政策更貼近民眾的需求，充分展現民主化對社會福利的重大影響。

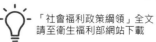 「社會福利政策綱領」全文
請至衛生福利部網站下載

Unit 1-7
衛生福利部

　　衛生福利部於2013年7月成立，是我國社會福利的中央主管機關。衛生福利部係合併原先的內政部社會司及相關社會福利業務，與行政院衛生署整併爲衛生福利部。衛生福利部整併前將原屬內政部之社會福利業務移出，包括社會司社會扶助發展、老人照護、社會保險、家庭及婦幼相關業務、家庭暴力及性侵害防治委員會、兒童局及北區老人之家等十六個社政機關。

　　依據《衛生福利部組織法》規定，衛生福利部之次級機關及其業務，其中社會及家庭署規劃與執行老人、身心障礙者、婦女、兒童及少年福利及家庭支持事項。據此，社會及家庭署成爲衛生福利部所屬的次級機關之一。社會及家庭署依據獨立機關設置之慣例，不但訂有《衛生福利部社會及家庭署組織法》，亦有獨立的人員編制、經費預算，是中央政府重要的社會福利行政機關之一。

　　有關衛生福利成立之緣由，綜整如下：

(一) 由於未婚人口增加、總生育率下降、新移民增加等，我國人口結構逐漸改變，相對應之社會政策，特別是中老年醫療保健及長期照護服務、身心障礙者復健、婦女權益、兒童養育、國民年金、社會保險等業務之規劃等，均需及早預作規劃因應，故整合醫療衛生與社會福利業務，將有助社會政策與資源整體規劃調配，建構完善的社會福利、社會照護及醫療保健體制。

(二) 根據《憲法》第13章第4節「社會安全」專節，我國社會安全制度包括充分就業、勞工及農民之保護、勞資協調合作、社會保險及社會救助、婦女兒童福利政策、衛生保健事業，因此整併成立衛生福利部，將可符合我國建構社會安全網之範圍及需求。

(三) 醫療與社會福利業務一直以來關係密切，彼此之間需相互配合、相互支援；但由於醫療衛生與社會福利業務分屬衛生署與內政部負責，在實務運作上常因相關政策、措施及執行標準不一，而無法充分配合，且在管理上存在著灰色地帶，無法提供民眾完整及有效率的服務。因此，合併成爲一個新的部級機關，統籌醫療衛生服務、健康保險與社會福利之業務，將有利於衛生與福利政策之推動及民眾福祉之增進。同時，希望單一機關的設立，可以確實掌握衛生及福利經費，便於資源之評估與取得，利於經費之分配。

衛生福利部組織架構

衛生福利部

- 綜合規劃司
- 社會保險司
- 社會救助及社工司
- 護理及健康照護司
- 保護服務司
- 醫事司
- 心理健康司 ── 疾病管制署
- 口腔健康司 ── 食品藥物管理署
- 中醫藥司 ── 中央健康保險署
- 長期照顧司 ── 國民健康署
- 秘書處 ── 社會及家庭署
- 人事處 ── 國民年金局（註）
- 政風處 ── 國家中醫藥研究所
- 會計處
- 統計處
- 資訊處
- 法規會
- 附屬醫療及社會福利機構管理會
- 衛生福利人員訓練中心
- 國民年金監理會
- 全民健康保險會
- 全民健康保險爭議審議會
- 國際合作組
- 少子化對策辦公室

老人之家
（北區、中區、南區、東區及澎湖）及彰化老人養護中心

少年之家

教養院
（南投啟智、雲林及臺南）

兒童之家
（北區、中區、南區）

醫療院所
（基隆、臺北、桃園、苗栗、豐原、臺中、彰化、南投、嘉義、朴子、新營、臺南、旗山、屏東、恆春旅遊、臺東、花蓮、玉里、澎湖、金門、胸腔醫院、樂生療養院、八里療養院、桃園療養院、草屯療養院及嘉南療養院26家醫院）

（註）國民年金局暫不設置，《衛福部組織法》明訂其未設立前，業務得委託相關機關（構）執行。

資料來源：衛生福利部網站。

第 **2** 章

社會政策價值觀

●●●●●●●●●●●●●●●●● 章節體系架構 ▼

Unit 2-1
需求

在提及人類的需求理論中，以馬斯洛（Maslow）提出「需求階層論」最為經典。馬斯洛指出，人最基本的需求為生理需求，當生理需求滿足後，才會感覺到有安全的需求；當安全的需求滿足後，才會有歸屬感及愛的需求，以此類推，此即為需求階層論，此理論提出人類的五種需求，包括：

1. 生理的需求：包括食物、水、氧氣、休息等。
2. 安全的需求：包括穩定，免除恐懼、焦慮、威脅及混亂。
3. 歸屬感及愛的需求：包括朋友、家人及愛人所給的親近與關愛。
4. 自尊的需求：包括自我尊重、尊重他人、成就、受到注意及賞識。
5. 自我實現的需求：包括個人潛能的發揮，實現自我。

此外，Bradshaw提出規範性需求、感覺性需求、表達性需求、比較性需求等四種類型，在許多的社會福利政策制定過程中，經常是政策制定者決策評估的需求參考。茲說明如下：

1. 規範性需求（normative need）：規範性需求即是專家學者所界定的需求，係依據現有之資料作為規劃之基礎。通常，專家依據理論、研究調查結果、專業人士意見等，用以研判標的人口群為何。常見的做法是採用比率（ratio）的方式，與現有資料之間做對照比較來表達需求的程度。如果實際的比率低於特定標準，就可據以認定需求的存在。例如：某偏鄉的學齡

兒童的蛀牙率高於都市地區，則該地區的口腔衛生教育需求較高。優點需求的界定較為客觀化，但仍有受到知識、技術、價值觀的改變，致需求的程度也會隨之改變的缺點。

2. 感覺性需求（perceived need）：此類型需求為標的人口群透過想像與感受覺知的需求。此需求會受到不同生活水準的差異，而有不同的感覺性需求，較難可觀加以必較，亦即，判別感覺性需求的標準會有因人而異的現象，例如：在社區中自認為健康不佳的人數。

3. 表達性需求（expressed need）：此即有需求者實際嘗試或接受滿足需求的服務。方案規劃者以實際尋求協助的人數來界定需求，例如：社區內正在等候居家安寧的人數。人們將感受實際轉化成行動的情況，而未滿足的需求或要求，自然而然就成為規劃所要改變的標的。

4. 比較性需求（relative need）：此種需求是藉由比較類似的情境與服務差距所存在的需求。比較性需求的測量是比較類似之區域間，現有服務的差距來說明需求的存在。比較性需求分析時，必須同時考慮人口組成及社會問題形成方面的差異，比較性需求不同於規範性需求的測量，最後提供的是一套絕對判定需求之標準。比較性需求關注的是對等性、公正性的議題。例如：統計臺北市與臺中市的醫院家數、人口數，以比較兩個城市的居民是否享有同樣的醫療照護資源。

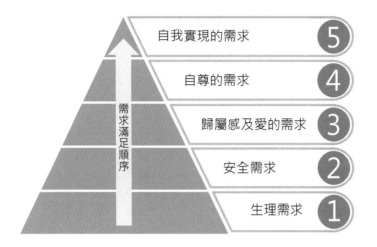

Maslow的需求階層論

需求滿足順序

- 自我實現的需求 ⑤
- 自尊的需求 ④
- 歸屬感及愛的需求 ③
- 安全需求 ②
- 生理需求 ①

Ian Gough的需求分類

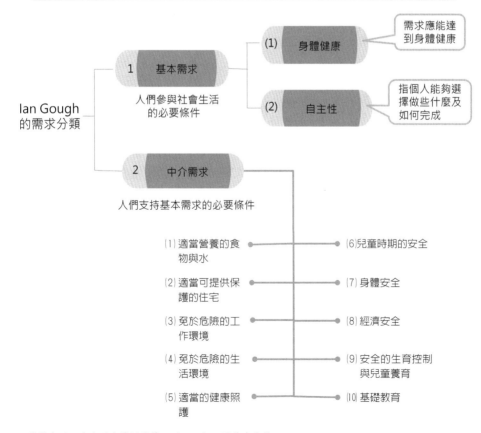

Ian Gough 的需求分類

1 基本需求
人們參與社會生活的必要條件

- (1) 身體健康 —— 需求應能達到身體健康
- (2) 自主性 —— 指個人能夠選擇做些什麼及如何完成

2 中介需求
人們支持基本需求的必要條件

⑴ 適當營養的食物與水
⑵ 適當可提供保護的住宅
⑶ 免於危險的工作環境
⑷ 免於危險的生活環境
⑸ 適當的健康照護

⑹ 兒童時期的安全
⑺ 身體安全
⑻ 經濟安全
⑼ 安全的生育控制與兒童養育
⑽ 基礎教育

資料來源：文字引自黃源協等人（2021）；圖作者自繪。

Unit 2-2
平等

平等（equality）是指每人被平均分配同等的資源去獲得機會或完成任務。亞里斯多德（Aristotle）曾經以切蛋糕為例說明平等的意涵。假設今天有四位飢餓的人，且這四位飢餓程度一樣，將蛋糕切成四等分，便是「數值平等」（numerical equality）；但若這四位當中有兩位飢餓程度是其他人的二倍時，這時蛋糕的切法應該是採取「不平等」的方式，使每個人的慾望能獲得「平等」的滿足，這即達到「比例平等」（proportionate equality）。因此，以亞里斯多德的區分來看，平等指的是「依照某些標準X（如飢餓程度）所做的公平分享」，平等的本質則需視X而定。

Weale認為在社會福利平等的實際運作上，可以區分為實質平等（substantive equality）和程序平等（procedural equality）的概念。實質平等就是合理的差別待遇，根據每個人的能力不同、貢獻不同，按照比例分配與之相符合的事物。實質平等是正義的實現，而程序平等是維護和平與保障平等持續工具。Weale更進一步提出了資源的平等（equality of resources）和福利的平等（equality of welfare）。資源的平等是指每一個公民享有同等數量的福利資源，如醫師數、病床數等，強調財貨分配而非其價值；福利的平等係指對每一個公民有同等的福利效用，即使用福利財貨的可能性相等，不僅強調分配，亦更重視財貨的價值（Weale,1978,1985；轉引自李易駿，2017）。

在平等的類型中，常被討論的機會平等，係指每個人都應有相同可成功的機會，無論其階級、性別或種族，決定人們能否成功並獲得酬賞的條件，應該是天賦及努力，而非社會背景。例如：消除對婦女的一切歧視，以使女性在職場上能獲得工作平等的機會，且非以性別決定獲得升遷的機會。此外，黃源協等人（2021）指出，結果平等關心的是結果，較為極端方式是不論每個人的起點及原有能力高低，最終人們應享有共同的資源，或至少公正地依不同需求分配資源。實務上，主要是透過強制立法與政治手段，儘量縮小競爭性市場所造成的社會不平等。

與平等相關的概念是公平（equity），是指根據個人不同需要和情況提供資源和協助，以達到一種相對公平的結果。陳政智等人（2011）指出，公正對待每一個人是公平價值強調的重點，公平是一種比例性的平等，每一個人可得的事物是根據個人對社會的貢獻多寡而定。

公平與平等

公平

平等

推動社會政策平等的策略

當提供某項特定的社會福利時，公共支出應平等分配到所有人身上，亦即平等配置。例如：各中小學的學生是否享有相同的預算。

1. 公共支出的平等

2. 最後（終）所得的平等

這表示貧富之間垂直的重新分配。例如：富人多繳稅，而窮人在接受福利之後，縮小之間的所得差距。

3. 使用者的平等

人們是否可平等的使用各項社會福利。例如：山地鄉的原住民是否能享有與平地人同等的全民健保服務。

Le Grand 推動社會政策平等的策略

4. 成本的平等

總計公共服務所有相關的個人之使用，必須相同。例如：全民健保的部分負擔。

5. 成果的平等

福利服務的成果，必須為它的使用者提供一個等值的服務。例如：住在偏遠地區的民眾，繳交健保費之後，能跟都市居民得到同樣的醫療保健服務。

資料來源：文字引自Le Grand（1982）；轉引自黃源協等人（2021），並修正部分說明文字；圖作者自繪。

Unit 2-3
社會正義

　　社會正義被稱為社會中的第一價值。為處理自由市場經濟所帶來的部分社會問題，如失業與貧富差距，為社會政策的功能性任務之一。談及「社會正義」，最著名的是羅斯（John Rawls）在1971年所著的《正義論》。「正義」簡單的說，是為確保社會上人人能夠獲得「公平」的基本原則。

　　羅斯認為社會正義（social justice）有兩個基本的前提，第一個前提就是「自由原則」，它指的是：「對相同的基本自由的整個體系，每一個人均必擁有相等的權利，而對此基本自由體系與有人共享的自由體系是一致的；第二個前提，則是「差異原則」：社會和經濟不平等的存在，為社會經濟劣勢者帶來最大的不利益，同時社會和經濟的不平等，個人在機會均等的條件下均有陷入不平等的機會（Rawls,1972；轉引自詹火生等人，2014）。羅斯指出：社會正義是社會契約與合作的基礎，也就是社會運作的基本原則。羅斯的論點是「正義即公平」，為了在社會的各種安排中進行選擇，以決定如何劃分利益，形成適切分配的共識，便需要社會正義的原則。

　　為了建立正義的原則，羅斯認為應在「原初立場」（original position）下，且在「無知之幕」（veil of ignorance）後，進行正義原則之選擇。在「無知之幕」之後，沒有人能夠知道自己在社會中的位置、階級及社會地位為何，亦沒有人能夠知道本身的自然資質、能力、智能及體能有多少，唯一知道的是個人位於一個正義的環境中。最後，各種權利與義務的分派，以及社會與經濟利益的分配應基於自由原則、差異原則。

　　如前所述，社會正義的分配原則，包括自由原則、差異原則，其內涵如下：

　　自由原則：指的是對相同的基本自由的整個體系，每一個人均必須擁有相等的權利，而對此基本自由體系與有人共享的自由體系是一致的。每個人對於同等基本自由的充分合適體系，均擁有同樣不可剝奪的請求權利，且該體系與他人所擁有之相同自由體系是相容的。

　　差異原則：即社會在進行社會合作之利益分配時，固然應建立在平等的原則上，但必要時可容許社會與經濟上的不平等（fair share），但最不利（弱勢）者要能獲得。亦即，面對社會與經濟的不平等應該滿足兩個條件：一為各種職位和地位應在公平的機會平等條件下對所有人開放；另一為它們應該讓社會中最劣勢的成員獲得最大好處。

　　根據羅斯的差異原則，在不平等結構下，為了使處於社會弱勢者能夠獲得最大的福利，於是有所謂「積極的差別待遇」政策，藉此達到社會正義的目標。

社會正義

無知之幕
在面紗的背後，消除了個人的特徵。

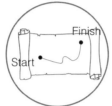

原初立場
試圖使我們更接近平等狀態。

差異原則
只有在不平等受益最大的情況下，才允許不平等的原則。

社會正義的自由原則與差異原則

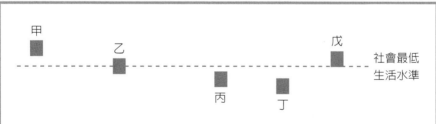

- Edwards認為甲、乙、丙、丁、戊等人到社會最低生活水準的距離，是符合自由性原則。
- 然而，其中丙與丁兩人由於先天或是後天的弱勢位置，必須提供比最低生活水準更多的資源，才能夠符合社會正義的原則。因此就丙和丁來說，則屬於社會正義的差異性原則。

資料來源：圖、文字引自詹火生等人（2014），並經作者加以修正。

Unit 2-4
社會排除

　　社會排除（social exclusion）的起源，文獻大多指出法國學者René Lenoir在1974年的著作《十分之一的法國人被排除》，較早運用相關概念指稱被排除在社會保險體系外的各類人，包括窮人、身心障礙者、單親等。

　　最完整的定義來自歐洲共同體（歐盟的前身）執行委員會1993年的報告：「社會排除指因多元且變動之因素，導致人們被現代社會之正式交換、資源、運作與權利所排除。雖然貧窮是造成社會排除的主因，無法享有合適的住宅、教育與健康服務亦是成因，它同時影響個人與群體，特別是都會與鄉村地區中遭受歧視與隔離者，因此需關注社會基礎設施之不足，以及既有雙元社會所帶來的風險。本委員會認為我們不可宿命地接受社會排除，享有人類尊嚴是共同體所有公民的權利。」（黃源協等人，2021）。

　　一般而言，社會排除通常非單一面向，其含括多面向，同時並非一種靜態的結果，其隨著社會、文化、政治、經濟等因素而動態調整，因此，社會排除是一種動態的結果。Peace（2001）根據歐盟的文件檢視發現，社會排除包含的項目，可包含以下六個面向：

1. 指被排除人口群的類別，例如：因性別、年齡或失能等，受到社會、經濟及文化邊緣化的人口。
2. 指各種排除的類型，例如：新貧、社會邊緣化等。
3. 指各種加深排除的類型，例如：社會邊緣化、缺乏公平的認可（如社會歧視、偏見與敵意等）。
4. 指各種排除的狀態、情況或場所的隱喻，例如：貧窮的陷阱、工作情況的解離、風險的情境等。
5. 指排除的結構成因，意即個人所難以掌握的部分，例如：童工或是從事危險工作及低技術工作者的就業排除。
6. 指排除的心理社會影響，例如：心理問題、認同喪失、失去目標等。

　　總括來說，社會排除就是把社會成員從社會團體中排除出去的現象。相對性於社會排除的概念，就是社會包容（social inclusion）。社會包容的主要目的，是將社會成員盡可能地包容納入社會團體中。例如：社會工作師對精神病患者的修法倡導，以減少其被貼標籤的汙名化現象，提升社會包容；及運用政府及民間資源，協助提供社區治療、就業轉銜服務等，藉由穩定且安全的工作提升社會參與，降低被社會排除的風險。

相關概念釐清

貧窮
指的是個人或家庭缺乏必要資源,以維持最低生活水準的情況。

01

窮困
指的是一種過程,它使個人或家庭永久的(或至少是一段非常長的時間)處於貧窮線之下。

02

03

剝奪
指的是個人或家庭非常缺乏財貨或服務的多面向情境,它使得人們的生活無法參與社會成員所期待的例行活動。

04

社會排除
指的是動態且多面向的排除過程,這個過程可能形塑出剝奪感。

社會排除的兩項重要特質

01

是一種動態的過程:
動態主要乃是彰顯出社會排除觀點的特色,不是一個靜態的描述而已,還要探索一個人或團體之所以在其生命週期中,逐漸淪落到排除的動態過程。

02

是多面向的:
強調的是排除現象並非單指物質或經濟上的問題,還包括心理、價值、醫療、社區空間、社會與政治參與等問題。

資料來源:文字引自林正鄆等人(2022);圖作者自繪。

第 **3** 章

社會政策意識型態

 章節體系架構 ▼

Unit 3-1
福利意識型態

「意識型態」係18世紀末由啟蒙思想家特拉西（Destutt de Tracy）所創，用以指涉研究觀念的科學。福利意識型態是對社會政策或社會福利的態度、立場與價值，指導人們處理人、國家與社會三者間的關係。意識型態乃是以觀念為核心，再同時由觀念延伸出行動指導，以實現（實踐）其觀念所建構的理想社會。因此意識型態常由人們所形成的團體所共享，並藉由這些團體及組織作為實現意識型態的承載體（李易駿，2013）。在社會政策制定的過程中，意識型態會左右政策的走向，尤其是具有影響力的政黨、團體、關鍵意見領袖、輿論及社會文化等。

有關社會政策的意識型態，Spicker（2008）以「支持—不支持平等主義」為橫座標，「集體主義—個人主義」為縱座標，區分為四個象限說明福利意識型態；且象限中又區分為「偏好」與「極端」二種。所謂「偏好」即社會政策意識型態圖中內部圓圈的範圍，而「極端」則是各象限的外圍。包括如下：

1. 第一象限：此象限為「不支持平等主義—集體主義」，包括保守主義、法西斯主義。
2. 第二象限：此象限為「支持平等主義—集體主義」，包括社會主義、馬克思主義。

3. 第三象限：此象限為「支持平等主義—個人主義」，為社會民主主義。
4. 第四象限：此象限為「不支持平等主義—個人主義」，包括自由主義、新右派。

從前述的社會福利意識型態區分，較為偏向自由主義或市場取向的意識型態立場，其實代表著反對政府干預市場經濟，亦即，偏向個人主義，較不支持平等主義，認為國家干預角色應最小化，主張小政府。此類型的社會福利意識型態，為資本主義的典型，強調個人利益，因此，以自由放任為主，限縮政府干預強度，並強調市場供給機制。

相對地，較為偏向集體主義意識型態立場者，則較主張政府的干預，認為國家干預的角色應極大化，主張大政府，此類型的社會福利意識型態，重視群體利益，形成以集體管制及計畫式的福利供給形式，強調極大化國家干預的範圍與強度。

社會福利意識型態之光譜區分，從政府干預程度與範圍的強弱分類，政府干預市場的強度以社會主義最強，最低者為自由主義最弱；以去商品化程度區分，亦同。不同的意識型態，在社會政策的制定與福利提供上，會有不同的社會政策產物。

社會政策意識型態

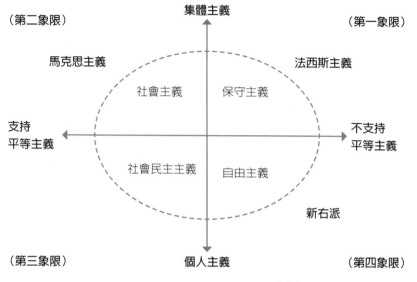

（第二象限）　　　　　　　　　集體主義　　　　　　　　（第一象限）

馬克思主義　　　　　　　　　　　　　　　法西斯主義

　　　　　　社會主義　　保守主義

支持　　　　　　　　　　　　　　　　　　　　　不支持
平等主義　　　　　　　　　　　　　　　　　　　平等主義

　　　　　　社會民主主義　　自由主義

　　　　　　　　　　　　　　　　　新右派

（第三象限）　　　　　　　　　個人主義　　　　　　　　（第四象限）

資料來源：Spicker（2008）。

福利意識型態

▶ 意識型態是由許多相關聯的理念價值所形成。不同的意識型態在看待同一價值時，切入點會有所不同。

▶ 社會福利的意識型態，被認為是政府干預福利服務與決策的基礎。

▶ 通常政府干預與市場機制是一組相對的概念，政府角色和國家職能意識型態傳統有關。

▶ George & Wilding於1976年出版的《意識型態與社會福利》乙書，被認為是討論意識型態與社會福利的經典代表作。

Unit 3-2
保守主義與自由主義

保守主義（Conservatism）基本主張是個人要為自己負責，政府介入人民生活愈少愈好，改變並非必要的。保守主義流行於1930-1940年代的英國，保守黨是其主要代言人。

保守主義的主要特徵，包括如下（林萬億，2022）：

1. 抗拒變遷：認為變遷帶來的好處比其帶來的麻煩少，如果沒有破壞，何需修補。
2. 對人性悲觀假設：認為貪婪、自私、懶惰、假慈悲是人性的本質，如果有福利，人人都想要，提供福利的就是笨蛋。
3. 人人應自我依賴：認為人們應該認真工作以養活自己，根本不需要別人幫助。
4. 尊重傳統：認為傳統帶給社會繁榮穩定，歷史與文化的智慧才是值得學習的，據此推崇權威與父權。
5. 國家介入家庭教育與教養：尊崇家庭價值，因此主張國家應該介入家庭維繫與教育，讓家庭支持其成員。

保守主義在1950年代以後，基於很強的國家主義傳統，逐漸接受社會保守主義的修正（social conservatism），支持公平、有限度的福利、經濟成長與政治穩定、適度干預個人行為、家庭與宗教維護、尊重階層與服從權威、追求紀律的社會，這就是新保守主義（neoconservatism），反對社會主義主張的社會正義，也反對自由主義的自由。

英美現今保守主義政黨通常傾向於小政府、自由市場的經濟架構。保守主義並不反對進步，只是反對激進的進步和澈底的顛覆，寧願採取比較穩妥的方式。

自由主義（Liberalism）由洛克（John Locke）、亞當·史密斯（Adam Smith）等所主張，支持個人信仰自由、社會改革、言論自由、普及參政權、自由競爭、人道主義、小政府、反歧視與剝削、個人選擇及君主與教會專制思潮。自由主義追求保護個人思想自由的社會、以法律限制政府對權力的運用、保障自由貿易的觀念、支持私人企業的市場經濟、透明的政治體制以保障每一個公民的權利。其後，演變為以海耶克與佛利曼（Milton Friedman）等為代表的新自由主義（Neoliberalism），不但支持市場經濟，且更加放任、主張極端自由主義、自由選擇、小政府、市場至上、反對干預。

自由主義相信每一個人都可以是最佳的幸福追求者，國家並不需要為人民的幸福感規劃、管理人民的活動。同時，自由主義者認為國家的權力及職責應最小化，甚至限縮在維持基本秩序、基本公共設施或公共財維護即可。

左派與右派

左派	右派
同義詞	
左派， 即是社會主義（Socialism）陣營	右派， 即是資本主義（Capitalism）陣營
起源	
源自於 英國費邊社（Fabian Society）	源自於 美國自由放任的經濟制度
政府角色	
它主張透過政府干預， 以便有夠多的資源以協助弱勢者	反對國家過度干預， 認為個人必須為自己的幸福負責
衍生之意識型態	
發展出來集體主義（Collectivism）、社會民主或民主社會主義（Democratic Socialism）、馬克思主義（Marxism）、新左派（New Left）等，雖然各有一些修正，但其本質仍傾向於社會主義	衍生出來的個人主義（Indivualism）、反集體主義（Anti-Collectivism）、新自由主義（Neo-Liberalism）、新保守主義（New Conservatism）、柴契爾主義（Thatcherism）、雷根主義（Reaganism）、新右派（New Right）等，雖然有一些修正，但本質上仍不離資本主義
價值觀	
認為人類有普遍性的福利需求，以及尋求這些基本需求被滿足的普遍性責任，因而反對資本主義經濟制度所造成的弱肉強食，及其所帶來的社會不平等	強調自由競爭，追求利潤
社會政策目標	
擴大社會資源共享，消弭社會的匱乏或不幸；在政策工具方面，透過國家干預，推展普及化的福利措施	追求機會平等，提高服務效率；在政策工具方面，強調自由市場、公民社會，以選擇性福利為主要服務項目

Unit 3-3
新右派

在1970年代之後，新自由主義與新保守主義結合，成為所謂的新右派（New Right）或基變右派（Radical Right）（林萬億，2022）。新右派其主要支持者是英國保守黨總理柴契爾夫人（Thatcher）與美國共和黨的總統雷根（Reagan）。

新右派擷取新自由主義的經濟自由主義與新保守主義的道德保守主義，大力批判二次戰後以來的凱因斯福利國家（Keynesian Welfare State）。凱因斯（Keynesian）經濟思想指的是以國家計畫、干預為基礎的經濟體制。此經濟思想自第二次世界大戰期間，即被運用於資本主義國家，並擴張運用到戰後的英國。不但在經濟上開啟國家計畫經濟的世代，也開創所謂的福利國家時代。

新右派認為凱因斯福利國家阻礙了的進步，綜整學者對福利國家的批判如下（林萬億，2022；李易駿，2013）：

1. 福利國家是反經濟的：因為它傷害了資本主義市場經濟的投資誘因與工作誘因。尤其是許多的福利給付形成人民的福利依賴性，而不願進入職場工作。

2. 福利國家是不具生產性的：它鼓勵龐大的公部門官僚體系出現，迫使資本與人力遠離具生產性的私部門經濟，且國家壟斷僱用工人於不具生產性的公部門服務，導致私部門工資上漲。政府聘用大量的社會福利科層人員，相對於市場經濟，這些人員的生產性不具有經濟可測量性。

3. 福利國家是無效率的：公部門壟斷福利的提供，創造與贊助一個特殊利益的部門（指社會服務），引導出一個無效率的服務輸送體系、違反市場是以生產者利益為優先的法則。政府愈擴大介入人民生活的範疇，失敗機會愈大。龐大的科層組織，讓國家如同大象一般，缺乏輸送效率與靈活性。

4. 福利國家是無效果的：即使已經投入龐大的資源，甚至許多的福利國家已經取代家庭與社區的支持功能，但福利國家方案仍然無法消除貧窮與剝削。

5. 福利國家是專制的：藉由建構一個弱化人民的官僚體系，聲稱福利國家是為了保護人民而存在，而遂行剝奪公民自由，進行國家控制與操弄。

6. 福利國家是反自由的：福利部門強制地提供服務，拒絕人民選擇的自由，尤其是許多強制性的納保規定，限縮了人民的選擇自由。

7. 而沉重與累進的稅制，幾近充公人民財產，尤其是福利國家需要大量的經費以支應福利需求，提高稅賦讓人民與企業苦不堪言。

新右派意識型態興起後，使得由原本凱因斯主義下的強力國家、大有為政府角色轉變成給予最低限度的干預與福利；新右派再透過提倡活絡市場經濟、提供競爭與工作生產力，而漸漸形構出「熊彼得式工作福利國家」。

新右派支解福利國家的方法

NEW RIGHT

新右派支解
福利國家的方法

01 降低政府的支出：即緊縮政府預算，落實使用者付費，取消或刪減服務項目。

02 縮減給付：即降低給付之金額（如社會保險）。

03 減少管制：包括將一些社會安全（如老年年金），改為非強制性保障，以及透過抵用券給付，而非公共給付方式。

04 市場競爭：即以購買服務、契約及補貼民營方式，取代公營的給付及設施。

資料來源：文字引自林萬億（2022）；圖作者自繪。

與福利國家發展相關的著名經濟學家

學者	John Maynard Keynes（凱因斯）	Friedrich Hayek（海耶克）	Joseph Schumpeter（熊彼得）
主張	主張政府應積極扮演經濟舵手的角色，透過財政與貨幣政策來對抗景氣衰退乃至於經濟蕭條。	堅持自由市場資本主義、反對社會主義、凱因斯主義和集體主義而著稱。	主張自由主義資本經濟制度，與凱恩斯理論間相互對立。

Unit 3-4
社會民主主義

社會民主主義（Democratic Socialism），亦稱為社會民主觀點，或是民主社會主義（觀點）。社會民主主義在歐陸諸福利國家，特別是北歐的國家如瑞典，一直有強烈的影響力。社會民主主義以英國費邊社（Fabian Society）及瑞典社會民主黨為代表，另德國的社會民主黨及法國的社會黨等均是。

社會民主主義意識型態左右光譜上，是屬於中間偏左的。之所以稱為「民主」，代表的是政府所獲得的權威來自於人民，而「社會」則表示一種集體的行動，不論它是出於互助或為了共同的目標。

社會民主主義重視自由、民主、人道主義等價值，並且認為這些社會性的幸福與社會目標，都必須在平等的基本前提下才有意義（李易駿，2013）。社會民主主義的核心理念，包括以下幾項（Pierson, 2006；轉引自黃源協等人，2021）：

1. 認知到資本主義的產生，對勞工階級產生嚴重的壓迫性結果，但並非像馬克思主義者所稱，勞工階級的地位將愈來越不利，甚至許多勞工階級的情況有所改善，因而主張資本主義是能夠加以改革的。
2. 整個資本主義的階級結構並非馬克思主義者所稱日漸兩極化——資本家與勞工二種階級，反而應該是逐漸走向差異化，許多中產階級已開始增加。

3. 一個改革過的資本主義能持續成長而不會產生危機，透過持續的經濟成長，社會將愈來愈進步。
4. 議會民主制度有助於控制經濟的力量，非理性的市場將讓位給有計畫的行政管理。

整體而言，社會民主主義主張在資本主義經濟體制下追求社會正義。社會民主主義是支持福利國家的，認為福利國家可以維持經濟成長，亦可提高勞工階級的生活水準。社會民主主義認為社會不均是資本主義的產物，社會民主主義關心社會正義與社會福利，並增進與代表勞工的利益，反對階級社會與對無產階級的剝削，且認為資本主義是無效率的。因此，在消滅資本主義所帶來的不平等上，政府所採的普及式或是制度式的福利，成為社會民主觀點所認同的核心機制，透過所得重分配的方式，減少日漸產生的對立，並形成和諧的社會，這可以看出其對政府具備較正向的看法，並對於資產調查式的選擇性福利產生較高的懷疑。

社會民主主義福利國家的看法

01 福利國家可以消弭社會的不幸或匱乏。

02 某些社會福利可刺激經濟，對國家經濟繁榮可說是一種投資。

03 對教育的支持不僅充實兒童的能力，更重要的是，它是促使社會更加平等的工具。

04 可以促進利他精神及社會的整合。

05 可以補償社會進步所帶來的反福利（diswelfare）例如對失業者的補償。

06 可以減少水平或垂直的不平等。

資料來源：文字引黃源協等人（2021）；圖作者自繪。

社會民主主義與新右派之特徵比較

特徵項目	社會民主主義	新右派
價值觀	平等、安全感	不平等、不安全
中心思想	社群主義、平等、社會正義	放任式自由主義
政府功能	國家應普遍且深入地介入社會與經濟生活	小政府
市民社會	國家支配市民社會、權利與義務的平衡	個人主義的市民社會
經濟觀點	統合主義、凱因斯式需求管理、舊式混合經濟（偏好政府主導）	觀點自由競爭、無干預的市場機制、市場基本教義派（偏好市場主導）
就業面	充分就業	公平競爭，對不平等的認可
國家角色定位	福利國家、強烈的福利國家（從搖籃到墳墓）	民族主義國家、福利安全網（最後一道防線）

Unit 3-5
第三條路

英國社會學者紀登斯（Giddens）在討論《超越左派右派》時，即已點出找尋第三條路的可能性與必要性。在《第三條路》一書中，紀登斯顯然試圖超越老式的社會民主主義（左派）與新自由主義（右派），找到第三條路（Third Way），且仍根植於社會民主。第三條路指的是在社會民主主義與新自由主義中間，屬於中間偏左的意識型態。第三條路與早期的「中間路線」可說是相當接近，亦期望在社會民主與新右派中間找尋出路，特別是在經濟全球化的情況下所提出的革新之道，又被稱為「新中間路線」（New Middle Way）。

第三條路的意識型態，是要在左派政府干預的社會主義與完全放任的自由資本主義之外，找尋第三種可能。換言之，第三條路超越左派與右派，它不同於左派的是，不鼓勵直接的經濟補助，而強調積極的人力投資；它不同於右派的是，主張國家積極干預，強調社會福利對於減少人生風險與貧窮的必要性。

根據紀登斯的說法，第三條路的核心理念包括：

1. 包容的平等：Giddens的第三條路將平等的概念定義為「包容」（inclusion），將不平等定義為「排除」（exclusion）。社會包容意味著公民資格，代表著一個社會的所有成員不僅在形式上，以及在政治與經濟層面上擁有相同的權利與義務，還有機會參與上的平等。
2. 有限度的功績主義：修正功績主義「能者多拿」的觀點。功績主義固然符合市場經濟原則，但不應是判斷社會生活的唯一標準。有些社會貢獻是難以用利潤衡量的，例如：女性的家庭照顧，因此，功績主義只應有限度的被採用來處理社會政策議題。
3. 市民社會的更新：是指強化政府與民間的夥伴關係，鼓勵社區參與公共事務，以及分權化，讓公共事務不再只是政府的事，也不再依賴中央政府來指示。
4. 積極的福利：主張從對福利津貼與消極福利（inactive benefits）的依賴，轉而成為脫離貧困的工作人口與獲得積極福利（active benefits），建立以提高就業能力取代就業保障為核心的福利體制，化社會福利成社會投資。
5. 社會投資的國家：主張應改變過去傳統的社會民主，轉為就業機制，把過去追求平等的目標轉變為創造平等的機會。此外，解決失業問題的重點不再是簡單發放救濟金，增加失業補貼，而是從社會支出轉為社會投資，從社會福利國家轉為社會投資國家。社會投資福利國家機制將投資運用在人力資本上，人力資源的投資是縮小社會差距最主要的資源。

第三條路吸收了市場機制的效率，但同時強調政府要發揮強有力的作用，對資本主義自由放任模式進行嚴格和有序的管理，且第三條路改善傳統的社會福利模式，代之以機會與責任相符合的新的社會福利模式。

第三條路代表人物

第三條路倡導學者

第三條路代表人物

布萊爾
(Tony Blair)
英國工黨首相

紀登斯
(Anthony Giddens)
英國學者

柯林頓
(Bill Clinton)
美國民主黨總統

037

第三條路社會政策諸多面向

向度	舊社會民主	第三條路	新自由主義
論述	權利	福利及責任	責任
	公正	公正及效率	效率
	市場失靈	國家及市場失靈	國家失靈
價值	平等	包容（inclusion）	不平等
	安全	積極福利	不安全
政策目標	結果的平等	最低限度的機會	機會的平等
	完全就業	就業能力	低通貨膨脹
政策工具	權利	條件式的	責任
	國家	公民社會／市場	市場／公民社會
	國家贊助及輸送	國家／私人金融贊助及輸送	私人／國家贊助及輸送
	安全	靈活具適應性	不安全
	層級	網絡	市場
	高稅賦及高支出	用於投資的實用性稅賦	低稅賦及低支出
	高服務及高津貼	高服務及低津貼	低服務及低津貼
	高現金重分配	高資產重分配	低重分配
	普遍主義	普遍與選擇均重	選擇主義
	高工資	最小量的工資／稅賦優惠	低工資

資料來源：侯東成譯（2006b）。

Unit 3-6
馬克思主義

　　馬克思認為資本主義的生產模式具有剝削與衝突支配的本質。生產關係將對勞工帶來異化或疏離，工作成為換取生活所需的工具，而非為了自我滿足。剝削關係是因為生產工具被少數資本家所擁有，藉由生產體系極大化其利益，沒有生產工具的工人就成為被剝削者。衝突是因為工人要求提高工資與工作條件，這違背資本家的利益，階級衝突於是產生，這種階級衝突與剝削在資本主義社會裡是本質上無法避免的。因為資本家乘機牟取其中的剩餘價值，剝削勞工，唯有透過階級鬥爭，才可改變資本主義生產關係的剝削與不平等。馬克思要求所有工人團結起來，建立無產階級專政的社會。

　　馬克思主義者對福利國家看法，認為福利國家是一種社會控制，且福利國家本充滿矛盾關係。馬克思主義認為國家透過福利政策的實施，對人民進行社會控制，這是一種鞏固當權者或資本階級的執政基礎的政治手段，藉以消弭群眾的不滿，社會福利實為「包著糖衣的毒藥」，讓人民形成「虛假意識」（false consciousness）。例如：19世紀德國鐵血宰相俾斯麥實施的勞工保險，其目的是為了防止廣大的無產階級倒向共產黨，避免其威脅到德意志帝國的穩定。

　　此外，馬克思主義者認為福利國家充滿矛盾關係。美國學者歐康納（James O'Connor）指出，資本主義的國家必須滿足兩個基本但又相互矛盾的功能——資本累積（accumulation）與政治的合法

性（legitimization），一方面維持或創造有利資本累積的環境，一方面保持或促進社會和諧（古允文譯，1995）。若一個國家只是單方面地協助某一階級做資本累積，代價就是失去對其他階級的合法性，摧毀人民忠誠與支持的基礎；相對地，若忽略協助資本家資本累積，便需冒著權力來源、經濟生產能力及稅收枯竭的風險。此外，歐康納從馬克思的經濟分類觀點，將國家支出分成「社會資本」（social capital）與「社會費用」（social expensive）兩種形式。「社會資本」的支出目的是為了促進資本累積，「社會費用」則是用於獲取國家的合法性，不過這種支出卻會帶來財務危機，因為政府的財務支出往往較收益來得快速，使得國家在收支之間產生結構性的落差。

　　Offe（1984）指出，社會福利被整合進入有組織的資本主義體系裡運作。但是，由於高的社會支出與稅率，使資本主義總是處在累積的風險裡。然而，沒有社會福利，人民是會推翻國家的，資本主義就無法取得合法性。因此，其矛盾在於「資本主義無法與福利國家共存，但也不能沒有福利國家。」

馬克思主義

馬克思認為資本主義發展的結果將造成中間階級的消失，最後剩下工人與資本家二種相互對立的階級，唯有透過階級鬥爭，才可改變資本主義生產關係的剝削與不平等。

馬克思（Karl Marx）

歐康納的國家支出形式

形式分類	說明	次分類
1. 社會資本（social capital）	支出是為了滿足獲利性的私人累積，屬於一種間接性產生的利益。	⑴社會投資（social investment）指增加勞動力生產的方案或服務，例如：國家所出資的工業發展園區。 ⑵社會消費（social consumption）指減少再生產（reproduction）成本的方案或服務，例如：社會保險。 Social insurance
2. 社會費用（social expensive）	指為增進和諧的方案或服務，其增加國家合法性的功能，例如：專為失業勞工所設計的福利體系。	

Unit 3-7
女性主義

　　女性主義重視性別平等，反對男性優越與女性從屬的權力配置。女性主義自1970年代開始對福利體系進行批判。女性主義的三大主要流派對社會政策的主張見解與行動策略，說明如下：

一、自由派女性主義

　　此派主張男女並無根本的差異，社會結構之設計對於女性這個群體整體造成歧視與不公。爭取女性個人的自我實現機會，並區分公、私領域，認為在公領域中國家應在政策上保障女性應有的權利與機會，但是在私領域政府則不必介入。行動策略主要透過政策制定達到社會變遷的目的，此派女性主義並不追求社會結構根本變遷，而是追求女性在既存社會中的地位。例如：同等受教權、工作權、同工同酬、立法禁止性別歧視、改善產假的設計、女性參政權等。

二、社會主義女性主義

　　此派同樣認為父權社會對女性的壓迫，但特別著重在經濟面與家庭面的影響。主張家務工作不該被視為生產與再生產的過程之一，因此抹煞了女性的貢獻。男女的差異則是因為社會化的結果，並非天生的差異，其信念是任何形式的壓迫都應該終止。社會主義女性主義的目標，在於家庭與經濟面的結構變革。在行動策略上，倡導家務與兒童照顧是公共責任，政府應負擔孩童照顧的支出和給予家庭主婦工作津貼，特別是針對貧窮與單親女性。

三、激進女性主義

　　激進女性主義於1960年代末誕生於美國，是女性主義所有派別中最極端的形式，也是婦女解放運動的論述基礎（顧燕翎等，2019）。激進女性主義者認為男女有先天的差異，例如：男性比較具攻擊性，女性則較溫潤關懷。此派的口號是「個人的即是政治的」（personal is political）。「個人的即是政治的」是指許多看似個人的抉擇，其實背後都牽涉到結構與資源的不對等，需要以更政治的眼光來因應處理（許雅惠，2020）。激進女性主義主張，女人所受的壓迫是最根本、最深刻的剝削形式，且是一切壓迫的基礎（顧燕翎等，2019）。此派主張性別主義導致的權力不平衡乃是女性問題的根源，包括公領域與私領域。父權結構的制度設計使男性居於優勢地位，而且增強既有的社會秩序。激進女性主義認為需要根本變革才能消除女性被壓迫的現象，特別是由最根本的家庭制度著手，目標在於達到女性自主、去除男性對女性的心理控制，特別是性與生育（再生產）的自由。在行動策略上，包括倡導女性意識覺醒、爭取國家對孩童照顧的責任，甚至結束婚姻以達到解放女性的目的。具體服務方面，針對受暴婦女提供庇護及法律服務以保護女性，另外也倡導對於施暴者的處遇以終止其暴行，並倡導立法對施暴者進行法律制裁。

Feminism

流派別	基本主張	理論觀點	行動方向
自由派女性主義	・男女無差異 ・男女具有同樣的理性思考能力 ・社會給予男女的機會不均	在公領域男女機會均等	去除女性追求自我實現與成就之障礙
社會主義女性主義	・男女因社會化而產生差異 ・資本主義與性別主義的結合，矮化女性在生產過程中的貢獻	經濟面與家庭面向的結構變革	・倡導國家支付貧窮與單親女性的家庭津貼 ・倡導兒童照顧津貼
激進女性主義	・男女有天生的差異 ・個人的問題根源於性別主義造成權力不平衡 ・在社會與家庭內男性被賦予較多權力	・使女性免於被宰制及心理控制 ・追求女性再生產的自由	・爭取社會對於兒童照顧的責任 ・倡導女性意識覺醒 ・受暴婦女之救援
文化女性主義	・禮讚不同 ・肯定女性關愛、照顧他人的特質 ・強調女性透過與他人的連結完成自我	建立女性文化	・促成女性的聯合 ・促成女性中心提供女性活動與服務
後現代女性主義	・禮讚不同 ・不贊同任何分類 ・強調語言當中隱含的權力關係	解構文化建構的男性優越意識型態	・分析女性如何被社會影響 ・檢視權力與知識如何影響女性的世界觀 ・思考改變世界的方式
婦女主義女性主義	・主張同時考量性別與種族兩個因素所導致的壓迫 ・發展有別於白人中產階級女性的女性主義	・去殖民化 ・個人自我療傷	・找出殖民主義的系統與社會脈絡 ・修正殖民主義心態的認知錯誤 ・增強個人的掌握感

資料來源：宋麗玉（2021）。

第 **4** 章

福利國家與福利體制

 章節體系架構 ▼

Unit **4-1**
福利國家的基本概念

　　福利國家到底是什麼？該怎麼定義？許多人提出不同的定義。Wilensky & Leabuex認為福利國家是「政府保障每一個國民的最低所得、營養、健康、住宅、教育之水平。對國民來說，這是政治權利，而非慈善。」（Wilensky & Leabuex, 1965；轉引自林萬億，2022）。

　　Briggs認為福利國家應有三個目標：第一個目標是「協助人們在面臨失業、離婚及年老等社會事故而無法自我支持時，仍能維持經濟能力」；第二個目標是「無論人民擁有多少的財產價值，都應保證個人與家庭達到最低收入標準」；第三個目標是：「不論地位或階級，都要確保提供人們最高品質的福利服務」（黃志忠等人譯，2012）。

　　在福利國家目標的達成上，有許多的福利手段可以使用，福利國家在協助人民應對社會風險事件，以維持其基本的經濟能力，社會保險是一項政策工具。例如：我國勞工保險中的失業給付；公務人員及勞工等社會保險制度中，提供的老年給付等。而在保證個人與家庭都能達到最低收入標準的目標上，主要是為避免人民落入貧窮，影響其生存權，常用的政策工具包括社會救助、社會津貼等。例如：我國《社會救助法》，對於家戶所得未達一定標準者之低收入戶、中低收入戶，給予生活扶助，或是針對許多弱勢的特殊對象，發放社會津貼給予協助。此外，在確保提供人民具有品質的福利服務目標上，則是含括面向較為廣泛的目標，主要是協助人們獲得社會認為重要的物質與福利。例如：我國的全民健保，提供出生到死亡的各項醫療服務，以使得人民避免因病而窮，協助人民排除就醫可能面臨的經濟障礙；或是提供長期照顧服務，滿足高齡化社會的需求；抑或是提供育兒服務，提供高品質的公共化托育服務，以滿足有幼兒家庭的育兒需求；或是提供12年國教及提供高等教育學費補助等均是。

　　林萬億（2022）歸納出福利國家的四個主要特質包括：⑴國家或政府介入市場經濟；⑵保障每一個國民最基本的需求滿足；⑶福利是一種國民的權利，亦即社會權，而非慈善；⑷福利的提供者是國家提供強制性、集體性與非差別性的直接滿足人民需求為主的福利。總結來說，福利國家提供的福利是國家福利（state welfare），不同於私人、志願的慈善提供；且這些福利是法定的福利，只要符合福利資格者即可取得，是一種強制性、集體性、非差別性的福利提供制度。

福利國家（welfare state）相關概念的起源

1880年代 ■	最早出現在德文裡。源自於1880年代俾斯麥推動社會保險制度以來的社會民主體制。多將德國俾斯麥的社會保險制度視為是現代福利國家的源頭，因為它影響歐洲的社會保險發展。
1920年代 ■	1928年瑞典社會民主黨提出：「國家不應只是個夜警國家，而也應是個福利國家」；「福利國家不只是個責任，而是有義務建立一個保障全體國民福祉的國家」。
1940年代 ■	1941年坎特伯里大主教天普（W.Temple）在其大作《公民與教徒》（Citizen and Churchman）乙書中，大力宣揚「福利國家」。 1942年貝佛里奇報告，建立英國成為現代福利國家的基礎。

Briggs提出之福利國家的三大臺柱

目標	政策	受益者
經濟安全：藉由重新安排收入，以保障人民免於日常生活風險	社會保險：疾病、失業、身心障礙、退休及配偶死亡等保險	勞動人口、退休者及前述人口之家屬
物資充足：提供社會保障的基礎	公共救助：現金救助及社會福利服務	貧窮者與社會弱勢者
基本服務：確保取得重要物質和服務	教育、醫療照護、住屋及營養	全民

資料來源：表格引自黃志忠等人譯（2012）。

Unit 4-2
社會福利體制：福利資本主義的三個世界

Esping-Andersen所提出福利國家體制（welfare state regime）是一種制度安排，這種制度安排是由政治與市場，或國家（state）與經濟的關係加以界定，也就是國家可透過國家行動（state action）與政策以管制（regulate）或再製（reproduce）的社會經濟制度（李碧涵，2000）。

Esping-Andersen在《福利資本主義的三個世界》書中，提出以「福利體制」概念進行跨國比較的新架構，將福利體制分成自由的福利體制、組合主義／歷史／保守的體制、社會民主體制等三種。

自由的福利體制（liberal welfare regime）認為自由主義思想的體現，是最重要的根基，所展現出來的社會福利政策，即是對政府干預的不信任，以及對市場機制的偏好與信任。自由的福利體制以美國與盎格魯—撒克遜國家為主，代表的國家是美國、加拿大與澳洲。自由主義福利體制則強調個人在市場的權利（rights in market），並尋求市場解決的方式，且認為國家的介入愈少愈好，因此其是以資產調查（means test）的救助、有限支付移轉或社會保險為主要社會政策；而福利國家不只消極保證最低水準，也積極補貼私人福利方案，以鼓勵市場機制。

組合主義／歷史／保守的體制（conservative/corporatist regime）福利國家，以要歐陸國家為主，如義大利、德國、奧地利和法國，其強調社會整合和國家的強力介入社會政策，希望透過階級和地位分化（包括職業地位）的社會政策來形塑階級結構並達到對國家的忠誠。因此，一方面國家希望取代市場或為福利供應者（例如：提供基礎公共年金，以及以社會保險方式提供的職業附加給付），但另一方面又賦予家庭承擔與提供福利的責任，讓家庭取代福利國家而提供各種服務。而只有在家庭服務能力耗盡時，國家才提供輔助性的福利與服務，此即依賴並極大化家庭主義（familialism）所扮演的福利服務功能。

社會民主體制（social-democratic regime）福利國家，以斯堪地那維亞國家為代表，包括挪威、瑞典、芬蘭，以瑞典為此體制之代表。社會民主福利體制的基石是奠立於穩定和持續的社會民主統治，及以勞工階級社會力量發展所形成的階級基礎；另在政治和文化意識型態上則有社會民主黨長期執政和形成的全國共識的全國凝聚或團結（national solidarity or cohesion），而形成的社會權的擴張，與國家透過所得重分配政策，而提供普遍式的社會福利與服務。社會民主體制的制度設計是以公民權為主體，此制度在福利給付上，主要的特色是去商品化（de-commodification）之外，也強調去家庭化（de-familialization），指的是社會民主體制將家庭關係的成本社會化，也使個人能拓展其獨立能力。因此，社會民主福利國家體制提供大量的社會服務和工作機會，其不僅服務家庭需求，而且也允許婦女選擇去工作而不是照顧其家庭。

社會福利體制：福利資本主義的三個世界

特色與內涵	自由的福利體制	組合主義／歷史／保守的體制	社會民主體制
權利單位	個人	家庭	個人
責任單位	個人	集體	集體
請求原則	需求	就業／家庭需求	公民權利
受益者	貧民	男性就業者	全體國民
社會政策目標	緩和貧窮現象	所得維持	平等／所得維持
給付額	固定	與保費相關的	固定／與保費相關
照顧服務提供者	家庭／市場	家庭／中介團體	國家
財務類型	政府財稅	保費	財稅／保費
財源	政府／市場	政府／就業者	政府
兩性與階層效果	放任	有意差別的	偏好平等
去商品化	低	中	高
階層化	中	高	低
市場	高	中	低

資料來源：Esping-Andersen (1999)。

Unit 4-3
福利的社會分工

英國學者提墨斯（Richard Titmuss）在其1958年的論文〈福利的社會分工〉（Social Division of Welfare）中指出，社會福利不只是對人群福祉制度化的承諾。他將福利的社會分工分為社會福利、財稅福利、職業福利等三種。

社會福利分工中的第一種類型為「社會福利」，是指透過政府支付的社會福利支出，包括直接的行政服務、移轉支出、各種以社會服務為科目的國庫支出，以及地方政府的住宅計畫。更明確地說，應該是指「福利的公共體系」（public system of welfare）或「公共福利」之福利。亦即，社會福利是指政府透過公共支出，提供金錢補助或其他個人社會服務，主要是針對那些依賴者（states of dependency），不論是自然依賴者，如兒童、老人、身障者，或文化上被判定為依賴者；或者是人為的依賴者，如失業者，所提供的服務。

社會福利分工的第二種類型為「財稅福利」，指的是所得稅中所含括、附帶存在具有津貼與救助效果的項目。提墨斯指出，其範圍是指凡透過政府稅制所提供的救助、扣減，並包括社會保險中政府所負擔的保費。亦即，政府為減輕對需求者的福利責任與負擔，政府對免稅家庭提供免稅的優惠，就像是給予現金給付的效果般，包括各種減稅、免稅或扣減等。例如：在所得稅中的老年扶養扣除額、身心障礙特別扣除額；在各項社會保險中，例如：勞保、健保中，政府所負擔的保險費比例。

社會福利分工的第三種類型為「職業福利」，是指由企業依職業地位、服務年資所提供給其所僱用之職工之現金給付或實物給付。職業福利的提供，使得企業在優秀招募人才上，獲得利基，但職業福利是以工作績效、職業成就及生產力為基礎。例如：獎金制度、職業年金、教育訓練、企業育兒津貼等。提墨斯指出，社會福利、財稅福利、職業福利均深切地影響著人民的福祉，財稅與職業福利的增長並不比社會福利遜色，福利的討論若只著重在國家的社會支出將是一種扭曲。提墨斯進一步指出，分析社會階級在保費與給付的分配結果，中產階級常是財稅與職業福利的受益者。

從社會的面向來看，福利的分工使得各項福利間彼此互相連帶合作，更能提供人民完整的福利網絡。提墨斯認為，政府絕非唯一的需求滿足者，所以其在談論福利的社會分工時指出，為滿足個人需求或社會廣泛利益的集體干預，社會福利的分工應包括社會福利、財稅福利、職業福利等。

稅式給付

財稅福利
（financial welfare）

1. 傳統的稅式給付：
   僅以減稅、免稅的方式為之。

2. 近代積極的稅式給付：
   包括退稅。這些以福利給付為目的的退稅，稱之為「負所得稅」。

負所得稅

- 由經濟學家Friedman於1962年所提出。

- 負所得稅係依據家戶收入、人口數及家庭成員特質與地位（如老人、障礙、兒童），計算各種損益平衡點，即個人到達應納稅的基本收入。如果收入低於這個標準，政府就提供個人所得支付，即「負所得稅」。

- 「負所得稅」是一種抵扣稅額（tax credit），是在完成國民（家戶）應繳納予政府的稅額之計算後，併同國家所將要給付的稅式給付，最後進行一個數額上的合併，但差額卻是「少要繳、多不給」。

- 即應繳稅額扣除稅式後仍為正數，則國民要再繳予政府；相對地，若應繳稅額小於稅式給付，政府也不再給予給付。因而稅額抵減大致等於獲得的給付。

Unit 4-4
福利多元主義

在新自由主義與第三條路政策的推波助瀾之下，福利國家傳統上由公部門提供福利服務，逐漸混合以委託第三部門，或是由私部門補充的形式。這種混合著追求利率的私部門、非營利組織的第三部門及家庭親友的非正式部門，共同提供服務的多元途徑，被稱為「福利的混合經濟」（the mixed economy of welfare）（林珍珍，2017）。

福利多元主義（Welfare Pluralism）係由姜生（Norman Johnson）所提出，是跟隨著福利混合經濟的概念而發展出來的。福利多元主義係立基於為解決福利國家的危機而產生的理論，企圖為福利國家的發展尋求另一新的契機，主張社會福利應由不同部門提供，包括政府、志願、商業和非正式部門，並藉由「分權」與「參與」策略來達成福利服務，供給來源多元化的目標。然而，福利多元主義並非主張解除政府的福利責任，而是認為政府不應扮演支配性的直接供給角色，但政府仍將是福利財務的主要來源，更重要的是扮演規範角色。

「法定部門」（政府部門）通常基於「公正」的哲學基礎，而由稅收支應滿足多數人的普遍且一致性的福利服務，較難考量個人的特殊需求。然而，在某些議題上，仍會基於保護弱勢團體的立場而提供依法行政的「積極差別待遇」的服務，如年金、津貼或特殊人口群的福利服務等。

「商業部門」是一種基於滿足個別需求而提供「多樣化」選擇的營利服務，是一種「消費者為導向」的收費機制，強調個人選擇、收費與服務間的「對價關係」及「市場機制」。此種服務的取得與否完全依賴「使用者」的消費能力而定，滿足的是少數人的「非基本需求」。

「志願部門」所提供的服務是種基於「第三者付費」式的「利他」服務，其目的是滿足無法在政府與商業部門中獲得適當服務的社會弱勢團體之需求，是一種以「積極的差別待遇」為導向的多樣性服務。但受限於志願部門的資源不穩定性，常有無法持續提供個別化服務的情形，而為了克服此種不穩定性，志願部門致力於組織財務來源多元化，而陷入「營利」與「非營利」組織使命爭議。

「非正式部門」是由個人與其家庭來滿足或解決個人因生命風險所帶來的困難與問題，而社區中的鄰里、宗族或民間慈善單位（如教會與寺廟）則適時予以協助。相對地，政府僅處於第二線位置，只有當家庭與民間力量不足以解決問題時，政府才會介入提供「救助性」的福利。

福利混合經濟

■ **社會市場（social market）**
主要功能在促社會整合、提供實物或服務以滿足弱勢民眾的基本生活所需，及改善市場經濟資源分配的狀況。其包括有公共部門及私人部門，市場內資源的分配方式乃採單方面的轉移過程，即資源提供者並無法藉此得到立即的回報。因此，市場運作乃依公平正義的原則。

■ **經濟市場（economic market）**
主要為追求市場的斷成長、商品的利潤及消費者需求的滿足。主要是由營利性之企業機構來提供，市場運作乃採供需原則。

資料來源：文字引自Gilbert & Gilbert (1985)；轉引自潘中道（1996）；圖作者自繪。

福利多元主義的重要概念

01

分散化

不只是從中央到地方有反科層及反專業的意涵，而且也指涉地方政府需要分散到鄰里或小型的社會服務團隊。

02

參與

是指消費者參與，以及受僱者參與決策過程，如此一來福利多元主義是具有反科層及反專業的意涵。

Unit 4-5
福利國家的危機

在福利國家迅速擴張後，對於福利國家的批評接踵而來，茲綜整有關對福利國家攻擊論點之學者見解並補充相關說明如下（古允文，1995；林萬億，2022；林勝義，2018；李易駿，2013；林萬億，1994）：

一、經濟問題

福利國家的支出成長，必然需要高的稅率，而高的稅率阻礙生產性投資。由於邊際稅率愈高，富人繳的稅愈多，這對富人的投資意願不利，因為，富人賺的錢與其真正得到的稅後純益不成比例。因此，富人會選擇消費而不生產。低的投資率將創造一個惡性循環。首先，投資不足導致低成長率；其次，低成長率加上國家福利支出不斷擴充，深化了通貨膨脹。例如：我國要提高營業稅以增應社會福利支出，通常會遭到企業的反對，甚或選擇出走。

二、政府的問題

福利擴張導致的「大政府」，必然會走向破產。大政府是一個災難。政府干預市場活動，破壞了市場的功能。政府的效率因缺乏競爭，而遠低於自由市場的效率。另外政府為了增加社會福利方案，必然擴增公務員，並提高稅收以支應社會支出，並未相對的帶來效益。

三、財政問題

福利國家的財政負擔過重，而歲收不足以支應，政府透過刪減公共服務支出，或是舉債等，以因應福利支出的需求，但通常的情況是，在刪減福利提供上，通常會遇到極大阻力，致使政府繼續提供福利，而採取增稅的方式。這樣的情況，除造成家庭日常花費增加外，也使得企業因稅賦增加而缺乏對外競爭力，戕害企業盈餘收入，在企業盈餘減少情況下，能貢獻給政府的稅收亦同時減少，更影響政府的財政收入。

四、合法性危機

合法性危機主要來自於左派的批判，且結合了經濟問題、政府的問題，以及財政的問題等三項危機。如果一個國家出現的經濟危機、政府的無效能，以及財政負荷過重，必不能繼續執行人民交付的任務，也無法滿足人民的期待，人民必然起而推翻它。在民主國家裡，就是選舉，人民所不支持的政府，自然失去合法性，而產生了合法性危機。尤其是許多的社會福利易放難收，當取消社會福利時，通常會遭受到選票的反撲，而使政權失去合法性。

五、道德危機

政府的角色介入托兒、養老、濟貧，這些本來都是家庭應該做的事，如果政府負起這些責任後，不但國家財政負荷過重，家庭也會瓦解，使得傳統家庭價值遭到破壞。福利國家不鼓勵工作，造就了「懶人國」。

右派與左派對福利國家危機的爭辯

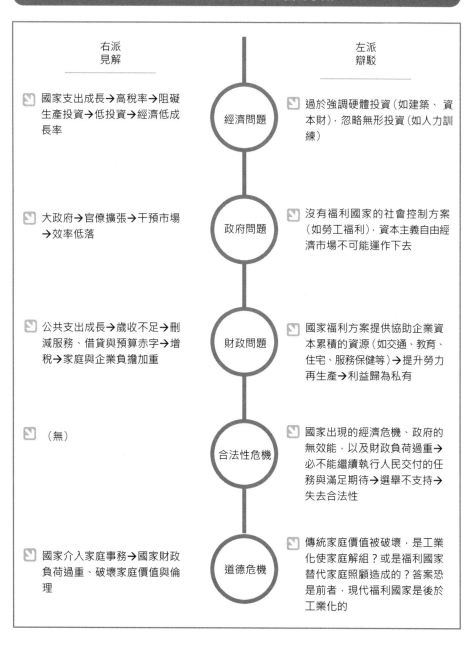

右派見解

🔽 國家支出成長→高稅率→阻礙生產投資→低投資→經濟低成長率

🔽 大政府→官僚擴張→干預市場→效率低落

🔽 公共支出成長→歲收不足→刪減服務、借貸與預算赤字→增稅→家庭與企業負擔加重

🔽 （無）

🔽 國家介入家庭事務→國家財政負荷過重、破壞家庭價值與倫理

經濟問題

政府問題

財政問題

合法性危機

道德危機

左派辯駁

🔽 過於強調硬體投資（如建築、資本財），忽略無形投資（如人力訓練）

🔽 沒有福利國家的社會控制方案（如勞工福利），資本主義自由經濟市場不可能運作下去

🔽 國家福利方案提供協助企業資本累積的資源（如交通、教育、住宅、服務保健等）→提升勞力再生產→利益歸為私有

🔽 國家出現的經濟危機、政府的無效能，以及財政負荷過重→必不能繼續執行人民交付的任務與滿足期待→選舉不支持→失去合法性

🔽 傳統家庭價值被破壞，是工業化使家庭解組？或是福利國家替代家庭照顧造成的？答案恐是前者，現代福利國家是後於工業化的

Unit 4-6
福利國家的轉型

面對福利國家的危機，福利國家該如何面對未來的挑戰，綜整學者所提出的選項並補充說明如下（林萬億，1994、2022；黃源協等人，2021；古允文，1995）：

一、抑制社會支出的成長

期望讓社會支出零成長，甚至負成長。但是，常見的卻是刪減是對貧窮者的補助，例如：如美國對失依兒童的家庭補助。然而，現實的情況是，社會結構的改變，通常會使得抑制社會支出的成長無法達成。例如：我國面臨高齡化社會，老人相關的福利服務需求增加，或是為提升生育率增加生育津貼等，均會造成社會支出成長。

二、降低給付

這是最直接的降低或刪減社會福利給付，以使得福利國家的財務壓力可稍加緩解。例如：我國為因應年金保險破產，針對公教人員進行的年金改革，將改革前的所得替代率由85%至95%，分10年調整至60%，此種降低年金保險的所得替代率，即抑制給付的成長，甚或降低給付額度，使社會保險的財務狀況趨穩。

三、私有化（privatization）

引進民間資源進入教育、老人照顧、兒童照顧、醫療、年金保險方案中，不但滿足多元需求，降低政府財政負荷，同時讓企業界得以介入社會福利的提供範疇。私有化提供多元的服務，固然可滿足多元需求，但容易朝向商業化的發展，致使形成福利受益者的區隔化，不利弱勢服務者服務的取得。

四、工作福利（workfare）

此種是搭配積極的勞動市場政策，以鼓勵就業。在政策手段上。採取加強職業訓練、就業促進等，以及為降低對社會福利的依賴在取得福利時，必須搭配其他的工作措施，成為各國改善社會福利制度缺失的手段之一。例如：美國將「失依兒童的家庭補助」（AFDC），改為「針對有需求家庭的暫時補助」（TANF），強調補助的暫時性、以工作換取福利。

五、鬆綁（deregulation）

這是指將過去不同程度的經濟管制開放，使之自由化、彈性化，例如：不再強制勞工加入工會、取消基本工資規定、不再強制加入政府的社會保險、允許部分工時的就業形式等，企圖藉由解禁來活絡經濟活動，鬆綁使得工會薄弱，集體協商地位不保，工人生活條件下滑。

六、社會投資（social investment）

將社會福利與經濟活動結合，強化人力資本投資，提高就業訓練與職業輔導的效能，以提升人力品質，增加就業機會，減少失業率。社會投資強調的是社會福利的生產性功能（productive function），其策略是在每個人各個階段的生命歷程中，發展、運用及保護人力資本，以確保個人、家庭和社會的福祉，並維繫經濟制度的競爭力。

資本主義國家的三個次體系及其相互關係

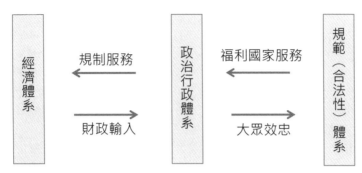

組織的分裂

資料來源：林萬億（2022）。

各年代福利國家所面對的危機

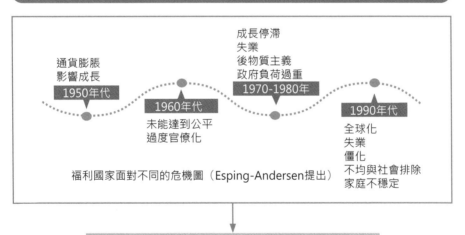

福利國家面對不同的危機圖（Esping-Andersen提出）

對於批判福利國家造成國家危機的反駁案例

- 政府未必均是無效率且影響資本累積與投資。
- 福利國家並非一定是大政府。
- 政客實施社會福利拉攏選民，是民主政治的問題。

Unit 4-7
福利國家民營化

056

民營化（privatization）是指在資本主義經濟之下的民間企業與事業或者是私有財產之意。Le Grand和Robinson對民營化的界定，認為政府從其在社會經濟層面的活動，主要為直接提供服務（provision）、補助或津貼（subsidy）和管制（regulation）上有所退縮，交自由市場去運作（江亮演等人，2005）。

依據前述的定義可知，社會福利民營化是指將原本由政府提供或負責的社會福利服務工作及項目，交付或移轉到私人部門等機構。這意味著政府所扮演角色的縮減，也同時應引進市場經營策略，強調利潤導向、價格調節供需，並強調服務使用者的購買力和使用者者付費機制。1980年代的英國，在柴契爾政府新右派意識型態主政之下，積極推動國有企業或福利事業民營化；美國的雷根政府，也是跟進英國的做法。

社會民營化可以發揮的功能，依據Loney的看法，包括：⑴競爭的提供者，以提高效率，降低成本；⑵增加服務的多樣化與消費者的選擇性；⑶允許更多偏好的存在；⑷新型態服務的創新與實驗；⑸自律；⑹替代國家典型的官僚體系之服務；⑺運用行銷技巧產生更大的市場活動空間；⑻運用企業與仲介技巧，將分散於複雜環境中的資源集中在一起（姚蘊慧，2004）。

民營化雖有前述的諸多優點，但可能帶來的負效果備受質疑，茲將相關論點統整並補充說明如下（林萬億，2022；黃源協，2021；姚蘊慧，2004）：

1. 競爭（competition）不足：於社會福利不可能是完全競爭市場，而且，社會福利的消費者經常是弱勢者，其市場資訊不足，自由選擇的能力薄弱。因此，透過競爭來達到效率化的可能性有限。

2. 榨取（creaming）：民營化後某些機構會去提供一些錦上添花的服務，另外則是剝削了無購買能力者的權益。例如：低社經地位者表達意見的能力較差，而成為民營化服務的犧牲者。

3. 貪汙（corruption）：可能造成官商勾結，圖利少數人；也可能助長利用慈善包裝，而行逃漏稅之實。

4. 成本（cost）問題：民營化雖可能降低服務成本，但民營機構亦可能會在政府委託或補助款上作假。因此，民營化的成本不見得會降低。

5. 控制（control）的能力：民營化之後，只有政府與消費者能監控服務提供的過程與結果，民意代表的監督能力下降。而消費者由於資訊不足及能力限制而無法監督民營機構，民營化後的社會福利，效果堪虞。

6. 社區（community）疏離：社會服務的提供由政府轉向私人，人民與國家的關係淡化。社會服務成為商品，人民互助的社會團結感會消失。何況，民營化之後的社會服務不同使用者的獲得服務能力差距，必然出現一個國家、二個社會的福利服務供給現象。

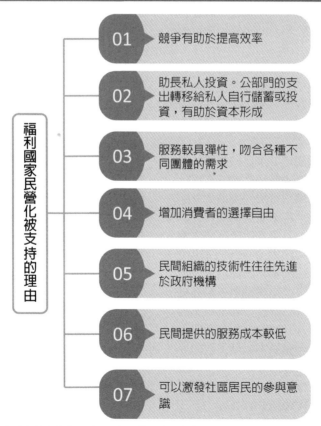

社會福利民營化的立論基礎

社會福利民營化
的立論基礎

01 ▶ 效率
指的是成本減少，亦即民間部門的供給較公共部門便宜

02 ▶ 效果
指的是目標達成程度，特別是服務品質的提升

福利國家民營化被支持的理由

福利國家民營化被支持的理由

01 競爭有助於提高效率

02 助長私人投資。公部門的支出轉移給私人自行儲蓄或投資，有助於資本形成

03 服務較具彈性，吻合各種不同團體的需求

04 增加消費者的選擇自由

05 民間組織的技術性往往先進於政府機構

06 民間提供的服務成本較低

07 可以激發社區居民的參與意識

資料來源：文字引自詹火生等人（1993）；轉引自林萬億（1994）；圖作者自繪。

Unit 4-8
東亞福利體制的類型

　　Esping-Andersen提出經典的自由的福利體制、組合主義／歷史／保守的體制、社會民主體制等三種社會福利體分類後，對於是否適用在東亞引起相當的討論，近年來諸多學者提出了「東亞福利體制」，俾利對東亞的福利體制能夠深入的探討。

　　在文獻的分析上，學者提出的東亞福利體制，包括儒家福利國家、家庭主義福利國家、保守型福利國家、生產型與發展型福利國家等，茲綜整相關論述內容如下（李易駿等人，2003；施世駿等人，2023）：

1. 儒家福利國家：此種類型的特色是以保守統合主義為主。儒家文化更加強調的是「親屬關係」，因此，在照顧服務的義務，建立在家人的血緣與姻親關係上。例如：宗親會。

2. 家庭主義福利國家：東亞體制下的家庭主義具有低度去商品化與去家庭化的意涵，透過國家行使的所得重分配比例是偏低的，經濟安全與福利較仰賴家戶的提供；且國家對於達成去家庭化的目標並未盡太多心力，這也使得家庭承擔了主要福利的提供責任。但社會變遷和人口結構轉型，家庭規模逐漸縮小、女性參與勞動市場比例升高，家庭的功能和女性的照顧角色式微，進而弱化原本家庭主義的福利體制。例如：我國的家戶人口數已較農業社會大幅減少，以核心家庭為主，傳統大家庭型態已不復見。

3. 保守型福利國家：此類型國家的社會政策具有之特色，包括：職業分立的社會保險、有烙印性的社會救助、仰賴市場提供社會安全、軍公教人員享有福利提供的優先權、逐漸擴張的社會保險體系以及國家對於公共福利的反感等。

4. 生產型福利國家與發展型福利國家：生產型福利國家的特色，包括：經濟發展導向的國家，以及國家與社會政策皆從屬於經濟發展目標，社會政策服膺於經濟政策，提供社會政策的目的在於輔助經濟發展。例如：我國的社會保險中最早實施勞工保險，因為照顧勞工健康，有利於國家的經濟發展。發展型福利國家將社會政策視為促進經濟發展的工具，此類型國家在經濟發展上扮演策略性的角色，在科層組織中國家具有足夠能力採取行動及有效運作。發展型福利國家的政府，同時傾聽勞方與資方的建議，以制定可以促進經濟發展的產業政策與勞工政策。就社會政策而言，著重於對人力資本有利的社會政策項目，例如：教育支出及健康支出。

東亞福利體制主要的特色

東亞福利體制的類型	主要特色
儒家福利國家	保守統合主義，但無勞工參與；沒有平等的社會連帶關係。
家庭主義福利國家	國家行使的所得重分配比例偏低，福利較仰賴家戶的提供。
保守型福利國家	職業分立的社會保險；軍公教人員享有福利提供的優先權。
生產型福利國家	經濟發展導向的國家，及社會與國家政策皆從屬於經濟發展目標。
發展型福利國家	社會政策為促進經濟發展的工具。

西方國家的三種主要福利體制

西方福利體制的類型	主要特色
自由主義模式 （盎格魯撒克遜國家）	偏向市場原則的福利，藉由資產調查式的方式提供貧困者的救助。
保守主義模式 / 組合主義模式 （大部分的歐陸國家）	建立在社會保險的基礎上，並維持家庭成為主要的福利供給者。
社會民主模式 （斯堪地納維亞國家）	追求普遍而完整的福利國家涵蓋範圍。追求促進最大程度的平等，而非最小需求的平等。

Unit 4-9
福利國家模型：俾斯麥模型與貝佛里奇模型

福利國家依其社會管理的途徑之不同，分為以風險為基礎的俾斯麥模型（Bismarck model），和以需求為基礎的貝佛里奇模型（Beveridge model）。俾斯麥模型是由勞動人口的互助制度及社會保險發展而成，為選擇性加入（以工作地位）的社會福利；貝佛里奇模型又稱大西洋模型，以公民地位為保障依據，全民皆納入福利體系下，重點在於最低所得之保障（詹火生等人，1993）。

俾斯麥模型（Bismarck model）起源於1883年德國俾斯麥政府通過強制性疾病保險法案，強制雇主與受雇者共同繳付費用參加，創造了第一個社會保險體系，這是德國進入「社會福利國家」（social welfare state）的開始，俾斯麥模型是以強制性與工資有關的保險，而非資產調查形式的社會救濟。

俾斯麥模型基本上是選擇性（selectivity）或組合主義（corporatism）的，其目標是希望涵蓋勞工成為一個類屬，具有共同利益。比起老式的所得調查之《濟貧法》，俾斯麥的社會保險的受益人是被授權（entitled）領取給付的。因此，勞工的社會地位被提升，因為俾斯麥的社會保險模型是以男性勞工為主的社會保險制度，有工作（有繳保費）的人才有保障，所以被批評為保守的福利國家模型。

貝佛里奇模型（Beveridge model）起源於1942年英國貝佛里奇（Beveridge）爵士所提出的「貝佛里奇報告」，此模型是往後全球福利國家模型的範本。貝佛里奇希望建構一個「社會安全網」（social safety net）。貝佛里奇報告的精神相近於凱因斯的主張，其重點在於強調社會保險是一個「自動的穩定器」（automatic stabilizer）。貝佛里奇模型比德國俾斯麥模型、美國新政模型都要廣泛，強調福利不應只與貧窮和飢餓連在一起。

貝佛里奇社會安全各項的基本原則，包括：⑴整合：將各種社會保險整合，同時將社會保險與社會救助緊密扣連；⑵風險分攤：除了健康保險外，所有國民的風險（工業災害、失業、老年、殘障）均整合在一起，共同來分攤；⑶國家最低標準：不論社會保險給付或社會救助金，均以維持國民最低生活標準為前提；⑷均一給付（flat-rate）：每一國民不論所得高低均獲得同樣給付，不像德國的社會保險都是與被保險人的薪資所得相關（income-related），也就是薪資高的人繳較多的保險費，也領取較高的保險給付。貝佛里奇報告書將社會安全原則理性化，廢棄傳統資產調查、選擇性的社會救助體系，而改採取需要滿足、全民性的社會總體管理模式，可說是正式確定了英國成為現代福利國家的典範。

俾斯麥模型與貝佛里奇模型的摘要比較

項目	俾斯麥模型	貝佛里奇模型
基本原則	社會安全以自給自足為原則	以確保工作安全與工作權利為原則
主要目的	社會地位的維持和所得維持	保證社會一定的生活水準
行政及決策	在社會合夥人手中，如就業者及雇主	在就業者或政府手中
受益者範圍	就業者	全體公民
移轉的方式	與薪資所得相關的給付	均一費率及給付
財賦基礎	雇主與勞工的繳費	累進所得稅
國家代表	德國	1980年以前的英國

資料來源：李易駿（2013）。

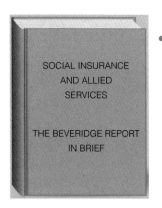

SOCIAL INSURANCE AND ALLIED SERVICES

THE BEVERIDGE REPORT IN BRIEF

貝佛里奇報告的實踐

☑ 最典型的是1948年的國民健康服務（national health services），號稱英國是福利國家的象徵。

☑ 學者認為英國較屬於社會服務國家，而非社會保險與充分就業的福利國家。

第 **5** 章

社會政策制定主體與過程

 章節體系架構 ▼

Unit 5-1
社會政策制定主體之理論：公共選擇與國家中心論

公共選擇（public choice）又稱政治經濟學。Munger（2000）認為公共選擇理論的主要特點，在於將政治看做一個市場，利用經濟學的基本假設與分析邏輯來研究政治活動，該理論乃是針對一個人類社會現象最核心的問題：「如何建構與維繫調和個人自利與團體福利的制度」。

公共選擇觀點假定所有的政治行為者（指選民、納稅人、候選人、立法者、官僚、利益團體、政黨、官僚體制與政府），就像在市場一樣，尋求個人政治上的利益極大化。

公共選擇觀點認為，傳統的經濟學家認為市場是在追求私人利益，公共選擇的理論乃是將這些觀點運用於政治的競技場，認為政治的所有行動者，包括候選人、投票者、納稅者、立法者、官僚、政黨、利益團體、商人，其各自的利益是必須分開討論的。

在政黨及選舉面向上，如果選民以其喜好的公共服務，進而向政黨、政治人物要求超過適度的公共服務，造成政黨的選票之壓力考量，常會提供過度的公共服務；在官僚面向，公共選擇理論認為官僚基本上是自利的，任何行為皆以預期利益最大為行為準則，官僚欲追求擴大其權力、薪資福利或聲譽的話，必然試圖擴大其機關之預算規模；另一方面，官僚為了獲得其下屬的支持與合作，也會極大化機關預算，因為預算規模愈大，將可提供更多的升遷機會與更多的工作保障給予員工。

國家中心論（State-centered theory）是由Skocpol所提出，她認為有必要把「國家帶回來」，以解釋社會變遷與政策發展。國家不應被視為完全依賴一般的社會結構特徵，或是特定利益團體間政治權力與資源分配。毋寧說國家是一種聲稱控制土地與人民的組織，其形成和追求目標並非單純為了反映社會團體、階級或結社的利益需要。因此，國家是擁有「國家自主性」（state autonomy）的。

國家中心論認為，政府不必然是受到外部因素所擺布，國家本身就是行動者，擁有國家自主性，有其獨立的目標需要實現，許多公務員在社會政策發展過程中，其貢獻與重要性大過於利益團體或是政黨，因為即使政務官或立法委員掌握了重要政策的制定，但這些政策大部分早先經過行政官僚的規劃與設計。

國家中心理論主要包含了三個主要部分：(1)國家自主性：國家自主性的強或弱，會直接影響到國家在政策過程中所做的決策及所採取的策略，以及政策所產出的結果；(2)國家結構：這主要是探討國家是如何被組織而成的，其中包括了政府各部門間的關係，例如：行政部門與立法部門的關係；決策者與科層組織之關係。藉由對於國家結構之探討，我們可以了解政策是如何被提出與推翻的；(3)歷史傳承與政策創新：已往所實施的政策所獲得的政治學習，以及公民經驗、公眾意見的相互影響，會產生回溯效果，進而對於政策的傳承或創新產生影響。

公共選擇：政黨競爭的選票極大化模型

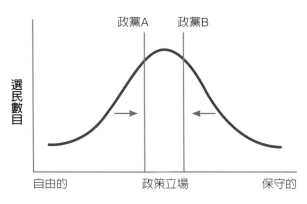

- 每一個政黨和候選人尋找最能吸引多數選民的政策立場。
- 政黨和候選人亦將往中間移動，以獲得最多選票。
- 政治人物所關心的是，如何贏得選舉，以擴展他們的權力。
- 投票者關心的是社會政策的影響及新的利益。

資料來源：丘昌泰（2022）。

國家中心論

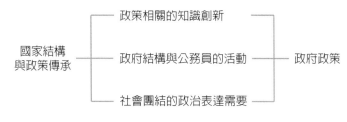

國家結構與政策傳承圖

Unit 5-2
社會政策制定主體之理論：多元論與菁英論

多元論（Pluralism）者視決策制定係處於各種利益相互競逐的狀態下，最直接的方式是透過選民的努力來影響議會或行政官僚的決策過程，主張所有群體都有力量影響決策，沒有任何群體能夠支配決策，若經過充分考量的話，任何群體其政治偏好及期望都會被採納（Hill, 1997；轉引自黃源協等人，2021）。

多元論假設有一個短期的「理念市場」（marketplace of ideas），在這個市場中有相當多數的團體及其利益，在角逐政策決定的權力或影響力。至於個人，通常透過團體的組織，以團體成員的身分參與政策決定。這樣的基本假設是所有的聲音都會被聽到，權力是廣泛的擴散，而非集中。例如：針對我國全民健保財務危機的改革，多元論者認為醫事人員、醫事機構、企業、付費者代表、弱勢團體及勞工工會、健康改革倡導團體、民意代表、各相關官僚組織等都有機會加入討論，以尋求改革的共識。但批評者認為，此論點過於簡化且難以實現，許多的利益是在議場之外達成的，因此，許多的利益團體無法得知與參與；此外，部分壓力團體擁有較多的權力或地位與聲望，例如：全民健保改革中的醫事服務機構，相對於弱勢的病友團體，其所擁有的資源相對較多，其有較多的機會在政策內容中得到展現，因此，不是每一種聲音都能被列入討論的。

菁英論（Elitism）是一種政策即是菁英偏好的決策模式。菁英論認為許多的政策都是反映了統治菁英的偏好與價值。菁英論認為人民對公共政策興趣缺缺且所知無幾，實際上都是菁英塑造群眾對於公共政策的意見，而非群眾塑造菁英的意見。因此，公共政策成為菁英偏好的產物。而在民主國家中，政府部門的公務機關，僅是執行菁英所決定的政策。政策乃從菁英由上往下施行，政策不是群眾需求的產物。

菁英論隱含公共政策並未反映人民需求，而是反映菁英的利益與價值。公共政策的革新與變遷，乃菁英重新定義其所抱持價值的結果。菁英論認為群眾頂多對於菁英的決策行為具有間接的影響力而已。菁英論同時主張：他們分享支撐社會體系的根本價值之共識，菁英們認同基本的遊戲規則，也認同社會體系本身的延續性。體系的穩定性、甚至其存亡，有賴菁英對體系根本價值的共識，而唯有共識內的政策方案才會獲得認真的考慮。

亦即，菁英論認為公共政策不是反映人民需求，而是統治精英的價值偏好和價值，因此，少數精英是形成多數人的意見；決策的權力主要集中於社會金字塔的頂層；且改善政治與社會發展必須依賴領導者，因此，菁精本身之間具有一種共識，政策必須融合其基本共識感，才能獲得菁英接納與考慮。

多元論

團體

團體

團體

決策制定

團體

團體

團體

菁英論

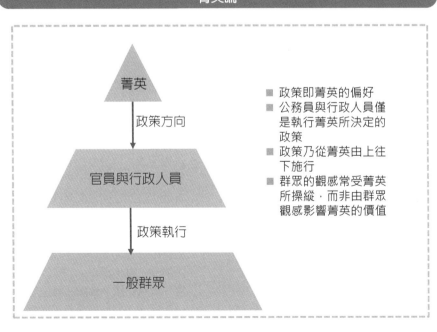

菁英

政策方向

官員與行政人員

政策執行

一般群眾

■ 政策即菁英的偏好
■ 公務員與行政人員僅是執行菁英所決定的政策
■ 政策乃從菁英由上往下施行
■ 群眾的觀感常受菁英所操縱，而非由群眾觀感影響菁英的價值

Unit 5-3
社會政策制定過程

　　社會政策的制定過程，一般標準的分法，包括：政策問題形成、政策規劃、政策合法化、政策執行、政策評估等五個階段（吳定，2017）。茲依據前述分類進行相關論述並補充說明如下：

1. 政策問題的形成：政策的形成，通常來自於社會需求的未得到滿足，輿論認為政府應對該問題進行解決，此過程促使政府對政策問題進行認定，一旦問題被明確定義，接著便需對問題加以分析，以形成政策。例如：青少年犯罪問題、貧窮問題、長照悲歌問題、兒童虐待問題等。

2. 形成規劃：當政策問題形成後，即展開政策的規劃。政策規劃需考量不同的利益團體、民意代表的需求、意見，及聽取專家學者的政策規劃建議後，擬定政策計畫，包括政策目標、政策內容、政策計畫等。

3. 政策合法化：所有的政策，都需要經過合法化的過程，才能使得政策具有正當性。政策合法化的過程，依據政策的位階而有不同的合法方式。當涉及法律的修正時，則須經由立法機關審議的合法化過程；如果是行政機關制定的行政規則，則可由行政機關以行政命令或頒布行政規則的方式進行合法化。在合法化過程中，通常會有政策草案徵詢社會意見的過程。

4. 政策執行：政策合法化後，透過政府科層制度加以執行，並編列預算及人力，依據計畫的內容加以執行，並透過計畫管考方式，管控計畫執行進度。

5. 政策評估：在政策執行中、執行後，可透過政府機構、外部諮詢人員、利益團體、媒體及民眾進行政策評估，以了解政策的執行成效和成本效益。

　　在社會政策制定的過程中，會有許多的因素影響政策的制定，Leichter認為影響政策制定的因素，包括水平面向、垂直面向等因素（Leichter, 1979；Hudson & Lowe, 2004；轉引自黃源協等人，2021）。茲綜整並補充相關論述如下：

1. 水平面向的影響因素
   (1) 情境因素：是指因為某種情境因素所引起的偶發、非永久或特殊性的情況或事故對政策制定造成了影響。例如：Covid-19。
   (2) 結構因素：是指社會或政體中相對較不會改變的要素，為較長久性及持續性因素。例如：政治制度、人口結構。
   (3) 文化因素：是指一個社會或社群所持有的價值觀。例如：同婚、廢死政策。
   (4) 環境因素：是指在政治體制之外，影響體系內決策的事件、結構或價值。例如：美國的國際貿易保護、烏俄戰爭。

2. 垂直面向的影響因素
   (1) 巨視層次：此層次是指影響社會政策較為廣泛的部分。例如：AI人工智慧可能產生的失業潮或轉業潮。
   (2) 中視層次：此層次是擔任連結巨視與微視二個層次的角色，它著重在社會政策如何被制定，誰使政策進入議程及制度環境。例如：選舉制度、政黨結構、政黨意識型態等。
   (3) 微視層次：此層次分析著重在社會的特定人士或關鍵行動者的影響力。例如：關鍵意見領袖。

社會政策合法化過程

社會政策

立法規劃開始

立法之規劃

(1)提出規劃：依政策理念或政策變遷，提出立法之規劃案。

(2)專家諮詢：為法案規劃籌組諮詢或顧問小組，進行討論。

(3)公聽會：將規劃文件或綠皮書向社會大眾公開諮詢及討論。

(4)草擬法律制定案：由政府主管機關或國會助理再檢視規劃的法案，並草擬法律制定案（有時附白皮書）。

立法過程開始

立法之程序

(5)提案：政府提案、國會議員提案或請願案形成議案。

(6)列入議程：立法機關程序委員會將提案排入議程。

(7)一讀：政府提案宣讀標題，委員提案摘要說明，進行大體討論。

(8)審查：委員聽取報告、討論、修正，完成審查報告。

(9)二讀：朗讀議案，宣讀審查報告、說明或質疑；逐條進行實質討論，仔細檢查及修正。

(10)三讀：簡要討論、文字修正，全案交付表決，通過。

(11)公布：咨請總統公布。

法規生效

社會法規

資料來源：文字引自林勝義（2018）；圖作者自繪。

Unit 5-4
社會政策制定過程之模式：理性決策模式

理性決策模式（rational model），簡稱理性模式，泛指依完整而綜合的資料作成理性的決策。丘昌泰（2022）指出，決策制定中的理性（rationality）能夠清楚的認定政策目標，且考慮成本效益，在從中選擇最佳的組合。亦即，在理性決策模式中，意味著決策者能知曉、權衡整個社會的價值偏好，且能取得有關政策方案的詳盡資料，以及正確預測各種政策方案後果的能力，並準確估計成本與利益的比例。

在理性決策模式中，假定人為經濟人（economic man），具有完全的理性（perfect rationality），所以能為其本身謀求最大的利益，且決策能透過其理性追求最大的社會利益（social gain）。理性決策模式的思考的邏輯過程，主要來自於兩種思考：⑴以經濟理論為基礎的「經濟理性」，係假定人都是自我利益的，在自利動機的驅使下，將會產生非常理性的經濟行為；⑵以「官僚理性」為基礎，建構出官僚理性在行政上的應用。

理性決策模式透過其理性的認真能力，而達到的事，包括：⑴能知道整個社會價值的偏好，及其相對的重要性；⑵能知道所有的決策選項（policy alternatives）及其後果；⑶能計算出每個決策選項的利益與費用的比例；⑷能依據每個決策選項的重要性、價值及優劣性，排出優先順序，然後從中則取最有效的決策選項（孫本初，2011）。

然而，理性決策模式雖有其優點，但其不足之處亦備受批評。理性模式被批評為是一種過於理想的政策制定模式，忽略了現實面種種因素，事實上，要達成完全理性的決策，往往是不容易的。因為我們無法充分知道所有的訊息，且對知識的了解有限。此外，不同決策者或利益者對於理性政策的看法未盡相同。社會中某個人認為理性的政策，在另一個人眼中也許是不理性的，其中更牽涉到意識型態、價值觀及政治考量的問題。

由於理性決策的前提是資訊要先完整取得，但是實務上不太可能。因此我們所做的決策，往往是建構在非完美資訊中，我們稱之為有限理性。有限理性強調的是小規模、短期的理性行為，認為決策者並不一定具有清楚的價值目標，且不一定擁有完整的資訊，因此無法獲致最佳的解決方案，且通常決策者都在有限的時間內進行決策，因此充分理性在決策中甚難存在。透過有限理性，雖可能為差強人意的決策結果，但大致上可以滿意。亦即，組織的決策者總是無法決定何種行動方針最適合其偏好，且可能同時面臨許多問題需要解決，因此而有有限理性的產生。

理性決策實施步驟流程圖

01. 診斷和確定問題

對潛在且具威脅性的問題進行精確的診斷分析，並以實證為基礎的決策

02. 確認決策準則與準則權數

「決策準則」係指在選擇方案時所必須考慮的因素，權數的賦予考量以個案的權益作為最高的指導原則

03. 尋求解決問題的備選方案

決策者應盡可能列出各種解決問題方法的備選方案

04. 分析並比較各種備選方案

決策者必須對各方案做詳細的分析

05. 選擇一個最佳的備選方案

在理性與非理性之間取得平衡，亦即要獲得盡可能是最佳的解決方法

06. 選擇方案的執行

意料之外的突發或臨時狀況，決策者或執行者需要能夠彈性地予以面對，或對決策加以修正或調整

07. 決策效益的評估

在執行過程中或一段時間之後，檢視並評估所選取的方案是否達到所欲的結果

案例

在臺灣的社會政策決策中，全民健康保險的規劃即具有理性決策模式的性質，理性模式也能提供不錯的解釋。在全民健保制度的規劃過程中，透過議題釐清，廣泛蒐集世界主要國家的制度，再規劃出幾個備選方案，最終決定採行將全體國民歸納在同一保險制度的全民健康保險，實具有理性規劃的決策特性。

Unit **5-5**

社會政策制定過程之模式：漸進決策模式

漸進決策模式（incrementalism）是由Lindblom針對理性決策模式的缺失所提出的解決方法。他認為政策的形成乃是根據過去的經驗，經由社會變遷的過程，而獲得共同一致的政策。換言之，漸進論者認為，政府係以現行的政策為基本方案，與其他新方案相比較後，而作成哪些現行政策應修改，或應增加哪些新政策的決策。

Lindblom主張意圖的理性（intended rationality），認為人雖欲嘗試達到理性的境界，但因受到個人能力與環境的影響，以致無法達成，故提出「漸進決策模式」，認為在決策過程中，決策者無法考慮到所有的決策選項及其後果，是以政策是經由協商的過程而形成，新政策只是對過去的舊政策做某種程度上漸進的修正。

漸進模式的基本概念是：一種和以往政策愈不同的方案，就愈難預測其後果，同時也就越難獲得一般人對這項政策的支持，其政治可行性（political feasibility）就越低。因為重大創新的政策，後果特別難以預期，所以這種模式主張，政策制定基本上應是「保守的」，且應將創新之舉，限制於邊際改變（marginal change）。

亦即，決策者只要考慮到幾個有限政策方案就可以了，並著重於所可能發生的重要後果即可。因此，決策者不必進行全面性的調查及方案評估，只要著重於與現存的政策具有漸進性的差異即可。決策者在面對主要問題時，只是重界定目的及政策手段間的調整，在主要政策目標不變的情況下，決策選擇是在

進行政策目標的微調及選擇適當的新手段或進行微調。且主張社會問題或政策目標並沒有單一的解決方案，政策決策乃是永無休止地調整及修正。漸進決策是偏向補救性的做法，適合減輕現行的社會問題，較不具有社會目標的全面改革與增進效果。

雖然漸進決策模式有其優點，但評論者對漸進主義的批評如下（吳定，2017）：

1. 由協商議價的方式所達成的政策，不應為理想的決策方式，因只代表有利團體或個人的利益，並非代表全民的利益。

2. 因只重短程目標，且只從過去政策做有限的修正調整，忽視社會創新的需求，故被批評為「親惰性派」（pro-inertia）及「反創新派」（anti-innovation）的意識型態的幫凶。

3. 漸進決策模式無法適用於較大與較基本的決策情形，如宣戰案、緊急災難案等。

4. 漸進決策模式未能明白區分基本決定（fundamental decisions）與非基本決定。漸進途徑適用於非基本決定，但不適合於基本決定。而在實際決策方面，基本決定的數目與角色，顯然大於漸進決策途徑主張者所宣稱的。如果決策者僅求漸進修改以往的政策，而失掉基本決定的話，必將限於漂泊不定，缺乏方向感的狀態。

5. 漸進決策模式無法應付快速經濟成長下所產生的問題，如人口增加、公共設施增加、科技進步等因素所帶來的各種問題。在此情況下，某種方式的理性決策程序是非常重要的。

漸進決策模式

漸進決策模式
代表學者
Charles E. Lindblom

- **政策形成**　政策的形成乃是根據過去的經驗

- **政策思考**　政府係以現行的政策為基本方案，與其他新方案相比較，作成哪些現行政策應修改，或應增加哪些新政策的決策

- **決策原因**
  - 未定期檢視既存政策，無法獲得充足資訊
  - 成本效益考量
  - 巨幅改變的風險因素

- **決策結果**　採取保守微調政策

案例

> 在臺灣的社會政策領域中，社會救助是相當具有漸進特性的政策。一方面，在社會救助制度上，歷年主要的變化在於最低生活標準的調整，2011年的修法亦是在既有的架構中調整，表現出漸進模型的特性；即漸進模型對例常性、執行中的社會政策決策，也有相當的解釋力。

Lindblom提出理性決策模式的八項不足

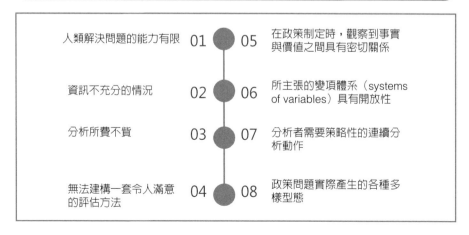

人類解決問題的能力有限　01	05　在政策制定時，觀察到事實與價值之間具有密切關係
資訊不充分的情況　02	06　所主張的變項體系（systems of variables）具有開放性
分析所費不貲　03	07　分析者需要策略性的連續分析動作
無法建構一套令人滿意的評估方法　04	08　政策問題實際產生的各種多樣型態

第 **6** 章

社會福利分配與輸送

 章節體系架構 ▼

Unit **6-1**
社會福利的財源

圖解社會政策與社會立法

076

社會福利的財務經費來源主要有三種基本方式——稅收（taxes）、捐款（voluntary giving）、費用（fees）。稅收來自於政府的強制力，對人民而言是義務性的，是向公民與企業公開徵收而來，也是支持公共社會福利活動支出最基本的來源。稅收是政府以編列年度預算執行現金給付或實物給付的社福政策。稅收主要是基於社會適當性的原則，強調人民的基本需求與權利。

捐款則來自於私人的捐獻，是自願的、非強制的。費用則是指對公開市場中的社會福利產品或服務所收的費用，產品或服務可能由企業當作商品來銷售，也可能由非營利機構提供並藉由收費來平衡支出。

福利國家在實際運作上，往往將這三種經費來源混合運用。像是社福機構或組織的預算就常常將稅收、捐款及費用三種來源列入收入項目。雖然公立機構常以稅收作為主要經費來源，但也會依賴使用者所付的費用或是私人捐款。同樣地，非營利組織增加了對稅收支持的依賴，來補充提供公部門契約服務所得經費的不足（黃志忠等人譯，2012）。

在我國的社會福利財源上，中央政府透過統籌分配款、補助款等，給予地方政府補充地方政府財源（馮永猷等人，2013）。學理上，補助款的分類有依目的或限定用途區分，特定目的或限定用途為有條件補助款（conditional grants），即所謂特定補助款，又稱計畫型補助款；一般目的或無限定用途為無條件補助款（unconditional grants），即所謂的一般性補助款。特定補助款又依有無需要配合款（matching），再區分為需要配合款的特定補助款與無需配合款（non-matching）的特定補助款。需要配合款的特定補助款，又依有無補助上限，而區分為有補助上限（closedended）與無補助上限（open-ended）。

政府徵收稅收之後，會經過預算的政治決策程序而分配資源。這些資源會分別由中央政府與地方政府來負責。至於執行時則會由政府直接執行，或再委託由非營利組織來執行。最後多數的資源會經過這些系統而發生再分配而流入家戶（國民）（李易駿，2017）。

此外，稅式支出（tax expenditures）是以政府減少稅收作為代價的，以協助某些類屬人口負擔的一種福利措施。稅式支出是政府為達成經濟、社會或其他特定政策目標，利用稅額扣抵、稅基減免、成本費用加成減除、免稅項目、稅負遞延、優惠稅率、關稅調降或其他具減稅效果之租稅優惠方式，使特定對象獲得租稅利益之補貼。在社會政策中，常見的稅式支出為在綜合所得稅中的長照費用支出的稅式支出。

社會政策設計的財務面向基礎

經費來源
(The source of funds)

財務的來源應該來自於使用者付費、可以補足所有收入的稅收、部分社會保險方案，或是自願捐款，抑或是該結合上述各項來源呢？

傳送系統
(The system of transfer)

負責經費運用的政府層級應該有何種安排來管理經費的流動，而在經費提供者和服務提供者之間需要有何種不同層級的審查，並且在什麼情況下可以進行經費的傳送呢？

資料來源：文字引自黃志忠等人譯（2012）；圖作者自繪。

臺灣的中央與地方政府財政關係

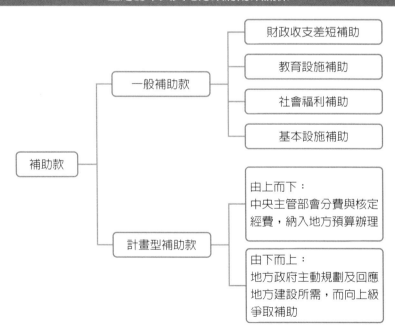

補助款
- 一般補助款
  - 財政收支差短補助
  - 教育設施補助
  - 社會福利補助
  - 基本設施補助
- 計畫型補助款
  - 由上而下：中央主管部會分費與核定經費，納入地方預算辦理
  - 由下而上：地方政府主動規劃及回應地方建設所需，而向上級爭取補助

Unit 6-2
社會福利財貨

社會福利的財貨，諸多的學者有許多的分類。Rose將福利財貨依「可貨幣化的」（monetized）／「非貨幣化的」（nonmonetized），以及消費取得是否需支付費用，而加以區分類別化。「可貨幣化的」泛指一般政府及雇主所提供的福利財貨；「非貨幣化的」指家庭提供的福利財貨。一般而言，福利財貨最常見的分類包括現金給付、實物給付、代券、回溯式核退給付。茲分二個單元說明前述福利財貨的相關內容。

現金給付（in-cash）提供「金錢」或「等同金錢」的有價憑證，給有福利需要的民眾，讓其可自主運用由市場中，購買所需的相關財貨與服務，來滿足需要。例如：中低收入老人生活津貼、育兒津貼等。

傳統福利經濟學者認為，現金給付是最理想的方式，因為這種方式讓福利受益者擁有最多的選擇，也就是達到「效用極大化」。例如：給予一位福利受領者三千元現金，相較於給他相當於三千元等值的物品，給予現金給付會讓福利受益者更有滿足感。

現金給付具有節省行政作業的成本、可選擇性最高、可依照自己的意願自由地使用金錢，以及福利受益者可以保有自尊，減少烙印的感受等優點。但現金給付的缺點，最常被提出討論的是，現金給付可能會被挪作他途，致無法做出對領受者最有利的選擇，亦即，有福利受益者無法充分運用之疑慮。例如：如果發給兒童的福利津貼，並無法

確定這筆現金是否直接用於兒童身上，亦即，無法正確控制福利對象消費的內容是否用於兒童。

實物給付（in-kind）是直接依特定福利需要項目來生產與配置，提供福利受益者服務，包括實際的物品或服務。實物給付通常較能貼切地解決福利受益者的問題，滿足其生活所需提供各種物質濟助或是與預防、治療、復健目的有關的社會福利服務。例如：補助維持生計的基本物資、居家生活照顧服務等。

實物給付的優點是能確保及限制福利使用者的使用，較不會有浪費及分配上的偏差。因為，如果直接提供現金給付，可能無法掌控實際的支用項目，但實物給付可以限制這些非給付項目的選擇，確保適當地使用在所要提供的服務上。但實物給付亦面臨限制福利使用者選擇的自由，使得效用降低的批評，且實物給付所引發的標籤化，亦是其缺點之一。此外，實物給付被認為具有社會控制的功能，批評者認為這是一種國家用來規範福利受益者的一種方式。

福利財貨的來源分類

01 ▶ 市場

是指福利財貨由準市場或商業市場所取得。

➤ 準市場：指政府透過「購買者與供應者分離」的社會服務契約機制提供服務。例如：委託安置服務。

➤ 商業市場：屬於營利性的商業服務。例如：自費安養。

02 ▶ 政府

是指服務的財貨由政府所直接提供。例如：國民教育、政府設立的兒童之家。

03 ▶ 家庭

是以家庭為財貨的提供者。這種服務通常是由家庭基於血緣、家族等關係所提供。隨著社會結構變遷，家庭提供福利財貨的功能亦逐漸衰減中。

04 ▶ 實物（或服務）交換

這是一種以物易物的服務概念。此種財貨多以早期農業社會為主。例如：鄰近家戶互相幫忙收割稻穀。現代社會中此一類型的福利生產已較少。

現金給付與實物給付的優缺點比較

比較項目	現金	實物
優點	■ 攜帶方便 ■ 可儲存 ■ 有較高的選擇自由 ■ 案主可自由支配 ■ 行政成本低 ■ 支付單位可不受限制 ■ 易計算 ■ 可因各種原因只給部分給付而成為津貼	■ 可針對需要提供 ■ 案主獲得給付可立即使用 ■ 可對案主使用上有一定程度的控制效果 ■ 集體採購時有具議價效果
缺點	■ 無法控制真正被使用的情形 ■ 給付不足時未必能滿足需求 ■ 未必能購得福利財貨	■ 不一定是案主喜歡的 ■ 選擇性少 ■ 未必真正符合實用 ■ 案主的滿足程度較低而成浪費 ■ 行政成本太高 ■ 不易儲存 ■ 有汙名效果

資料來源：李易駿（2017）。

Unit 6-3
社會福利財貨（續）

代券（voucher），亦包括抵用券、證明單。代券可說是實物及現金二者的中間綜合，民眾可以憑代券提取實物，福利使用者也可以有部分的選擇自由。

代券的特殊之處在於保留福利使用者選擇權，卻又可以達到某種程度的社會控制，這確保補助用在重要的福利服務之目的，例如：食物、居住所、教育或是健康照護等服務供給。在財貨提供的流程上，通常是由福利給付單位發給福利需求者，需求者持代券向特定的商店領取或兌換實物或獲得服務，而提供服務的單位再憑代券向發出代券的福利單位請求付款。例如：我國地方政府針對符合低收入戶、中低收入戶、學生本人為身心障礙，及學生本人領有弱勢兒少等條件者，發給福利使用者的餐食券，可前往超商兌換食物，並限制不得兌換食物以外之商品（如：菸、酒、遊戲點數），以使得服務給付之政策目的能確實落實。

代券仍具有自由市場的特性，而具有現金給付的優點，代券被Gilbert和Terrell喻之為：「能平衡社會控制與消費者選擇的工具。」但代券仍具有汙名化的問題，因為代券的發給對象如果是經資產調查或限制於特定對象時，使用者在使用代券時，其福利身分仍將被辨識，而可能具標籤效果。另許多資源較為缺乏的地區，代券的使用上較為不便。此外，代券的發行與流通仍有一定的行政成本，以及代券具有準現金性質，是有價的票券，在寄送、保存上的成本仍高。

回溯式核退給付（refund）是指政府先給予給付的同意，並告知福利給付使用規定，而由福利使用者先行支付福利消費的費用，再由福利使用者憑著支付單據申請全額費用或部分費用。這種事後回溯式的核退制是一種現金給付的例外程序。

回溯式核退給付，雖然申請者可以透過核退取回一定給付標準的現金，但福利使用者必須先行支付款項，而成為使用上的阻礙：在福利財的使用及購買程序上，必須在申請核准後，由使用者先付款，如果福利財是大筆的支出，如醫療手術費用、較高額的輔具與房舍改裝費，因必須由福利對象先行支付，此種做法將阻礙福利需求者在使用上的接近性。例如：我國的全民健康保險規定，保險對象如到國外、大陸地區旅遊或處理事務，臨時發生不可預期的緊急傷病或緊急生育情事，必須在當地醫療院所立即就醫時，須在急診、門診治療當日或出院之日起算6個月內，檢具相關書據，申請核退醫療費用；核退標準則依全民健康保險給付規定核實支付，惟訂有上限，以支付國內特約醫院及診所平均費用為最高之上限額，並每季公告。

我國的社會保障支出分類

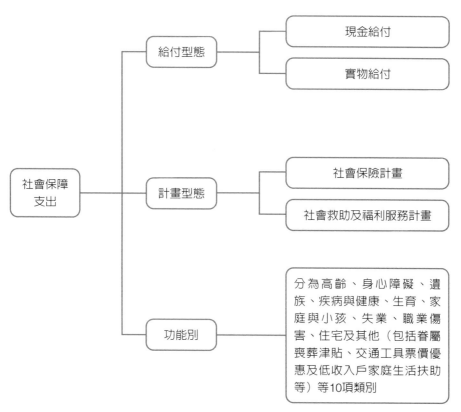

社會保障支出
（social protection expenditure, SPE）

定義

係指政府為減輕家庭或個人承受高齡、身心障礙、遺族、疾病與健康、生育、家庭與小孩、失業、職業傷害、住宅，以及其他風險或負擔，提供全民享有健康及最低生活保障之支出。

社會保障支出

給付型態
- 現金給付
- 實物給付

計畫型態
- 社會保險計畫
- 社會救助及福利服務計畫

功能別
- 分為高齡、身心障礙、遺族、疾病與健康、生育、家庭與小孩、失業、職業傷害、住宅及其他（包括眷屬喪葬津貼、交通工具票價優惠及低收入戶家庭生活扶助等）等10項類別

資料來源：行政院主計總處（2022）。

Unit 6-4
社會福利的分配

圖解社會政策與社會立法

082

　　福利的分配涉及到平等性與公平性。福利的類型，依其所涵蓋的服務對象多寡，可區分為普及式和選擇式兩種。於界定資格選項的範圍上，Gilbert認為應考量社會供給在提供給社會中個人和團體時所存在的不同條件。從這個觀點來看，Gilbert認為社會分配的標準可以依據歸因性需求、補償、診斷差異，及資產調查需求等分配原則加以分類（黃志忠等人譯，2012）。

　　歸因性需求是將條件設定在屬於某個群體，而這個群體有著未能以現在社會或經濟安排來滿足的共同需求。根據這個原則，需求是依據規範性準則來界定的。例如：一項針對全臺的醫療資源分布調查結果，發現臺灣有許多的鄉鎮為無醫村，居民即使有就醫的需求，但無可就醫的醫療院所，因此，根據這個歸因性的需求，全民健保推動偏鄉地區的巡迴醫療服務，以滿足偏鄉居民的就醫需求。

　　補償當成福利資格的基礎，其接受福利的條件是須屬於已經做出特定社會和經濟貢獻的群體，須符合給付之原則。例如：全民健保的目標應是全民不分地區享有同樣的醫療服務，但臺灣許多的山地鄉，醫療資源相當缺乏，因此，全民健保規定於山地離島地區就醫時，免自行負擔費用，即是一種福利的補償。

　　診斷差異是將補助條件設在個案特殊需求的專業判斷上，如以身體或精神上損傷的狀況來判斷。例如：長期照顧服務是指針對預期或已達六個月以上無法生活自理的民眾，由長照服務人員及單位，提供各種照顧及專業服務（包含居家服務、日間照顧、家庭托顧、小規模多機能服務、專業服務）、輔具租借、購買及居家無障礙環境改善、交通接送及喘息服務等。照管中心經過專業的評估，針對不同的失能程度提供不同的服務，此即為因為診斷差異所提供的福利服務分配的差異。

　　資產調查的福利資格界定，是要求以無力購買產品或服務的證明來作為符合資格的依據，也就是個人獲得社會供給的條件僅限於經濟狀況達法規的救助標準之下。例如：我國《社會救助法》規定，經申請戶籍所在地直轄市、縣（市）主管機關審核認定，符合家庭總收入平均分配全家人口，每人每月在最低生活費以下，且家庭財產未超過中央、直轄市主管機關公告之當年度一定金額者，為低收入戶，得享有社會救助的扶助。

普及式與選擇式之社會政策特性比較摘要

特質向度	普及式社會政策	選擇式社會政策
效果	高；高實現率	不一定；通常是低實現率
政策目標達成情形	有資源浪費的情形（一大部分的給付流到無需求的人手上）	有效地運用資源（針對目標人口群）
行政成本	低	高
公共支出的意義	需要較多的公共資源	對公共支出的壓力較小
社會成本與社會利益	■ 沒有汙名效果 ■ 有利社會整合 ■ 平等化	■ 汙名效果相當大且持續 ■ 社會區分化 ■ 公平性
對勞動市場的意義	強化工作誘因	對貧窮者而言，其邊際稅率相當高。危害工作誘因，即產生貧窮陷阱

資料來源：Pratt (2012)。

社會福利分配的原則與社會福利概念

歸因性需求	補償	診斷差異	資產調查需求
制度式 社會福利概念	←----------→		殘補式 社會福利概念

資料來源：黃志忠等人譯（2012）。

Unit 6-5
社會福利的分配（續）

針對福利請求權，Chambers（2009）提出八種資格，包括過去的貢獻、行政規則、行政裁量、契約、專業裁量判斷、司法判決、資產調查、附加在勞動關係上的給付。之所以會有這樣的福利分配資格限定，主要是因為社會福利資源有限，因此對於福利需求者的選擇與篩選格外重要，一切必須規則化、合法化，或是法律授權，以杜爭議。

過去的貢獻（contribution）是指狹義、對福利體系、特別是社會保險制度的貢獻，即為所繳納的保險費。例如：某位申請退休的員工想要領取老年給付，他必須在投保期間有依照規定繳交保費，且符合《勞工保險條例》得請領老年給付的規定，且所領取的老年給付，會因其投保金額、年資等貢獻度而有所不同。

行政規則是指依政府政策所制定的行政規則，而成為審核條件。亦即，這些行政規則本身帶有較強烈的對象性。例如：申請全民健保海外自墊醫療費用核退，除須檢據外，更須將醫療診斷書翻譯成英文，此為審核的條件之一。

行政裁量是行政人員依據法律及行政規則授權下，對於福利給付的申請人，依職權所進行裁量與決定。例如：《社會救助法》的第5條第3項第9款特殊個案處理原則（簡稱539條款）。

契約是指政府透過社會契約的方式，由非營利部門或營利部門所提供的服務。例如：不幸少女的安置服務、兒少的寄養服務。

專業裁量判斷是指案主是否應獲得給付，是依據專業人員的專業判斷。例如：《精神衛生法》規定，保護人、社區心理衛生中心人員或專科醫師發現嚴重病人不遵醫囑致其病情不穩或生活功能有退化之虞，經專科醫師診斷有接受社區治療之必要者，病人住居所在地主管機關、社區心理衛生中心應與其保護人合作，共同協助其接受社區治療。

司法判決是指在個別個案的情況中，案主的權利乃是透過司法判決而確定。例如：離夫妻取得子女監護權與扶養費用等。

資產調查是對申請者的家戶的財產及所得進行查核，以決定是否為貧民及獲得救助。通常，在社會救助資格的認定上，多採用這種方式。

附加在勞動關係上的給付乃以達成特定的政策目的，特別是在資本主義經濟體系中，社會安全制度具有維護勞動力、經濟體制運作之目的。例如：企業的職業年金即是。

■ 公民權：指基於國籍而擁有該國國民資格及權利。
■ 福利權中的公民權：實務上並不限制於公民，尚包括準公民的權利，即擴張到擁有合法居留權利者。
■ 公民資格：是指具有選舉權的公民或國民。
■ 合法居留權利者：是指合法長期停留在國境內的外國人，如留學生、合法的外國勞工。
■ 附條件的福利資格權：是指福利給付附有其他社會契約條件後而成為福利資格權。例如：社會保險的繳費義務，才有獲得給付的資格。
■ 獲得福利的基本原則
　1. 裁量：分為慈善組織的救濟與政府依法的行政與專業裁量給付。
　2. 權利：普遍公民權的普及式福利給付；經由資產調查的選擇式福利。

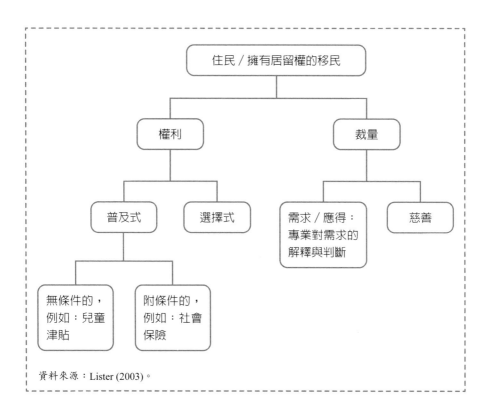

資料來源：Lister (2003)。

Unit 6-6
社會福利服務輸送體系

　　社會福利服務必須透過輸送體系進行輸送，才能使得服務使用者接收到服務。Gilbert等人將「福利輸送體系」界定爲：「社區中組織之安排，透過此安排使服務提供者與服務消費者連結在一起的機制。」這樣的服務輸送運作機制，是機構組織獲取資源後，轉化爲服務方案並提供給案主的過程。李易駿（2017）認爲，社會服務的輸送體系，包括：付費者或福利資源提供者、福利接受者或使用者、福利的提供者、移轉機制等四種角色。

　　付費者或福利資源提供者的角色，是指最終、實際支付社會福利代價及資源的人或組織。在政府許多與非營利組織的契約中，非營利組織提供民衆相關的服務，除了有些項目需要部分負擔外，其餘的經費來源多以政府是最終的付費者爲主。例如：在Covid-19期間的1922疫情諮詢專線，即是政府委託民間辦理提供民衆的服務，但其經費的來源是由衛生福利部所支應。

　　在福利接受者或使用者的角色，是指最後的福利使用者，也是眞正獲得福利的人。福利的接受者或使用者會因其福利需求、福利資格不同，而使用不同的福利服務。例如：政府委託民間辦理的準公共化幼兒園，福利的使用者是幼兒的家長；或是經評估符合使用長期照顧服務的到宅服務、日間照顧、家庭托顧等，即爲福利的接受者或使用者。

　　福利的提供者將福利資源或服務交到福利使用者或接受者手上的專業者或福利組織。例如：許多的非營利組織在勸募計畫募得服務經費後，即提供相關服務給標的服務對象。但是，有時服務的提供者，有可能也是服務經費的提供者，例如：公設的老人之家提供的安養服務。當然，也有提供服務者，未必是經費提供者的情形，例如：全民健保提供的醫療服務，係透過全民健保特約機構所實施，其經費是由健保署所支付給醫事機構，但健保署並非經費的提供者，經費的來源是勞資政三方共同繳納的健保費。

　　移轉機制是指蒐集資源及進行資源分配的機制。移轉機制的核心角色與功能，乃在於進行資源匯集與分配。經由資源分配的活動，將資源移交給福利提供者，再由提供者進行福利資源的輸送或提供福利活動。通常，國家透過稅收機制將資源匯集後，再依據福利需求進行資源的分配，此即爲福利資源的移轉機制。政府每年各項社會福利政事的預算編列，即是一種社會福利資源的移轉機制。

社會福利的運作機制

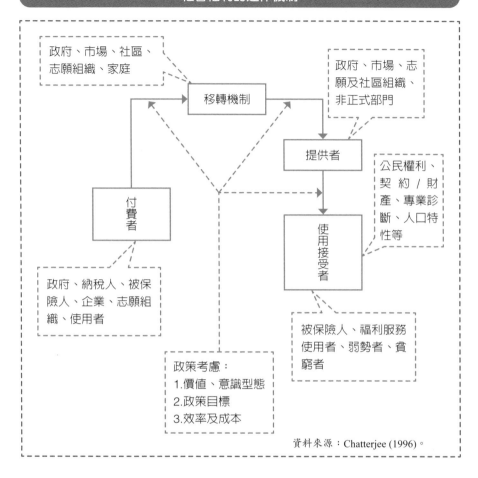

政府、市場、社區、志願組織、家庭

政府、市場、志願及社區組織、非正式部門

移轉機制

提供者

公民權利、契約／財產、專業診斷、人口特性等

付費者

使用接受者

政府、納稅人、被保險人、企業、志願組織、使用者

被保險人、福利服務使用者、弱勢者、貧窮者

政策考慮：
1.價值、意識型態
2.政策目標
3.效率及成本

資料來源：Chatterjee (1996)。

社會福利體系運作的環節

■ **福利結構與對象**
　「為何應提供這些服務？」、「有哪些事是應做的？」以及「服務要提供給誰？」

■ **服務財貨的類型**
　機會、服務、實物、額度、現金及權利。

■ **輸送**
　多元福利提供（福利混合）。

■ **財務與成本**
　即社會福利的代價與支出，以及這些代價由哪些人來支付。

■ **服務介面**
　具體的服務提供方式。

Unit 6-7
社會福利服務輸送的策略

在社會福利服務機制中，除整體資源及政策配置等供給面檢討外，服務輸送與使用者的接收等面向，對服務品質而言亦同等重要。Gilbert在批判社會服務輸送體系的弊病時，認為常見的問題有四：支離破碎（fragmentation）、不可及（inaccessibility）、不連續（discontinuity）、權責不明（unaccountability）（衛生福利部等，2018）。此外，服務輸送過程中的可得性（availability）、可近性（accessibility）、可接受性（acceptability）及可負擔性（affordability）等，在規劃社會服務組織與服務輸送系統時，通常會將這些問題納入考慮。

在服務輸送的過程中，包括許多的層面，且在某些部分會互相牽連，同時涵蓋的範圍也很廣。例如：服務的支離破碎（fragmentation），涉及到機構的服務項目、特性及不同機構間的彼此合作、網絡的關係，以及是否在區域上或服務提供位置上是否集中或鄰近等。

而服務的不可及（inaccessibility），通常會受限於是否能取得福利服務的資格，這種情況是因為許多的服務須經過資格審查，例如：《社會救助法》的相關扶助事項，多須經過資產調查，亦即，訂有排富條款，或是有些服務有服務次數的限制，即使仍有需求，仍無法取得相關服務；或是機構因為資源有限的關係，設有接案的案主資格評估機制，致使有需求者有可能因此而無法接受服務。

服務的不連續（discontinuity），是指當各機構試圖堤供服務來滿足需求時，發生在服務網絡間的缺口，這樣的缺口會妨礙個人尋求福利資源的連續性。例如：機構已經無法為案主提供服務，需要進行轉介，是否有先與被轉介機構聯繫，並填寫轉介單等，以使得後續的服務能連續性的提供。

最後，服務的權責不明（unaccountability）問題，多發生案主向某機構提出服務申請時，均遭各機構以非其服務範圍為由拒絕，此即為權責不明。權責不明通常發生在機構間對於服務項目認定的灰色地帶，或是本位主義所造成的。

總結而言，服務的輸送應注重責信（accountability）的問題，服務輸送應協調調整合，建立順暢的溝通管道，減少重複，也透過這樣的機制，減少服務的破碎、不連續，避免服務的不可及，並可提升責信。服務輸送是一連串的過程，在這過程中儘管有概念的區分，但整體上是彼此關聯的。因此，值得福利服務輸送的規劃者、決策者、提供者深思。

社會福利服務輸送的策略（案例）

服務的破碎

倘若有一位疑似身心障礙者林小弟，家人陪同他到指定醫院去做ICF新制下的身心障礙鑑定，但是這個醫院沒有社會工作師、復健師可以協助鑑定活動參與、環境障礙面向。因此，他就被轉介到另一家醫院去做活動參與、環境障礙鑑定。

服務的不連續

接著，他又必須回到原來醫院索取身心障礙鑑定報告，以利進入需求評估階段。幾天後，他被通知到社會局接受需求評估，先要在社會局服務窗口辦理掛號手續，可是，社會局委託的需求評估團隊是在另一個辦公地點，於是家人又開車載他到評估地點。但是，評估地點沒有停車位，又不能申請身心障礙交通服務接送，家人必須先找到停車位再將林小弟帶到評估地點。如果以上這些服務單位都同在一個屋簷下，且程序上盡可能一致，就不會出現一家人滿街跑，為了得到一張身心障礙證明。其次，萬一第一家醫院的鑑定團隊窗口在林小弟離開後就關閉了，或是換人值班，而林小弟在第二家醫院碰到任何問題無從查詢，害得他與家人必須等下次才能完成鑑定，這就是服務不連續。

服務的不可及

第三，如果林小弟在第一家醫院就因戶籍登記與父母不同戶，必須回到很遠的祖父母住的縣市去接受鑑定；或是因為鑑定醫院要求自付部分鑑定費用，林小弟的父母負擔不起，必須另找免費或收費較低的醫院鑑定；或是因為林小弟住的鄰近地區都沒有鑑定醫院，衛生局又沒有補助醫院進行往診（外展）鑑定，使得林小弟不能很快得到鑑定服務，就是服務不可及。

服務的無責信

最後，林小弟的家人只好向縣市政府申訴，為何服務這麼不便民。縣市政府的聯合服務中心找不到任何單位願意承擔過失，因為大家都說依規定辦理，不是他們的錯。這是權責不明，毫無責信可言。

案例來源：林萬億（2000）；圖作者自繪。

Unit 6-8
福利服務的輸送模式

社會福利服務的輸送，有不同的輸送模式，本書將分為二個單元說明輸送的模式如下：

一、集中化（Centralization）或分散化（Decentralization）

依據科層體制之中央到地方的資源分配方式、授權程度，服務輸送的模式可分為「集中化」或「分散化」兩個基礎類型：

1. 集中化：是指包含福利生產、服務輸送、福利提供等角色與因應所需的資源和相關權力皆集中於中央政府手中，由中央統一管制統籌運用。但這樣的方式，常因中央政府缺乏競爭效率，而逐漸減少，但部分中央專屬的服務仍由中央政府提供，例如：外交部領務事務局的護照換發服務、中央健康保險署的全民健保納保業務。

2. 分散化：此為將權力與資源由中央移至地方，甚至再由地方政府將資源分散到鄉鎮市、社區中，營造由下而上的福利決策模式，強調基層工作人員與福利使用者的參與，成為相對於傳統的集中化的另一個趨勢。例如：福利社區化、縣市政府的社會救助調查、急難救助等。這種模式具有可提供地方更高的自主性，以提出創新的或切合地方特殊需要的福利服務，且可降低科層弊端與福利支出成本，並達到較高的可近性。

二、單一服務（Single Services）或綜合服務（Combine Services）

1. 單一服務模式：主要是因為服務內涵單一化，可使服務機構更能培植有關服務領域的專業能力，提供服務需求者較為專精而深入的照顧，使福利使用者得到更高品質的照顧與服務滿意度。例如：勞動力發展署針對失業勞工開辦的職業訓練課程。

2. 綜合服務：因為服務範圍與項目較為廣泛而複雜，涉及的服務專業知識亦較多，因此在培養工作人員與服務機構的專業能力上有較高難度。對於服務使用者而言，因為面臨的問題經常非屬單一性，而是綜融多項成因、多種元素，因此專一而特定的服務項目往往難處理所面對之問題。例如：家庭暴力暨性侵害防治中心的社會工作師，在處遇遭受家庭暴力的婦女時，必須評估提供安置服務、兒少保護、經濟安全、心理輔導等各項面服務之綜合服務提供。

三、合署辦公（Under One Roof）或分散設置（Separatefacilities）

1. 合署辦公：是指服務使用者在同一地點，便利接洽各個服務機構，或進一步達到「一處交件而可獲全程服務」、「可以從單一窗口得到多種或整合的服務」，省去於不同公務機關或服務窗口間往返奔波之苦。通常各縣市政府聯合服務中心具有此種特性。

2. 分散設置：對於服務使用者而言，須耗費較高的時間代價與精神成本，但優點是更為貼近社區與民眾的特定需求，以便進一步提供更能符合服務使用者需要的服務內容。例如：設置於各地的衛生所。

社會福利服務輸送模式之分類

分類標準	類型
依科層體制之中央到地方的資源分配方式、授權程度區分	■ 集中化 ■ 分散化
依單一服務組織所提供的服務係單純、專精或複雜、綜融的觀點區分	■ 單一服務 ■ 綜合服務
依服務機關的位置分布方式是否集中或分散區分	■ 合署辦公 ■ 分散設置
依直接執行服務單位之公私部門屬性的角度區分	■ 公辦公營 ■ 公辦民營

福利服務的三角輸送體系

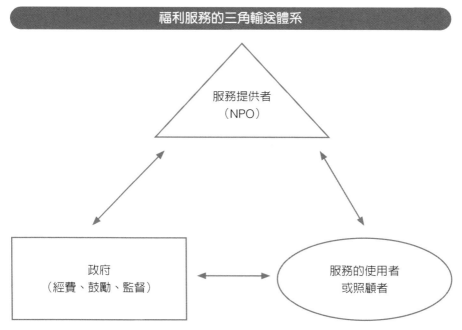

資料來源：黃慶讚（2000）。

Unit 6-9
福利服務的輸送模式（續）

本單元接續說明社會福利服務的輸送模式如下：

四、公辦公營（Public administrators）或公辦民營（Private contractors）

1. 公辦公營

公辦公營是指由政府直接提供福利服務的輸送模式，其設立的財源及人力經費由政府支應。公辦公營具有的優勢，包括：⑴較高的服務公平性：政府部門通常基於「公正」的哲學基礎思考服務的提供，所提供的福利服務，較能考慮到「差異原則」（difference principles），而提供弱勢者積極的差別待遇；⑵較高的服務穩定性：公營機構的設立有法源依據，經費來源有政府經費支應，因此服務的提供較為穩定；⑶一定的服務可責性：公部門有較為周延細密的管理監督機制，因此在服務提供上較能確保一定的品質。

公辦公營的福利服務輸送雖有前述的優點，但亦有許多的缺點，包括：⑴資源的浪費或假平等：這是因對政府通常會以全民為對象作為優先考量，因此，對於特定對象的特定需求提供個別性、彈性的服務，有時較難以使福利資源進行行最有效而合乎公平正義的分配；⑵政府提供服務之效率較低：這是因為公營機構較易組織僵化及龐大科層體系，使得福利的提供缺乏效率；⑶福利服務執行績效不彰：政府經常缺乏對於問題與福利使用者需求之回應性，也缺乏對於服務效能的自我檢測和自我要求。

2. 公辦民營

公辦民營是指服務的提供由政府委託民間機構執行，政府提供相關服務的財源補助。公辦民營具有的優勢，包括：⑴服務的專業性與創新性：民間機構對有豐富的經驗，能敏銳地覺察和精確地掌握服務使用者之需求，並機動地調整服務供給，以提供更為切合的服務內容；⑵服務的高效率與低成本：民間機構對於資源的分配經費運用，多養成錢花在刀口上的資源運用態度，因此資源的運用相對公部門有較高的效益；⑶較高的服務選擇性：民間機構提供的福利服務在供給的途徑、使用的方式較多，且豐富而多元，可顧及福利使用者之個別需要。

同樣地，公辦民營的福利服務輸送，也面臨了許多的限制，包括：⑴服務的穩定性不足：因為民間機構的財源穩定性較不足，且組織規模較小，專業人力的流動性較高，致使無法長期而穩定地提供特定服務，而容易造成服務的中斷；⑵服務的責信與控制困難：雖然民間機構承接政府標案，但許多政府執行契約管理的人力與經驗均較不足，較難確實評估民間機構提供服務之責信。

準市場

準市場與純粹市場異同之處

➤ 相同處：是服務供給者之間處於競爭的狀態。
➤ 相異處：準市場是由政府提供全部或大部分財務的資助，在準市場當中，服務通常是免費提供給服務使用者，或是服務使用者只需要支付一部分的費用。

政府在準市場化策略中扮演的角色

01 政府是規制者：訂定服務標準、制度規章、決定何種服務應被提供，同時依職權受理申請、審核資格並發照。

02 補助者：提供經費的補助給予福利服務提供者。

03 購買者：政府機構有責任提供服務，並不表示所提供的服務一定要自行生產，亦可採用契約外包的方式，向福利服務供應者購買。

04 最後一道防線的提供者：根據財產與需要調查，提供基本的服務給那些無法在市場上獲得較好服務保障的人。

資料來源：修改自姚蘊慧（2004）；圖作者自繪。

第 **7** 章

聯合國公約

章節體系架構 ▼

Unit　7-1
聯合國《兒童權利公約》

1989年聯合國通過之《兒童權利公約》（Convention on the Rights of the Child, CRC），CRC為國際社會保障兒童少年人權的基本承諾，為共識度最高的國際公約。CRC的最高宗旨在強調：家庭、國家與國際社會都應致力於營造一個以兒童最佳利益與最高福祉為目標的生活環境。

CRC將「兒童」一詞定義為「所有年齡未滿十八歲的人」。CRC反映出現代社會對兒童應有的新觀念：兒童不僅是獨立的個體，也是能主動為自己爭取權利者。CRC全文共計54條。CRC的條款解釋適用，均要符合：(1)禁止歧視他人；(2)兒童最佳利益；(3)生命權、生存及發展權；以及(4)尊重兒童表示意見權等四大一般性原則（社區發展季刊，2017）。

禁止歧視他人的一般性原則，係依據CRC第2條規定：「……不因兒童、父母或法定監護人之種族、膚色、性別、語言、宗教、政治或其他見解、民族、族裔或社會背景、財產、身心障礙、出生或其他身分地位之不同而有所歧視。」兒童最佳利益的一般性原則，係依據CRC第3條第1項規定：「所有關係兒童之事務，無論是由公私社會福利機構、法院、行政機關或立法機關作為，均應以兒童最佳利益為優先考量。」

生命權、生存及發展權的一般性原則，係依據CRC第6條規定：「……承認兒童有與生俱來之生命權。」；「……應盡最大可能確保兒童之生存及發展。」；而尊重兒童表示意見權係依據CRC第12條規定：「……應確保有形成其自己意見能力之兒童有權就影響其本身之所有事物自由表示其意見，其所表示之意見應依其年齡及成熟度予以權衡。」；「據此，應特別給予兒童在對自己有影響之司法及行政程序中，能夠依照國家法律之程序規定，由其本人直接或透過代表或適當之組織，表達意見之機會。」

CRC凸顯出兒童福利與權益保障的四個發展趨勢，包括：(1)從家務事到國家與國際社會共同的責任；(2)從差別待遇到機會均等；(3)從生存權到發展權；(4)從附屬地位到獨立個體（黃源協等人，2021）。我國於2014年制定《兒童權利公約施行法》，主要施行的是1989年聯合國通過之《兒童權利公約》。施行法的第1條即明白揭示其制定目的在於：「為實施聯合國一九八九年兒童權利公約（Convention on the Rights of the Child，以下簡稱公約），健全兒童及少年身心發展，落實保障及促進兒童及少年權利，特制定本法。」第2條規定：「公約所揭示保障及促進兒童及少年權利之規定，具有國內法律之效力。」此為將聯合國之《兒童權利公約》國內法化，對保障及促進兒童及少年權利往前邁進一個新的里程碑。

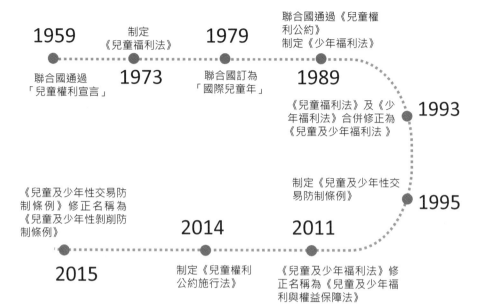

兒童權益法規演進

1959
聯合國通過
「兒童權利宣言」

制定
《兒童福利法》

1973

1979
聯合國訂為
「國際兒童年」

聯合國通過《兒童權
利公約》
制定《少年福利法》

1989
《兒童福利法》及《少
年福利法》合併修正為
《兒童及少年福利法》

1993

制定《兒童及少年性交
易防制條例》

1995

《兒童及少年性交易防
制條例》修正名稱為
《兒童及少年性剝削防
制條例》

2014
制定《兒童權利
公約施行法》

2011
《兒童及少年福利法》修
正名稱為《兒童及少年福
利與權益保障法》

2015

097

《兒童權利公約施行法》

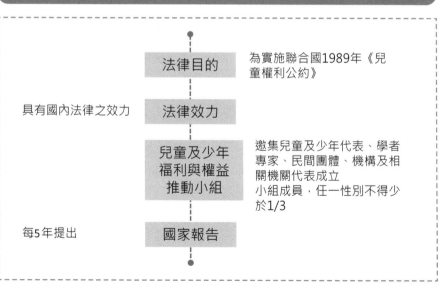

法律目的 —— 為實施聯合國1989年《兒童權利公約》

具有國內法律之效力 —— 法律效力

兒童及少年福利與權益推動小組 —— 邀集兒童及少年代表、學者專家、民間團體、機構及相關機關代表成立
小組成員，任一性別不得少於1/3

每5年提出 —— 國家報告

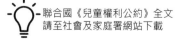
聯合國《兒童權利公約》全文
請至社會及家庭署網站下載

Unit 7-2
聯合國《身心障礙者權利公約》

2006年聯合國通過《身心障礙者權利公約》（Convention on the Rights of Persons with Disabilities, CRPD）。CRPD以人權為基礎，看重反歧視、平等以及社會參與，以完整保障身心障礙者之尊嚴與權利。

依CRPD第1條之規定，宗旨係促進、保障與確保所有身心障礙者充分及平等享有所有人權及基本自由，並促進對身心障礙者固有尊嚴之尊重。身心障礙者包括肢體、精神、智力或感官長期損傷者，其損傷與各種障礙相互作用，可能阻礙身心障礙者與他人於平等基礎上充分有效參與社會。

CRPD第3條提出八項原則，包括：(1)尊重固有尊嚴、包括自由作出自己選擇之個人自主及個人自立；(2)不歧視；(3)充分有效參與及融合社會；(4)尊重差異，接受身心障礙者是人之多元性之一部分與人類之一份子；(5)機會均等；(6)無障礙；(7)男女平等；(8)尊重身心障礙兒童逐漸發展之能力，並尊重身心障礙兒童保持其身分認同之權利。

CRPD的內容可歸納整理為：(1)強調國家的責任：國家應確認身心障礙者之權利或困境，進而採取必要或適當之措施，以消除這些障礙，此為身權公約最重要關鍵，就是以國家義務之方式規範；(2)整合權利保障：從普世人權到特別權益的保障。實質權利保障包括自主、參與、平等及凝聚等四大核心價值，以及一般權利保障、公民與政治權、經濟社會及文化權等三大部分；(3)建構監督機制：CRPD所建構的實踐機制包括兩個層面，一個是各國在國內建立主管機關及監督機關，同時確保民間團體充分參與監督過程；另一則是國際監督機制被動接受申訴或是主動調查之機制（簡慧娟等人，2017）。

從CRPD的內容可以觀察得知，CRPD是採取障礙的社會模式，強調保障障礙者的權利，並確保障礙者的社會融合與充分參與，因此，CRPD將人權有關權利，加入障礙者的處境與脈絡。在CRPD中，更賦予國家有責任讓障礙者實現公民身分，課責國家確保障礙人權與基本自由能夠完全及平等的實踐。

我國於2014年通過《身心障礙者權利公約施行法》，係依據聯合國於2006年提出之《身心障礙者權利公約》而訂定國內應行遵守的法律。該法第1條規定：「為實施聯合國二○○六年身心障礙者權利公約（The Convention on the Rights of Persons with Disabilities）（以下簡稱公約），維護身心障礙者權益，保障其平等參與社會、政治、經濟、文化等之機會，促進其自立及發展，特制定本法。」第2條為：「公約所揭示保障身心障礙者人權之規定，具有國內法律之效力。」

身心障礙權益法規演進

1971
聯合國採納「障礙者權利宣言」
1976
制定《殘障福利法》

聯合國採納「心智障礙者權利」宣言
1975
聯合國訂1981年為「國際障礙者年」
1980
聯合國頒布「障礙者世界行動綱領」
聯合國訂1983年至1992年為「聯合國身心障礙者十年」
1982

聯合國訂每年12月3日為「國際身心障礙者日」
1992

2014
《身心障礙者保護法》修正名稱為《身心障礙者權益保障法》
2006
1997

制定《身心障礙者權利公約施行法》
2007
聯合國通過《身心障礙者權利公約》
《殘障福利法》修正名稱為《身心障礙者保護法》

《身心障礙者權利公約施行法》

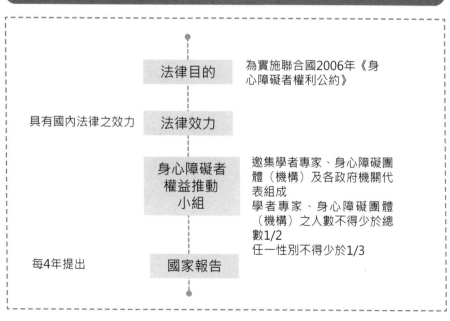

法律目的	為實施聯合國2006年《身心障礙者權利公約》
具有國內法律之效力	法律效力	
	身心障礙者權益推動小組	邀集學者專家、身心障礙團體（機構）及各政府機關代表組成　學者專家、身心障礙團體（機構）之人數不得少於總數1/2　任一性別不得少於1/3
每4年提出	國家報告	

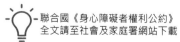

聯合國《身心障礙者權利公約》全文請至社會及家庭署網站下載

Unit 7-3
聯合國《消除對婦女一切形式歧視公約》

1979年聯合國大會通過《消除對婦女一切形式歧視公約》（Convention on the Elimination of All Forms of Discrimination Against Women, CEDAW），並在1981年正式生效。CEDAW基於聯合國基本目標，主要在於重申對於基本人權、人身尊嚴與價值及對男女權利平等之信念。

CEDAW第1條對於「對婦女的歧視」的定義爲：「基於性別而作的任何區別、排斥或限制，其影響或其目的均足以妨礙或否認婦女不論已婚未婚在男女平等的基礎上認識、享有或行使在政治、經濟、社會、文化、公民或任何其他方面的人權和基本自由。」CEDAW要求締約各國採取一切適當措施，包括制定法律，消除婦女在政治、經濟、社會、文化或其他方面之歧視，保證婦女得到充分的發展和進步，以確保婦女與男性在平等的基礎上，行使和享有人權和基本自由。CEDAW公約可稱之爲「婦女權利法典」，完整涵括了婦女各項人權，直接以女性需求的觀點，清楚界定女性基本人權的內涵，並予以完整保護，同時也是各國用以檢視其婦女人權保障執行情況的最佳評估指標（楊錦青，2017）。

我國於2011年通過《消除對婦女一切形式歧視公約施行法》，成爲我國落實性別人權、促進性別平等、消除婦女歧視及健全婦女發展之重要法源依據。該施行法第1條規定：「爲實施聯合國一九七九年消除對婦女一切形式歧視公約（Convention on the Elimination of All Forms of Discrimination Against Women），以消除對婦女一切形式歧視，健全婦女發展，落實保障性別人權及促進性別平等，特制定本法。」同法第2條規定：「公約所揭示保障性別人權及促進性別平等之規定，具有國內法律之效力。」該施行法主要規範政府係採取立法及一切適當措施，消除對婦女之歧視，確保男女在教育、就業、保健、家庭、政治、法律、社會、經濟等各方面享有平等權利。

我國的CEDAW施行法，要求各級政府機關必須採取立法或行政措施，消除性別歧視，並積極促進性別平等。各級政府行使職權，應符合公約有關性別人權保障之規定，並應籌劃、推動及執行公約規定事項。同時需依照CEDAW規定，每4年提出我國消除對婦女歧視國家報告，並邀請相關學者專家及民間團體代表審閱；各級政府機關執行公約所保障各項性別人權規定所需之經費，應依財政狀況，優先編列。

婦女權益法規演進

1975
第一次婦女大會通過「墨西哥宣言」，並訂定1976年至1985年為「婦女十年」

聯合國通過《消除對婦女一切形式歧視公約》
1979
聯合國制定簽署「北京宣言暨行動綱領」，揭示「性別主流化」

1995

制定《性侵害犯罪防治法》
1997
制定《家庭暴力防治法》
1998

制定《特殊境遇婦女家庭扶助條例》
2000

制定《兩性工作平等法》
2002

制定《性騷擾防治法》
2005

2014
《兩性工作平等法》修正名稱為《性別工作平等法》

制定《消除對婦女一切形式歧視公約施行法》
2011

2009
《特殊境遇婦女家庭扶助條例》修正名稱為《特殊境遇家庭扶助條例》

《消除對婦女一切形式歧視公約施行法》

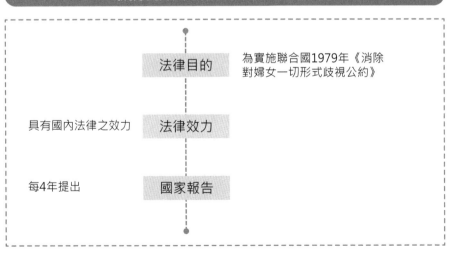

法律目的　為實施聯合國1979年《消除對婦女一切形式歧視公約》

具有國內法律之效力　法律效力

每4年提出　國家報告

 聯合國《消除對婦女一切形式歧視公約》全文請至行政院性別平等會網站下載

第 **8** 章

強化社會安全網計畫

●●●●●●●●●●●●●●●●●●● 章節體系架構 ▼

Unit 8-1
「強化社會安全網計畫」（第一期）之計畫緣起

　　為應社會變遷、解決社會問題及回應社會大眾的期待，行政院於2018年2月26日函頒「強化社會安全網計畫」（即為第一期計畫，107年至109年），並於2021年7月29日另函頒「強化社會安全網第二期計畫」（110年至114年）作為社會安全網之再強化。前述二個計畫將近20萬個字，如要清楚理解計畫內容甚為不易。本書為讓讀者能掌握計畫重點，針對前述計畫加以整理，並引用該計畫部分圖示，以及將部分計畫文字於圖解頁加以圖示化，以利閱讀理解；此外，針對計畫中提及的部分相關概念，另參考其他資料於圖解頁加以引用或自行整理後圖解化，提升學習效果。

　　本章第1至25單元說明「強化社會安全網計畫」（第一期計畫）；並自第26單元起，說明第二期計畫。茲將第一期計畫緣起，說明如下：

一、強化社會安全網計畫的背景因素

　　不論是隨機殺人的社會治安事件或是家庭暴力事件，其成因都與貧窮、失業、藥酒癮、精神疾病、社會排除、疏離、暴力行為、家庭或婚姻破裂等因素息息相關，而且彼此之間的交互影響甚或多重問題同時存在。另除了社會安全網絡間的缺漏之外，隨著社會問題的複雜與多元，社工人力配置也呈現不足的窘境。本計畫亦通盤檢討社工人力供需情形，以建構完善社工體系，將有助於降低社會安全事件發生。

二、強化社會安全網計畫的計畫目的

　　本計畫目的是要結合政府各部門的力量，建構一張綿密的安全防護網，扶持社會中的每一個個體，於其生活或所處環境出現危機時，仍能保有其生存所需的基本能力，進而抵抗並面對各種問題。而社會安全網的補強，即在於檢討既有機制的缺漏，透過提升或改善既有體系效能，擴大「網絡」所涵蓋服務的對象；藉由網絡連結（linkage）機制的強化，縮小網與網之間的漏洞，以承載社會大眾對於「安全」生活的期盼，並非單一部會或單獨的服務體系得以完備，實有賴中央政府、地方政府、民間團體、每個家庭，以及社會大眾共同合作協力（collaboration）推動與執行，從根本解決影響社會安全的各項風險因子。

三、強化社會安全網計畫規劃的跨體系資源連結

　　本計畫將從社區中與個人、家庭所面臨最具威脅性的議題，包含貧窮、失業、家庭衝突、親職功能薄弱、社會疏離、精神疾病、藥酒癮、家暴、兒虐、自殺、犯罪等議題著眼；並以其關係最密切的經濟安全、人身安全與心理健康面向為主要架構；再結合學校輔導、就業服務與治安維護等服務體系，透過問題研析與政策檢討，擬定補強社會安全網漏洞之對策，結合衛生福利部、教育部、勞動部及內政部等跨部會網絡，協同強化社區生活中最基層、第一線的社會安全服務網絡，從而串聯民間社區的互助力量，以構築完整的社會安全網。

「強化社會安全網計畫」（第一期）規劃之社會安全網跨體系資源連結圖示

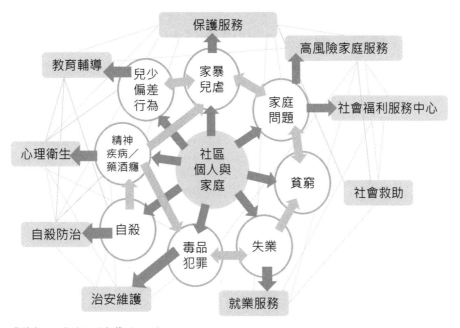

資料來源：衛生福利部等（2018）。

 ### 「強化社會安全網計畫」中的重要名詞意涵

脆弱兒童與家庭
是指家庭中的兒童有以下情況者：家庭中有兒童須照顧、低社經地位的年輕夫妻、不同少數族裔結合的年輕夫妻、年輕的家庭照顧者、年輕的母親、變換照顧者的兒童、難民或遊民家庭、家中有身心障礙的兒童、兒童有易受傷害的高風險之虞者、兒童與脆弱的成人同住、接受家庭服務中的兒童、國語不流暢的學童、居住條件不佳的兒童家庭。脆弱家庭往往存在多重脆弱性（multiple vulnerabilities），包括：物質、生理、心理、環境的脆弱，需要多重支持與服務介入。

高風險青年
涉及物質濫用、生活與交友處在風險中、有性剝削之虞者、重複被安置或不願意停留在被認可的安置處所、跨代創傷（transgenerational trauma）、對抗權威師長、缺乏社會信任等。

資料來源：文字整理自衛生福利部等（2018）；圖作者自繪。

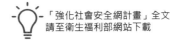「強化社會安全網計畫」全文
請至衛生福利部網站下載

Unit 8-2
現行社會安全體系綜合檢討之總覽

現行社會安全十項體系之綜合檢討：

一、社會福利服務中心體系

㈠社區福利服務資源分布不均，以家庭為中心觀點未落實；㈡社會福利服務中心未普及設置，服務近便性不足；㈢社會福利服務中心定位狹隘，專業定位受挑戰。

二、社會救助體系

㈠社會救助措施流於資格審查與補助發放，欠缺對貧窮家庭的積極協助；㈡新興脫離貧窮措施尚待發展，現行支持貧窮家庭的服務體系仍需強化；㈢急難救助未建立多重問題家庭的社工專業評估及個案服務機制，欠缺積極性與系統性機制。

三、保護服務體系

㈠偏重三級服務，預防（警）機制及其他服務資源相較不足；㈡保護性事件相關通報缺乏整合，通報處理時效受影響；㈢公私協力服務分工不清，偏重社工服務、網絡資源待整合。

四、兒少高風險家庭服務體系

㈠兒少高風險家庭服務及113保護專線之推動，皆需再精進；㈡風險預判與篩選機制待改善，社區後續支持系統未完備。

五、社會工作制度

㈠社會工作人員工作負荷沉重，人力亟待充實；㈡社會工作人員勞動條件不佳，流動率高，服務品質受影響；㈢專業訓練缺乏綜整，社會工作人員重複受訓負擔重；㈣現行社工專業正規教育、證照考試及法規仍待強化，影響專業制度發展。

六、心理衛生體系

㈠預算投入不足且偏重治療，前端預防涵蓋率有限；㈡社區服務範疇限縮，關懷訪視人力與服務量仍均待提升；㈢社會汙名精神病人問題嚴重，合併多重問題個案難以發覺處理；㈣家庭暴力加害人處遇未以家庭為中心，性侵害加害人處遇輕監控，再犯預防成效有限。

七、自殺防治體系

㈠第一線服務人員對於自殺敏感度不足，難以即時發現目標個案；㈡缺乏自殺通報之法源依據，預警機制無法強化；㈢自殺關懷訪視量仍不足，關懷訪視效能亟待精進。

八、學校輔導體系

㈠輔導教師及專業輔導人員缺乏合理配置；㈡教育體系與其他社政、衛政系統間，欠缺橫向聯繫機制；㈢各級學校輔導系統間未建置統一一致性的銜接服務機制。

九、就業服務體系

㈠弱勢失業者較少主動運用就業服務資源，就業意願有待加強；㈡就業服務人員缺乏對弱勢族群辨識及敏感度；㈢勞政與社政就業服務單向轉銜，缺乏網絡合作機制。

十、治安維護體系

㈠衛政、社政、教育及警政待建立有效通報聯繫機制，以強化各項預防、處理及復原作為；㈡缺乏以犯罪被害人為中心之刑案處置及後續關懷協助機制；㈢少年輔導資源不足，難以落實法定對虞犯少年輔導工作。

「強化社會安全網計畫」（第一期）：架構圖

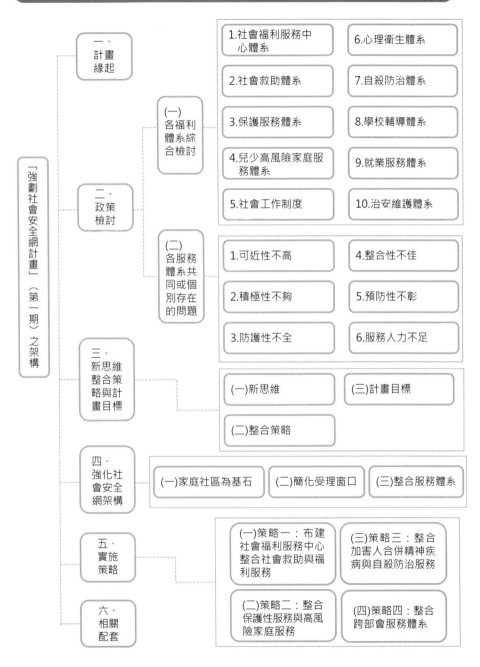

「強劃社會安全網計畫」（第一期）之架構

- 一、計畫緣起
- 二、政策檢討
  - （一）各福利體系綜合檢討
    1. 社會福利服務中心體系
    2. 社會救助體系
    3. 保護服務體系
    4. 兒少高風險家庭服務體系
    5. 社會工作制度
    6. 心理衛生體系
    7. 自殺防治體系
    8. 學校輔導體系
    9. 就業服務體系
    10. 治安維護體系
  - （二）各服務體系共同或個別存在的問題
    1. 可近性不高
    2. 積極性不夠
    3. 防護性不全
    4. 整合性不佳
    5. 預防性不彰
    6. 服務人力不足
- 三、新思維整合策略與計畫目標
  - （一）新思維
  - （二）整合策略
  - （三）計畫目標
- 四、強化社會安全網架構
  - （一）家庭社區為基石
  - （二）簡化受理窗口
  - （三）整合服務體系
- 五、實施策略
  - （一）策略一：布建社會福利服務中心整合社會救助與福利服務
  - （二）策略二：整合保護性服務與高風險家庭服務
  - （三）策略三：整合加害人合併精神疾病與自殺防治服務
  - （四）策略四：整合跨部會服務體系
- 六、相關配套

109

資料來源：文字整理自衛生福利部等（2018）；圖作者自繪。 「強化社會安全網計畫」全文請至衛生福利部網站下載

Unit 8-3
社會福利服務中心體系之檢討

對社會福利服務中心體系之檢討，如下：

一、社區福利服務資源分布不均，以家庭為中心觀點未落實

(一) 各地方政府歷年設置的各種福利服務中心，有依行政區域設置綜合性福利服務中心，以及再依福利對象設置單一功能性福利服務中心。

(二) 單一功能性福利服務中心雖可突顯異質性需求及個別化服務內涵，然因缺少對於個人、家庭及社區生態系統完整的評估與回應，不僅導致家庭成員的福利需求被切割，服務分散各地，更矛盾的是，我國的社會政策與文化規範又期待家庭承擔大部分教養、照顧與經濟支持的責任，家庭的整體功能及其成員間的最佳利益的競合卻未被考量。

二、社會福利服務中心未普及設置，服務近便性不足

(一) 中央及地方政府大力推動設置社會福利服務中心或家庭福利服務中心（以下統稱社會福利服務中心，簡稱社福中心），然而，因缺乏法令或政策計畫依據，中央僅以公益彩券回饋金補助建置，導致部分地方政府考量財政及永續性，而未積極參與增設中心及未全面性推動，影響民眾使用服務的近便性。

(二) 未將社會福利服務區域化者，將社工人力集中在所屬機關或單位辦公，易使社會福利服務輸送停留在傳統社會行政的層次。意即人民依法取得社會福利，政府被動地服務，接受人民申請，且以標準化、科層化作業模式來滿足人民的法定福利需求。社工耗損心力在審核福利資格上，自然就減少進入家庭與社區的機會，也就難以貼近人民需求，並快速地提供服務。

三、社會福利服務中心定位狹隘，專業定位受挑戰

(一) 家庭福利服務中心，平均每名社工每月在案量約1：28。依據個案需求分析，前5位分別為貧窮議題（35%）、單親家庭（16%）、親子關係（13%）、就業問題（6%）與身心障礙（發展遲緩）（5%）。社會工作人員被貧窮議題困住，實無餘力進行以家庭為中心，來全面協助家庭解決多重問題，遂而仰賴轉介其他單位協助。一旦無足夠的周邊或後續支持性服務資源，很難期待個案被轉介之後，能保證獲得滿意的協助。這也是為何過去發生若干兒童受虐致死案，並非完全未被通報或服務。

(二) 前述反映出社福中心面對的問題與工作方法的多元性。尤其，身處社區第一線的服務窗口，強調預防性、單一窗口、零拒絕的服務定位之下，如果面對社區家庭需求多元複雜，但卻缺乏「以介入為基礎的團隊評估」（Intervention-based Team Assessment, IBTA）作為提供服務的根據，將無法對核心問題對症下藥。另成立不久或數量仍不足的社福中心，受限於人力配置、資源建構能力與經驗的不足，執行跨體系協力（intersystem collaboration）有其困難。

社會福利服務中心體系

檢討之項目	對策方向
一、社區福利服務資源分布不均，以家庭為中心觀點未落實	「以家庭為中心的模型是『讓人們在家庭的脈絡與當前的親密關係網絡下，最佳地了解與協助其成員』。」據此，家庭為中心的實務必須考慮既存的複雜家庭關係，於進行家庭介入時能契合多樣的家庭信念、價值與功能型態，使用彈性的介入策略，如此始能回應家庭需求的優先性，以及社區為基礎的特性，充分落實「家庭為中心、社區為基礎」的服務理念。
二、社區福利服務中心未普及設置，服務近便性不足	普及服務網絡，促進服務的近便性與區域福利資源的平衡，實乃強化社會安全、家庭支持與預防服務之首要工作，更應透過中央施政計畫的引導及公務預算的補助，以彰顯政府對於布建普及福利服務網絡的決心，也更能鼓勵地方政府對於服務資源的投入與發展。
三、社會福利服務中心定位狹隘，專業定位受挑戰	跨體系協力是結合與協調不同部門的財力、人事、行政資源，以提供更綜合、同步與個別化的服務，不僅可以縮短服務流程，還能夠滿足多重問題家庭的需求，更重要的是可以促成家庭、團體、社區的參與，達到市民參與社會服務提供的目的。目前社會福利服務中心對於協力工作，大多因人而異，流於單兵作戰或各自經營發展，並易因人力流動而影響社區合作基礎，社區網絡平臺的建構仍有待強化。

資料來源：文字整理自衛生福利部等（2018）；表格作者自繪。

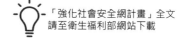
「強化社會安全網計畫」全文
請至衛生福利部網站下載

Unit 8-4
社會救助體系之檢討

對社會救助體系之檢討，如下：

一、社會救助措施流於資格審查與補助發放，欠缺對貧窮家庭的積極協助

低收入戶及中低收入戶的申請及審查，都是透過各轄鄉（鎮、市、區）公所受理，通過審核後主要是提供現金給付，包括低收入戶家庭生活補助、兒童生活補助、就學生活補助等；在醫療補助方面有健保費、部分負擔費用，以及全民健保不給付之醫療費用補助等，政府提供各項救助措施，其目的是穩定經濟弱勢家庭的基本生活需求。然受限於基層社政人力不足，現今對於貧窮家庭所提供之服務，易流於資格審查與補助發放，欠缺對貧窮家庭提供積極且具發展性之服務。

二、新興脫離貧窮措施尚待發展，現行支持貧窮家庭的服務體系仍需強化

在安貧、扶貧之後，亦當運用更多資源發展脫貧措施，將近貧、新貧及被社會排除者納入服務對象。因此，衛生福利部於2016年6月發布《協助積極自立脫離貧窮實施辦法》，將中低收入戶納入服務對象；2017年正式啟動全國性脫離貧窮政策措施──「兒童與少年未來教育與發展帳戶」，採資產累積模式，透過貧窮家庭為孩童長期儲蓄，為孩童累積未來生涯發展之資源。但脫貧政策要能達到成效至為關鍵的因素，莫過於透過社福中心社會工作人員的資源整合評估與媒介，掌握社區的資源與需求，配合鄉（鎮、市、區）網絡的連結與支援，就近提供經濟、實物給付與福利服務，並協助他們找到生命的意義與方向，當這些家庭成員累積了財產及能力，才能達到脫貧的目標。然而，現行各地方政府辦理脫離貧窮措施之人力相當拮据，對於貧窮家庭之協助又側重於現金給付，如要協助更多貧窮家庭自立自助，實有需建構完善的社工專業服務體系。

三、急難救助未建立多重問題家庭的社工專業評估及個案服務機制，欠缺積極性與系統性機制

目前社會福利業務龐雜，專業分工日趨複雜，以致急難救助、實物給付、脫貧措施等救助或各項福利服務業務之辦理，忽略服務的連續性與一貫性。另低收入戶及中低收入戶家庭雖為政府列冊長期予以扶助之對象，仍未能評估家庭整體的需求，以提供完整的福利服務。而協助因一時急難而生活陷困的弱勢家庭或民眾，也需與勞政等單位密切配合，引進職業訓練、就業輔導等多元資源，以協助解決問題並發揮及時服務的效果，因此，貧困或急難陷困且具多重問題之個人或家庭，亟待透過社工專業評估及社會救助與就業服務機制，加強橫向聯繫跨域資源整合，支持個案及家庭自立脫貧。

《協助積極自立脫離貧窮實施辦法》之脫離貧窮措施

《協助積極自立脫離貧窮實施辦法》之脫離貧窮措施

1. 教育投資：協助改善就學設備、課業輔導或提升學歷

2. 就業自立：協助就業準備、排除就業障礙，提供或轉介就業服務、職業訓練、輔導證照考試、小本創業或穩定就業誘因

3. 資產累積：協助儲蓄、投資、融資，累積有形資產或無形資產

4. 社區產業：結合地方特色產業，協助增加在地謀生技能或在地就業

5. 社會參與：協助參與相關教育訓練、社區活動、志願服務或公共服務

6. 其他直轄市、縣（市）主管機關視實際需要發展之創新、多元或實驗性服務

 法規請至「全國法規資料庫」下載

《兒童及少年未來教育與發展帳戶條例》

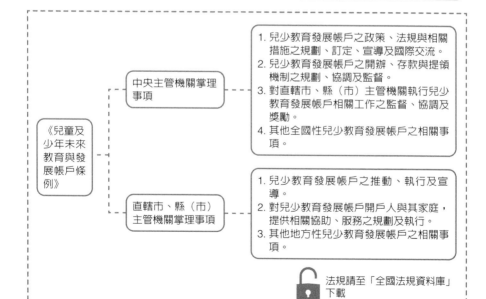

《兒童及少年未來教育與發展帳戶條例》

中央主管機關掌理事項

1. 兒少教育發展帳戶之政策、法規與相關措施之規劃、訂定、宣導及國際交流。
2. 兒少教育發展帳戶之開辦、存款與提領機制之規劃、協調及監督。
3. 對直轄市、縣（市）主管機關執行兒少教育發展帳戶相關工作之監督、協調及獎勵。
4. 其他全國性兒少教育發展帳戶之相關事項。

直轄市、縣（市）主管機關掌理事項

1. 兒少教育發展帳戶之推動、執行及宣導。
2. 對兒少教育發展帳戶開戶人與其家庭，提供相關協助、服務之規劃及執行。
3. 其他地方性兒少教育發展帳戶之相關事項。

法規請至「全國法規資料庫」下載

Unit 8-5
保護服務體系之檢討

圖解社會政策與社會立法

對保護服務體系之檢討，如下：

一、偏重三級服務，預防（警）機制及其他服務資源相較不足

(一) 兒童由於先天的脆弱性，倘若父母不慎疏忽或有意傷害，很容易造成無法彌補的傷害。隨著家庭暴力通報案件量逐年攀升，各地方政府受限於社工人力不足，故過往服務模式多以危機介入為主，聚焦在人身安全評估及危機階段之安全計畫。現行有關家庭暴力防治資源多以回應被害人的人身安全保護為主，有關加害人處遇服務相較不夠普及，多數家暴加害人並未被納入輔導，未有機會學習停止暴力行為。

(二) 又家庭暴力問題具有隱匿性，成人家庭暴力事件除被害人主動求助或經防治網絡人員通報外，難以被發掘，國內目前多積極透過初級預防宣導工作，向社會大眾傳達暴力零容忍的觀念，惟整體層面尚缺乏針對家庭暴力問題的現況、需求及防治成效等相關統計資料進行系統性分析所建立的主動預防機制。

二、保護性事件相關通報缺乏整合，通報處理時效受影響

(一) 各類保護性事件服務之共通性在於皆涉及對被害人人身安全之維護，並應對通報資訊進行完整評估，掌握家庭整體狀況及保護照顧之功能，俾能即時處理需緊急救援之案件，然而現行各類保護性事件相關通報並未整合，

致影響處理時效。

(二) 現行兒少及成人各類保護性案件依據不同法規而制定不同的通報表，地方政府分別受理通報表後進行不同的評估及派案流程，或部分地方政府由不同單位受理各自業管的保護性事件相關通報。倘因評估重點不同或需跨單位協調通報受理主政單位，而影響處理時效，將不利於被害人人身安全之維護。

三、公私協力服務分工不清，偏重社工服務、網絡資源待整合

(一) 目前各類保護性案件均訂有責任通報制度，在相關網絡人員落實通報，以及民眾自我保護意識日漸增強下，為了消化龐大的保護性案件通報量，在公部門社工人力不足下，各地方政府均採取公私協力方式，以委託或補助形式，讓民間團體參與各項保護服務方案，以舒緩案件負荷量。而當公私部門過於強調案件量的分攤，未能依照職責角色分工，不論公私部門自然優先處理有監控機制的高風險案件，非高風險案件則容易被忽略，甚至快速結案。

(二) 此外，保護性案件法定主管機關皆在社政部門，長期以來保護服務偏重於社工服務，由社會工作人員為主責人員，從前端通報救援、調查、庇護安置、安全計畫及對家庭提供服務計畫等項目，皆以社工服務為核心，其他單位則是以「協助」角色自居。

保護服務體系

檢討之項目	現況的補充說明
一、偏重三級服務，預防（警）機制及其他服務資源相較不足	1. 家暴案件涉及營建與勞動等單位，亟需獲得各該主管機關的協助充實相關配套資源。 2. 在缺乏提供被害人中長期住宅與被害人處於創傷症候下，支持性就業服務深化難度提高，較難發展持續性或深化的服務內容。 3. 家庭暴力防護網亦較關注親密關係暴力事件，而未廣納包括兒虐個案或多重問題個案。 4. 衛生福利部協助各地方政府結合民間團體發展被害人多元服務及相關創新性方案，囿於預算限制，多仰賴運用財政部公益彩券回饋金補助，難以維持經費的穩定性。
二、保護性事件相關通報缺乏整合，通報處理時效受影響	考量各類保護性事件通報案件有攀升趨勢，兼以家庭解組及社會問題複雜等因素，地方政府需以更有效率及整合的方式受理與處理通報，以家庭為中心的視角進行整體評估，並提供所需的相關服務，俾利家庭能改善照顧保護功能，避免各種保護性事件再度發生。
三、公私協力服務分工不清，偏重社工服務、網絡資源待整合	1. 保護服務有別於福利性服務，尤其兒少保護事件需對涉及施虐或照顧疏忽之父母等「非自願性案主」進行調查，並以行政處分方式提供親職教育輔導及個案服務計畫，但實務上常遇父母或照顧者不配合調查或拒絕社會工作人員到宅或學校訪視，對於危機介入與救援相對棘手。 2. 社會工作人員依法規劃及執行的個案服務計畫（如各類提升家庭功能之福利方案及資源），亦同樣遇有消極配合或拒絕服務之情形，導致家庭照顧保護功能無法改善，致遭安置之受虐兒少難以儘速返家重聚。

資料來源：文字整理自衛生福利部等（2018）；表格作者自繪。

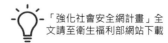
「強化社會安全網計畫」全文請至衛生福利部網站下載

Unit 8-6
兒少高風險家庭服務體系之檢討

對兒少高風險家庭服務體系之檢討，如下：

一、兒少高風險家庭服務及113保護專線之推動，皆需再精進

(一) 2004年起實施「兒童及少年高風險家庭關懷輔導處遇實施計畫」，並考量當時政府公部門社工人力嚴重不足且增聘不易，採行補助民間團體社會工作人員的方式，提供以兒少為中心的家庭支持性服務。接受委託提供高風險家庭服務的民間社會福利團體應為第一線直接服務之社會工作人員，地方政府社會局社會工作人員變成第二線間接服務社會工作人員。然而，身為委外機關的第二線社會工作人員卻依然必須不時扮演第一線社會工作人員的角色，委外受託單位的社會工作人員也常自稱是第二線社會工作人員，亦即，服務成敗責任仍框架在地方政府社會局的社會工作人員身上，造成雙方角色功能混淆；且民間社會福利團體聘用之高風險社會工作人員缺乏公權力，常無法順利協調就業、教育、醫療、警政、戶政等機關，導致執行高風險預防與介入效果受限。

(二) 2001年啟用的113保護專線，自2007年起成立集中接線中心，二十四小時統一受理全國兒少保護及家暴事件諮詢或通報電話，即時將案件分派至各地方政府防治中心窗口，該專線已能提供民眾便捷的通報管道，然而該專線僅能透過電話蒐集初步資訊，並多

將兒少相關案件定位為兒少保護，派由地方政府家庭暴力暨性侵害防治中心處理。113保護專線雖能協助地方政府儘速處理危急兒虐案件，然該專線定位較偏向三級暴力防治，無法有效辨識高風險家庭事件，進而連結相關服務體系提供預防性、支持性的服務，發揮整合性單一窗口功能，也顯示兒少高風險家庭及兒少保護專業分工應從受理通報端進行調整。

二、風險預判與篩選機制待改善，社區後續支持系統未完備

(一) 為強化兒少高風險家庭的主動發掘與預判，自2009年起推動「6歲以下弱勢兒童主動關懷方案」。地方政府接獲自6歲以下弱勢兒童主動關懷方案而來的高風險家庭通報後，同樣是交由承辦兒少高風險服務的民間團體執行訪視評估與後續服務，倘民間團體的數量仍有限而政府支援又不足情形下，可能就延宕了風險的評估與服務的提供。

(二) 另高風險家庭接受一段時間的社工服務後，其兒少未獲適當照顧的風險已降低，惟仍有其他經濟、醫療、就業等單一問題待協助，卻因缺乏社區後送（追）關懷系統或機制，導致高風險家庭服務難以結案，或是高風險家庭服務結案但後續協助無以為繼，兩者均不利於兒少高風險家庭服務的績效展現。

兒童及少年高風險家庭之六項家庭風險因素評估

兒童及少年高風險家庭
之六項家庭風險因素評估

01 家庭成員關係紊亂或家庭衝突：如家中成人時常劇烈爭吵、無婚姻關係帶年幼子女與人同居，或有離家出走之念頭，以致影響兒少日常生活食、衣、住、行、育、醫等照顧功能者。

02 家中兒童、少年父母或主要照顧者罹患精神疾病、酒癮、藥癮並未就醫或未持續就醫，以致影響兒少日常生活食、衣、住、行、育、醫等照顧功能者。

03 家中兒童、少年父母或主要照顧者有自殺風險個案，尚未強迫、引誘、容留或媒介兒童及少年為自殺行為，惟影響兒少日常生活食、衣、住、行、育、醫等照顧功能者。（請通報當地社區心理衛生中心或自殺防治中心）

04 因貧困、單親、隔代教養或其他不利因素，以致影響兒少日常生活食、衣、住、行、育、醫等照顧功能者。

05 非自願性失業或重複失業者：負擔家計者遭裁員、資遣、強迫退休等，以致影響兒少日常生活食、衣、住、行、育、醫等照顧功能者。

06 負擔家計者死亡、出走、重病、入獄服刑等，以致影響兒少日常生活食、衣、住、行、育、醫等照顧功能者。

「兒童及少年高風險家庭關懷輔導處遇實施計畫」全文請至社會及家庭署網站下載

資料來源：文字引自「兒童及少年高風險家庭關懷輔導實施計畫」；圖作者自繪。

Unit 8-7
社會工作制度之檢討

對社會工作制度之檢討，如下：

一、社會工作人員工作負荷沉重，人力亟待充實

為協助地方充實社工人力，行政院已於2010年核定「充實地方政府社工人力配置及進用計畫」，透過該計畫充實社工人力。但部分地方政府囿於財政或總員額數限制，仍無法確實依計畫規定時程適時合理調增社工人力，影響社會福利服務之提供。另社工人力規劃是一個動態的過程，需持續追蹤並採取適當行動，以維持供需間的平衡狀態。我國從事社會工作服務比為1：1,693，相對於日本的1：626、美國的1：511，香港的1：3,463，顯示社會工作人員工作負荷偏重，人力亟待充實。故社會工作人員納編與增加人力配置等措施，應對各領域的社工人力需求進行盤點，並做中長期推估，以提供政府機關和民間社會福利組織進行有效率與效能的人事規劃及相關教育訓練。

二、社會工作人員勞動條件不佳，流動率高，服務品質受影響

社會工作者勞動薪資相較於其他專門職業技術職業類別平均薪資偏低。面對當前社會工作職場的高工時、高壓力、高流動率之三高狀況，已嚴重影響社會工作相關科系畢業生之從業意願，並對專業經驗傳承與服務品質產生衝擊。

三、專業訓練缺乏綜整，社會工作人員重複受訓負擔重

不同領域社會工作的專業進階有其特殊性，然而，社會工作職涯發展共同必須進修的專業成長，或因跨專業團隊工作必須相互了解的跨領域知能，卻未能有效被規劃與整合。近年來，迭有實務工作者反映各領域的社工專業訓練已發展多年，但因缺少綜整導致訓練相互重疊，使實務工作者疲於因應不同領域的調訓，應適時盤點及比較各領域之專業訓練內涵，並通盤檢討訓練之適足性，重新研訂「社會工作人員專業訓練計畫」，俾能符合實務工作者的訓練需求，並達到專業訓練之目的。

四、現行社工專業正規教育、證照考試及法規仍待強化，影響專業制度發展

我國社會工作系所分屬一般大學與科技大學，設系所目的模糊，且並未如美國的社會工作學院（系所）於設立前必須經美國社會工作教育委員會審議通過設系許可，始得設立。我國社會工作系所設立僅需經教育部送專家審查通過後即可設置，設立後再每5年接受大學評鑑中心或評鑑協會評鑑，程序相對寬鬆，以致社會工作教育的品質參差不齊。加上學校教育在課程內容規劃方面與實務需求有落差，致使社會工作科系畢業生專業認同不夠，影響投入社工就業職場的意願。另我國通過專技社會工作師考試者，近4年及格率平均為13.27%，遠低於現行相關各類醫事人員考試及格率，其原因與社會工作教育及考試資格有緊密關聯；復因誘因不足，影響實務工作者取得證照之意願，不利專業制度發展。

充實地方政府社工人力配置及進用計畫

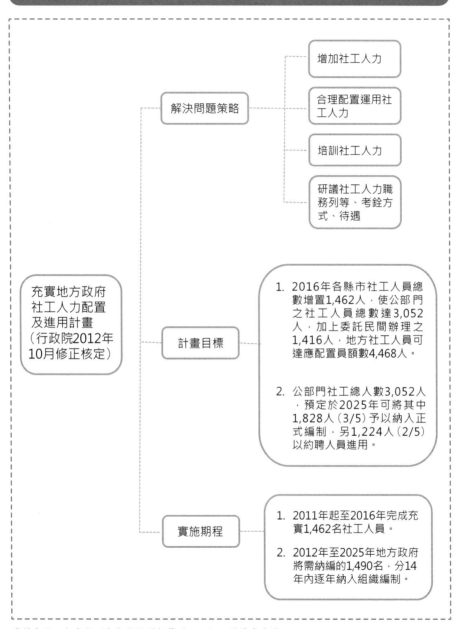

充實地方政府社工人力配置及進用計畫（行政院2012年10月修正核定）

解決問題策略
- 增加社工人力
- 合理配置運用社工人力
- 培訓社工人力
- 研議社工人力職務列等、考銓方式、待遇

計畫目標
1. 2016年各縣市社工人員總數增置1,462人，使公部門之社工人員總數達3,052人，加上委託民間辦理之1,416人，地方社工人員可達應配置員額數4,468人。
2. 公部門社工總人數3,052人，預定於2025年可將其中1,828人（3/5）予以納入正式編制，另1,224人（2/5）以約聘人員進用。

實施期程
1. 2011年起至2016年完成充實1,462名社工人員。
2. 2012年至2025年地方政府將需納編的1,490名，分14年內逐年納入組織編制。

資料來源：文字整理自衛生福利部等（2018）；圖作者自繪。

Unit 8-8
心理衛生體系之檢討

對心理衛生體系之檢討，如下：

一、預算投入不足且偏重治療，前端預防涵蓋率有限

(一) 精神醫療及心理衛生預算投入多寡，可反映國家對於心理健康議題的重視，我國精神醫療及心理衛生預算占國內生產毛額（GDP）比率偏低。我國心理衛生工作，早期著重精神病人之醫療照護，雖近年來開始推動心理健康促進及社區化照護等工作，然多數心理衛生經費及資源投入，仍集中於精神醫療照護的二段預防。

(二) 惟參考國際近年來發展的趨勢，依據公共衛生概念，預防重於治療，強化民眾心理健康及精神病人社區化照護已是必要的發展方向。但囿於心理衛生預算有限，現行僅能就嚴重精神病人提供關懷訪視及追蹤，前端的預防與心理健康促進及後端的關懷訪視，在預算闕如下，服務涵蓋率難以提高。

二、社區服務範疇限縮，關懷訪視人力與服務量能均待提升

關懷訪視人員業務繁重、人員流動率大，除難以滿足所有社區精神病人之服務需求，並因訪視人員專業背景、經驗、資源整合能力及個案複雜度（例如合併自殺、家暴、兒虐、藥酒癮等問題）等因素，導致社區關懷訪視員僅得就個案衛生及疾病方面之個別化服務內涵進行評估，缺少對於家庭、經濟與社會福利服務需求的完整評估及資源連結能力，造成社區服務範疇及服務量與能方面均有待提升。

三、社會汙名精神病人問題嚴重，合併多重問題個案難以發覺處理

研究顯示，暴力與精神病並沒有直接關係，即便是最危險的精神病患者，暴力發生率也只有萬分之五，遠低於一般人一生中發生言語暴力或肢體衝突的機率。現行衛生體系雖已介入提供關懷訪視，面對個案非醫療之問題，難以透過醫療單一模式解決。為整體性評估個案需求，需藉由專業人員，整合就醫、就業、就學及福利相關資源，以協助個案於社區中生活及工作，惟現行關懷訪視員具社會工作相關專業領域之人員比率偏低。

四、家庭暴力加害人處遇未以家庭為中心，性侵害加害人處遇輕監控，再犯預防成效有限

(一) 在家庭暴力案件處理上，家防中心主責被害人保護，衛生局則主責加害人處遇，被害人及加害人分由社政、衛政各自處遇，且以司法裁定處遇計畫保護令單一處理加害人行為問題，而未能以家庭為中心，處理家庭系統互動失衡問題，恐無益於降低家庭暴力事件的發生。

(二) 對於性侵害加害人再犯預防重治療、輕監控，以及社區處遇行政處分拘束力不足之問題；又歷次修法，逐漸擴大處遇適用對象，將緩起訴、未成年、性騷擾行為人納入，以及延長加害人社區處遇期間，致使處遇案量持續增加，衍生地方政府衛生局處遇協調人力、處遇資源不足的窘境。

心理衛生體系檢討之相關數據

各國精神醫療及心理衛生預算占
國內生產毛額（GDP）比率之比較

臺灣	新加坡	日本	美國	澳洲
0.21%	0.24%	0.40%	0.58%	0.88%

註：2009年統計資料

全國精神病患人數

14萬

每位社區精神病患社區關懷
訪視員需負責個案數

350 - 400

註：2011年
統計資料

我國精神病患數與訪視員關懷案量數圖

121

急性期：
自殺或自傷比率

一般人的
100倍

急性期：
傷人或殺人比率

一般人的
1/30

精神病患暴力發生率

萬分之五

精神病患發生傷害事件比率圖

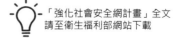

「強化社會安全網計畫」全文
請至衛生福利部網站下載

資料來源：數據整理自衛生福利部等（2018）；圖作者自繪。

Unit 8-9
自殺防治體系之檢討

對自殺防治體系之檢討，如下：

一、第一線服務人員對於自殺敏感度不足，難以即時發現目標個案

隨著單親家庭、隔代家庭及單人家庭的增加，以及少子化與高齡化的發展趨勢，面對未來逐漸增加的扶養壓力與不斷縮小的家庭規模，家庭支持功能日漸式微。同時，支持系統不足的家庭，面對外界低薪資、高工時環境，家庭經濟維持與家人關係亦受到衝擊，導致家庭中兒童、少年、婦女、老人及身心障礙者相關的社會問題倍增。

自殺是多重因素造成的悲劇，為生理、心理、社會及經濟、文化、環境等交互作用的結果。各地方政府衛生體系針對自殺企圖者雖提供有關懷訪視服務，但面對高自殺意念之高風險族群，例如高風險家庭、失業或經濟困頓、高風險老人（低收入戶、獨居、多重疾病及久病）、多重疾病問題、情感困擾、學校適應困擾等，因其遍及社會各個角落，各服務體系第一線人員若對自殺議題敏感度不足，高風險人口群之目標個案則不易即時被發現及有效轉介心理健康體系。因此，需於各體系建構自殺防治守門人防護網，並加強與普及各體系自殺防治守門人觀念，形成網網相連，以建立全面性自殺防治網絡。

二、缺乏自殺通報之法源依據，預警機制無法強化

自殺議題敏感且有其特殊性，對於自殺之通報，民眾多存有對個人資料保護的疑慮，且尚無相關法源依據。而政府自殺防治服務體系，囿於人力及經費之限制，現行僅能優先服務有自殺企圖並經通報主管機關之個案，至於其他未經通報之自殺企圖者及潛在各角落之具有高自殺意念者，因散於各場域，倘無該類對象之業務權責機關或民間單位齊力合作，則均難以觸及，亦難預警。綜觀亞洲國家中，日本與韓國已相繼完成《自殺防治法》的立法。為明定自殺通報之法源依據，以及結合各目的事業主管機關共同推動我國自殺防治工作，並促進全民心理健康，透過制定專法或於相關法規研修增列自殺防治相關規定，確有其必要性。

三、自殺關懷訪視量能不足，關懷訪視效能亟待精進

現行自殺關懷訪視員人力嚴重不足，且關懷訪視服務常遭被通報者拒絕（拒訪或訪視未遇）。一般民眾對於自殺議題亦多持較負面態度，面訪拒訪率高，致關懷訪視方式以電訪（82.6%）居多，家訪、門診晤談僅分別達 14.7%及2.6%，影響服務之效能。而自殺行為除生物性因素之外，更有社會、經濟、文化、心理等複雜成因與背景，考量自殺關懷訪視員多為心理、護理及公共衛生背景下，依其能力恐無法解決被通報者自殺行為之前端問題，亦無法提供或連結經濟救助、就業輔導等相關資源，導致關懷訪視服務效能不易突顯，自殺關懷訪視員人力與能力均亟待充實。

自殺防治體系檢討之相關數據

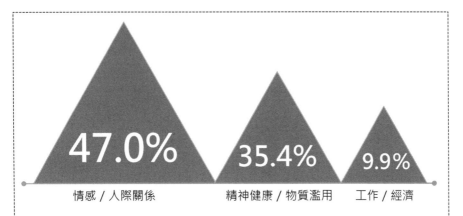

| 47.0% | 35.4% | 9.9% |
| 情感 / 人際關係 | 精神健康 / 物質濫用 | 工作 / 經濟 |

2016 年自殺通報個案自殺原因之前三名

自殺關懷訪視合理量與2016年承接個案數比較

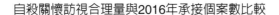

| **49-60** | **198** |
| （合理量） | （2016 年每人承接個案數） |

自殺關懷訪視類型

電訪	家訪	門診晤談
82.6%	14.%	2.6%

註：2016年統計資料

資料來源：數據整理自衛生福利部等（2018）；圖作者自繪。 「強化社會安全網計畫」全文
請至衛生福利部網站下載

Unit 8-10
學校輔導體系之檢討

對學校輔導體系之檢討，如下：

一、輔導教師及專業輔導人員缺乏合理配置

2011年修正《國民教育法》第10條及2014年制定公布《學生輔導法》，將專任輔導教師及專業輔導人員的員額配置規定入法。惟修（立）法迄今，迭有實務工作者反映各級學校輔導教師及專業輔導人員等輔導人力配置失衡，在生師比、輔導專業及輔導服務量等層面，無法回應輔導實務現場的需求，應適時盤點及檢討各級學校輔導人力的增置及配置作法。而學生的問題日益複雜，涉及的面向屬多面向（multifaceted）、問題成因也是多因的、助人專業的訓練日趨專門化（specialization）、提供服務的方法愈來愈多元。因此，強化多專業團隊合作、跨專業團隊合作絕對是當前校園輔導必須努力的方向。

二、教育體系與其他社政、衛政系統間，欠缺橫向聯繫機制

現行在學校輔導實務現場，學校教育人員除需顧及學生生活輔導、學習輔導及生涯輔導等發展性輔導需求外，亦需針對個別學生的不同狀況，如學生自身身心發展劇變、面臨家庭問題、社會問題及學校課業壓力等層出不窮的挑戰，必須仰賴學校社會工作師、學校心理師等專業輔導人力的分擔，尤其學校社會工作師扮演結合社區資源、銜接社會福利與醫療體系的重要橋梁，適時引入校外家庭支持、法律服務、醫療資源、職能治療、精神醫療等各類專業服務，以促進學生心理健康、社會適應及適性發展。惟各體系間欠缺橫向溝通、理解、聯繫與合作機制，多囿限於各自專業服務的本位立場，造成各體系間合作不易、銜接困難，容易導致服務中斷、片段，無法解決問題等困境。

三、各級學校輔導系統間未建置統一一致性的銜接服務機制

「高關懷學生族群」及「高關懷學生輔導」一詞常在各級學校輔導工作計畫中出現，然而，高關懷學生族群的定義及通報系統並無法源根據，且由國中小學教育系統至高中高職教育系統，乃至高教系統之間並無轉銜機制，對於有輔導需求之個案學生，在畢業或離校後，仍需要下一個學校持續提供輔導服務者，在沒有法規的授權、沒有統一一致性的轉銜機制或管道，且擔憂標籤化作用的不良影響下，無法讓學校間的輔導系統及早針對該等學生提供適合的輔導銜接服務。

臺灣學校社會工作實務的樣態

服務範圍 服務提供者	單一學校	區域性		機構式
公部門	內部派駐型態		校外安置服務型態	安置機構型態
	駐校型態	駐區 （巡迴型態）		
私部門	外部支援型態			社區學園型態
	入校支援型態	專案委託型態		

資料來源：林萬億等人（2016）。

駐校型態
指學校社會工作師進駐單一學校提供服務的型態。

優點	缺點
可深入學校體系，將社會工作專業納入輔導體系，可兼顧評估及介入學生、家庭、社區、學校系統中，形成教育、輔導、社工，甚至心理專業整合的輔導團隊，依個別需求彈性運用。	人力數量有限，無法普遍進駐學校，因此，引發未獲分配進駐學校的反彈。另外，駐站學校如果不配合，學校社會工作人員有可能陷入多重困境，埋沒在既有學校體系運作裡，難以發揮專業功能。

駐區（巡迴）型態
由政府自行聘用學校社會工作者，再依學區或行政區規劃分區巡迴支援各校，協助校內既有的輔導人力處理學童適應問題。

優點	缺點
避免學校社會工作者納入學校體制而被校園同化，影響其專業成效，或因各校案例多寡而形成學校社會工作者勞逸不均，避免重疊到原有輔導教師應輔導之個案，且由教育局聘用，較易取得學校的合作，教育局也可靈活運用學校社會工作者之人力。	學校社會工作者與學校關係難以深入，導致無法進行學校體系的變遷，甚至無法取得學校的信賴。學校社會工作者往返於各校，旅途勞頓不敷成本，學校也未因此而獲得實質的人力挹注，同時未能因此建立校園內的輔導團隊，難以發揮實質效益及取得學校支持；而教育、輔導、社工三者間觀念落差，也不易溝通統整及整合；由縣市政府自聘學校社會工作者，同樣形成編制外人事成本的增加，容易導致財政、主計單位抵制的因素。

資料來源：文字整理自林萬億等人（2016）；圖作者自繪。

Unit 8-11
就業服務體系之檢討

對就業服務體系之檢討，如下：

一、弱勢失業者較少主動運用就業服務資源，就業意願有待加強

弱勢失業者常囿於就業動機、就業技能不足、社會刻板印象及標籤化，以致影響雇主僱用意願等多重就業障礙，在長期無法就業之情況下，易與社會脫節，對職場環境陌生，就業難度更高。

另實務上發現，弱勢族群除失業經濟困頓，更經常伴隨債務、藥酒癮、精神疾病、家庭照顧、住所不定、法律訴訟等問題，生理、健康、技能、教育、職場適應、家庭照顧需求或支持體系不足等因素，形成就業障礙，易被就業市場所排除而淪為長期失業者。

二、就業服務人員缺乏對弱勢族群辨識及敏感度

第一線就業服務人員對於弱勢族群的辨識能力及敏感度不足，無法深入察覺弱勢失業者身心狀態及所面臨的問題，及時轉介社會救助及相關福利服務

資源，排除生活與就業困境，相關資源掌握運用及專業知能有待提升。

三、勞政與社政就業服務單向轉銜，缺乏網絡合作機制

我國尚未規劃完整的社會救助與就業服務整合的活化勞動市場政策，單靠部分地方政府與民間社會福利團體推動的脫貧計畫。雖然前內政部社會司於2005年起推動自立脫貧計畫，並納入2006年「大溫暖社會福利套案」中。但是，後續推動仍然以社會福利角度為主，就業政策觀點相對單薄，以就業作為一種對抗貧窮的策略尚未有效整合。經社政單位轉介至公立就業服務機構之低收入戶及中低收入戶有工作能力個案，經常表達無就業需求或有其他原因無法工作，遊走於社政與勞政單位，工作需求表達不一，影響服務之提供，勞政及社政實需建置雙向服務合作機制，掌握個案問題與服務需求，將單向殘補式、濟貧式福利服務，發展為跨專業積極性的就業與脫貧服務。

N o t e

筆

記

欄

2006年「大溫暖社會福利套案」

計畫
規劃理念

政策意識型態：遵行新中間路線的社會政策主張，以包容的平等、有限度的功績主義（meritocracy）、市民社會的更新、積極的福利、社會投資國家為內涵。

上位目標是營造公義的臺灣。公義是指公平（equity）、平等（equality）與正義（justice）。

四大規劃策略	十二項重點計畫
1. 縮小城鄉／貧富差距 	⑴ 弱勢家庭脫困計畫
	⑵ 促進弱勢者就業計畫
	⑶ 提升弱勢人力資源計畫
	⑷ 提升社會福利資源運用效能計畫
2. 強化老人安養	⑴ 建構長期照顧體系十年計畫
	⑵ 推動國民年金制度計畫
	⑶ 設立人口、健康及社會保障研究中心計畫
3. 因應少子女化	⑴ 普及嬰幼兒照顧體系計畫
	⑵ 完善國民教育與照顧體系計畫
	⑶ 移民照顧輔導計畫
4. 促進國民健康	⑴ 建構全人照顧體系計畫
	⑵ 全民健康保險制度改革計畫

資料來源：「2015年經濟發展願景之大溫暖社會福利套案第一階段三年福利計畫（2007-2009）」；圖作者自繪。

Unit 8-12
治安維護體系之檢討

對治安維護體系之檢討，如下：

一、衛政、社政、教育及警政待建立有效通報聯繫機制，以強化各項預防、處理及復原作為

分析我國近幾年內所發生的重大殺人案件相關犯嫌背景，究其原因與社會挫敗關係密切，參考美國、日本相關處置作為，可透過政府、醫療處所與民眾情資蒐集及分享，共同合作防處，並從民眾宣導教育、辦理自救講習課程、家庭教育與諮商輔導等相關措施來因應。爰我國應建立衛政、社政、教育及警政通報聯繫機制，保持良好溝通管道，並全面動員網絡力量，強化各項預防、處理及復原作為，諸如醫療、訪查及治安工作等，以防範事件發生。

二、缺乏以犯罪被害人為中心之刑案處置及後續關懷協助機制

自1950、1960年代起，各國開始意識到被害人保護之特殊性及重要性，並紛紛開始各項規制與政策研擬。我國於1998年通過施行《被害人保護法》，正式宣示我國對於犯罪被害人保護之立法政策。然而仍以金錢補償為主要規制，就保護被害人之其他措施而言，僅有成立犯罪被害人保護協會。為加強犯罪被害處置及關懷協助，規劃訂定以保護犯罪被害人為中心的作業程序，規劃從刑案現場處理、被害人傷亡處置及後續關懷協助等面向，以專業、效率之精神，精進現場處理及偵查能力，即時保障民眾權益，並秉持同理心及尊重態度，以關懷救助被害人及家屬的立場，適時提供相關支援救助資訊及服務。

三、少年輔導資源不足，難以落實法定對虞犯少年輔導工作

我國尚未建立完整的司法社會工作（forensic social work）體系，目前僅在部分地方法院試行委託民間社會福利團體進駐提供家事調解服務，以及各地方政府設置少年輔導委員會（簡稱少輔會）綜理規劃，並協調推動預防少年犯罪之相關事宜。對於受刑事、保護處分、經《社會秩序維護法》處罰、經法院裁定不付審理、家庭失去功能致少年無法獲得適當管教或其他認有輔導必要之兒少，應由少輔會予以妥善輔導。雖然多數地方政府將少輔會視為輔導不良行為及虞犯少年的後送機構，惟囿於財務困境，造成少輔會專業輔導人力不足，又需兼顧行政及資源連結工作，以至於無法有效推展少輔會繁重之輔導工作，遂將部分輔導工作委由志工辦理，然城鄉差距大，志工品質不一，難發揮輔導成效。

N o t e

筆

記

欄

司法社會工作的定義

■ 司法社會工作在英國稱為「刑事司法社工」（criminal justice social work），主要致力於犯罪預防、減少再犯、促進犯罪人員復歸社會、增加社會對有違法犯罪前科者的包容等。

■ 近年來司法社工不再限縮為矯治社工、刑事司法社工，不只是涉及家暴、犯罪行為、少年虞犯等刑事案件的專業服務，也擴及婚姻訴訟、兒少監護等民事案件的保護服務，是較具廣度的司法社會工作。

資料來源：文字引自張淑慧（2009）；圖作者自繪。

129

司法社會工作的意義

1	服務介入在刑事司法體系執行過程中
2	服務對象包括民刑事之行為人與被害人、行為偏差者、涉及刑事司法體系者及其家庭
3	服務方法需要運用社會工作專業的理論和技術
4	服務場域包括刑事司法體系機關（構）、家庭、社區
5	服務目標為犯罪預防、矯治處遇與司法保護

資料來源：文字引自張淑慧（2009）；圖作者自繪。

Unit 8-13
各服務體系共同或個別存在的問題

現行社會安全體系，對各服務體系共同或個別存在的問題，如下：

一、可近性不高──區域福利服務網絡普及度與服務量能均待提升

我國的社會福利服務體系，因長期仰賴公益彩券回饋金等不穩定財源推動，僅能以實驗性、競爭型方式推動，導致中心據點布建緩慢且近便性不足，使各地方資源貧瘠地區存在資源落差，又人力結構上存在缺口、工作經驗不足等現象，以及網絡資源的開發缺乏系統性引導與政策依據，導致服務的可近性不足，服務量能無法有效提升。

二、積極性不夠──積極性救助與服務不足，無法發揮及時紓困與脫貧自立的效果

隨著社會快速變遷，我國急難救助需求不斷攀升，惟僅著重現金救助，並未建立社工專業評估及家庭多重問題個案服務機制，且專業分工橫向聯繫不足，未落實跨專業、跨領域整合機制，實務上紓困救助之積極性與專業性機制亟待推動，始能提供弱勢家庭或個人完整之福利服務。

三、防護性不全──預防（警）機制及中長期服務資源不全，難以遏止暴力

保護服務資源偏重於三級介入，惟保護服務需求日益擴大，現有保護性社工人力處理多元複雜之保護性事件已是挑戰性高，更遑論前端預防（警）機制、家暴零容忍及兒少保護觀念宣導、中長期服務資源與加害人處遇等服務更是相形缺乏，尤其，涉及多重問題的服務對象，無適當資源介入，無法有效構築完整防護網。

四、整合性不佳──跨網絡服務缺乏整合，導致服務出現漏洞

現行兒少高風險家庭服務體系，因家庭風險之界限模糊，導致服務系統銜接不連貫，且委託民間辦理服務模式，也造成團體在提供服務時面臨公權力介入基礎不足等問題；另外，心理健康體系亦因服務體系間缺乏暢通的橫向聯繫管道，更易導致各項服務片斷、零散及效率低落的狀況，無法有效回應與解決個體與系統的問題需求。

五、預防性不彰──資源偏重治療，通報預警與社區服務量能不足，前端預防涵蓋率有限

受限於中央及地方人員編制數低，難以全面推動所有心理健康業務。尤其自殺係多層次危險因子所造成，且自殺高風險個案遍及各場域，除法律應完備責任通報規定外，地方政府關懷訪視人力、第一線服務人員敏感度、個案整體性評估及專業服務知能、橫向聯繫整合及社區預防通報均待加強。

六、服務人力不足──人力待充實，勞動條件與制度待提升

因應社會環境急速變遷、社會福利需求增加及人口、家庭結構變化等因素，影響社工人力需求及配置，又社會工作人員勞動條件不佳、流動率高，缺乏完整訓練機制及考試制度，影響社會工作的服務量能與專業制度發展。從政策檢討亦可發現，均普遍面臨社工等相關輔導專業人力不足的困境，影響各體系的服務輸送。

老人福利服務輸送過程中四個值得重視的議題

檢討之項目	現況的補充說明
1. 可近性 （accessibility）	指能接近、能進入的；服務的提供非遙不可及，始可接近使用，具有無障礙的意旨，意即距離便利上的無障礙，以及使用上（如語言上）的無障礙意涵。
2. 可得性 （availability）	係指可及性、可獲性、可利用、有效性；福利服務輸送項目的提供，對於使用者、家屬而言，是可拾取運用與使用得到。例如就老人社區照顧而言，社會服務的可得性，指在老人居住的鄰近地區利用得到社區照顧服務之提供。
3. 可接受性 （acceptability）	指可容許的、受歡迎的；主觀上的為使用者、家屬所願意接受的服務，服務內容受到使用者、家屬的喜歡認可，願意接受不排拒。
4. 可負擔性 （affordability）	指有足夠餘力；亦即此項服務可為使用者暨家屬客觀上、經濟面上足以為其所擔負得起。當服務若需使用者自付情形，使用之老人、家屬能否負擔得起費用。

資料來源：文字引自呂寶靜（2021）。

Gilbert提出社會服務輸送體系常見的四個問題

01
支離破碎（fragmentation）
指若干個服務或部分，並無法串聯成一個完整的服務而滿足需求

02
不可及（inaccessibility）
指服務的設計排除或阻礙特定人口群體的接近與使用

03
不連續（discontinuity）
指的是銜接的不連貫，包括不同服務間的銜接不連貫，也指服務期間的不連貫

04
權責不符（unaccountability）
指服務未能達到其所宣稱或承諾的目標或效果

Unit 8-14
「強化社會安全網計畫」（第一期）介入的焦點

「強化社會安全網計畫」（第一期）介入的焦點，如下：

一、建構「以家庭為中心、以社區為基礎」的服務模式

本計畫強調社會安全網服務介入的焦點，由「以個人為中心」轉變成「以家庭為中心」，建構「以家庭為中心、以社區為基礎」（community-based）的服務模式。改變過去聚焦在低收入戶、有兒童虐待之虞的高風險家庭、家庭暴力、學校適應不佳的學生、少年犯罪、精神疾病等個人的危機介入，轉變為除了即時介入處在危機中的家庭（families in crisis）外；並及早介入因生活轉銜（life transition）或生活事件（life events）導致個人或家庭風險升高的脆弱家庭；進而，協助一般家庭建構以社區為基礎的支持體系與提供預防性服務。建構鄰里支持家庭中心（Neighbourhood Center for Families）來支持家庭。培植一個具有支持性的居住社區（supportive residential community），型塑一種居民集體的責任來保護兒童、少年、身心障礙者、老人；同時加強社區服務的基層結構，讓個別的服務被連結，成為協力單位。

二、構築體系的協力網絡

構築一個跨體系的協力（inter-system collaboration）網絡，結合與協調不同部門、組織的財力、人事、行政資源，以提供更綜合、同步與個別化的服務，減少服務使用者奔波於途，又徒勞無功。因此，建置單一窗口的一站式服務有其必要，俾利建構一套能回應脆弱兒童與家庭的服務輸送模式。然而，足夠、近便、合適的資源與服務是跨體系協力成功的要件。據此，需普及建置以社區為基礎的社福中心，以利整合通報、評估、服務資源。

三、兒童的最佳利益

在提供以家庭為中心的服務時，並不是放棄以兒童為中心（child centered）的思考。以兒童為中心是指兒童不被視為無行為能力的個體，而是有權利參與其自身利益的決策。以家庭為中心的服務模式認定兒童是家中的一員，不宜將兒童特立出來單獨思考，更不宜問題化兒童，而是認為家庭有利於兒童的成長，父母、手足、家族成員是影響兒童發展最親密的人，兒童的利益大量依賴其家長的涉入。因此，協助家庭將有利於兒童的最佳利益。據此，可以推論到其他家庭成員，如老人、身心障礙者。

以家庭為中心的服務
（family - centered service）

■ 假設家庭是全體成員的支持者，任一成員都應被納入家庭整體思考，而不是單獨以某一個成員的利益來看待家庭整體。

■ 充權家庭，使其能與服務提供者協力工作，以及支持家庭作成最有利於家庭的服務決策。

■ 強調家庭與服務提供者的夥伴關係，且被納入成為最佳服務（best practice）的模式，所提供的服務方案係增強家庭的優勢，培養家庭的能力。

以社區為基礎的四個核心要素

1　服務輸送給案主家庭	2　利用個案管理來降低服務的支離破碎
3　利用社區資源	4　評估與整合案主的族群與文化架構

Unit 8-15
新思維、整合策略、計畫目標

圖解社會政策與社會立法

134

「強化社會安全網計畫」將服務對象概略分為三類：

（一）危機家庭

係指「發生家庭暴力、性侵害、兒少／老人／身障等保護問題的家庭」。

（二）脆弱家庭

係指「家庭因貧窮、犯罪、失業、物質濫用、未成年親職、有嚴重身心障礙兒童需照顧、家庭照顧功能不足等易受傷害的風險或多重問題，造成物質、生理、心理、環境的脆弱性，而需多重支持與服務介入的家庭」。

（三）一般家庭

係指「支持與照顧成員功能健全的家庭」。

「強化社會安全網計畫」將服務對象分為危機家庭、脆弱家庭、一般家庭等三類，而脆弱家庭與危機家庭是優先要被關注的高風險家庭。服務期透過三項新思維與四項整合策略的執行，以達成本計畫的三項目標。這並非要標籤化家庭或汙名化某些家庭，而只是有助於家庭服務的分工與介入優先順序，俾利提升服務資源的配置與效率。茲將新思維、整合策略、計畫目標臚列如下：

（一）新思維

1. 以整合為策略，完善多元化家庭支持服務。
2. 以預防為優先，及早辨識脆弱兒童與家庭。
3. 以風險類型或等級為分流，建構公私協力處理模式。

（二）整合策略

1. 策略一：布建社會福利服務中心，整合社會救助與福利服務。
2. 策略二：整合保護性服務與高風險家庭服務。
3. 策略三：整合加害人合併精神疾病與自殺防治服務。
4. 策略四：整合跨部會服務體系。

（三）計畫目標

1. 家庭社區為基石，前端預防更落實。
2. 簡化受理窗口，提升流程效率。
3. 整合服務體系，綿密安全網絡。

N o t e

筆

記

欄

「強化社會安全網計畫」（第一期）之新思維、整合策略、計畫目標

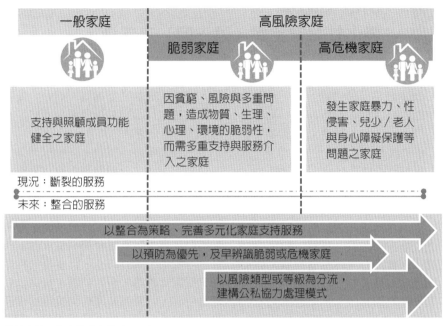

資料來源：衛生福利部等（2018）。

135

「強化社會安全網計畫」（第一期）之整合策略及服務內容

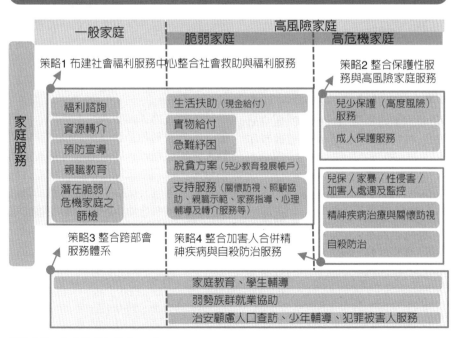

資料來源：衛生福利部等（2018）。

 「強化社會安全網計畫」全文
請至衛生福利部網站下載

Unit 8-16
強化社會安全網（第一期）之架構

呼應本計畫三項目標，以「家庭社區為基石」、「簡化受理窗口」及「整合服務體系」為強化社會安全網之架構主軸，逐項說明如下：

（一）家庭社區為基石

兒虐案件常常合併兒少高風險、家庭暴力、自殺、精神照護等多重議題，突顯「需及早辨識脆弱或危機家庭」及「多重問題家庭的整合服務待強化」的必要性。因此，介入焦點應從個人到家庭，並連結社區資源支持家庭，透過普設的社會福利服務中心為家庭築起安全防護網，由其扮演服務提供者、中介者、資訊提供者、倡導者、增能者（充權者）及系統連結者，進而促進整個社區成為支持家庭的推手。

（二）簡化受理窗口

以服務對象（個人及其家庭）為中心，首先進行衛政、社政服務體系的通報窗口整合，將福利服務、社會救助、保護服務、高風險家庭、精神衛生及自殺預防等六個通報機制，整合簡化成三個，並有效結合教育、勞政及警政等其他網絡，以提升服務流程的效率。

（三）整合服務體系

從服務對象（個人及其家庭）的角度出發，在現有的救助、保護、心理、教育、警政等民眾熟悉、近便或法定的受理通報機制之外，強化社會福利服務中心承接多重問題或問題未明的服務案件，讓通報網絡完整建構。此外，各服務體系應進行辨別問題與需求面向，進而提供或轉介適切的服務。

綜上所述，只要服務對象有需要，就有現行法定服務窗口（如救助、保護、心理、教育、警政、勞政等）或社福中心受理，並在受理後辨別服務對象的問題及需求，有社會福利需求者，則交由社福中心進行以介入為基礎的整體性家庭需求評估，再依其需求提供以家庭為中心、社區為基礎的直接服務或通報保護體系。如家庭有多重問題，則勢必要邀請其他相關專業，進行以介入為基礎的跨（多）專業團隊評估。如服務對象具心理健康需求，則通報或轉介自殺防治、精神疾病關懷或家暴加害人等服務體系。如服務對象需求涉及學生輔導、就業服務、少年輔導或治安犯罪預防等，則通報或轉介教育、勞政、警政等服務體系。

此外，因應個案的問題與需求是動態的，各服務體系於服務過程中發現跨體系需求議題時，亦應隨時連結其他體系資源，俾利適時滿足個案的需要，順利解決其困境。如此，環環相扣、緊密相連的跨體系合作，始能構築完整的社會安全網。

家庭社區為基石

一、介入焦點從個人到家庭

兒虐案件合併高風險、家庭、自殺、精神照護等多重議題,應建立以家庭為中心之服務模式。

兒虐致死或攜子自殺案件,經檢視:
(一)65%案件無相關通報紀錄
(二)35%併有網路通報紀錄,包含:
1. 高風險家庭通報紀錄
2. 家庭暴力通報紀錄
3. 精神照護列管紀錄
4. 自殺防治通報紀錄

↓

突顯

1. 及早辨識脆弱或危機家庭之必要性
2. 多重問題家庭之整合服務強化

二、連結社區資源支持家庭

社會福利服務中心為家庭築起安全防護網,促進社區成為家庭支持的推手。

服務提供者
依案家需求,直接提供家庭服務

中介者
依案家需求,中介網絡資源

資訊者
提供福利諮詢

社福中心

系統連結者
建構資源共享的社區網絡合作平臺

增能者
增進社區團體權能,發展社區關懷與支持機制

倡導者
福利權益維護與倡議

資料來源:衛生福利部等(2018)。

簡化受理窗口

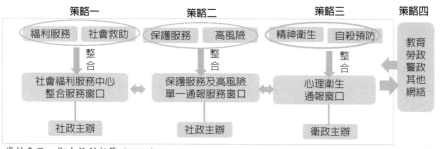

策略一	策略二	策略三	策略四
福利服務　社會救助	保護服務　高風險	精神衛生　自殺預防	教育 勞政 警政 其他 網絡
整合	整合	整合	
社會福利服務中心整合服務窗口	保護服務及高風險單一通報服務窗口	心理衛生通報窗口	
社政主辦	社政主辦	衛政主辦	

資料來源:衛生福利部等(2018)。

整合服務體系

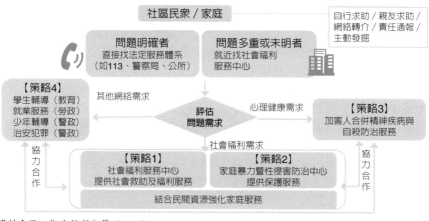

社區民眾 / 家庭

自行求助 / 親友求助 / 網絡轉介 / 責任通報 / 主動發掘

問題明確者
直接找法定服務體系
(如113、警察局、公所)

問題多重或未明者
就近找社會福利服務中心

【策略4】
學生輔導(教育)
就業服務(勞政)
少年輔導(警政)
治安犯罪(警政)

其他網絡需求

評估問題需求

心理健康需求

【策略3】
加害人合併精神疾病與自殺防治服務

社會福利需求

【策略1】
社會福利服務中心提供社會救助及福利服務

【策略2】
家庭暴力暨性侵害防治中心提供保護服務

結合民間資源強化家庭服務

協力合作

資料來源:衛生福利部等(2018)。

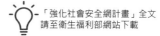

「強化社會安全網計畫」全文
請至衛生福利部網站下載

Unit 8-17

實施策略一：「布建社會福利服務中心整合社會救助與福利服務」之現況分析

以下說明實施策略一之現況，如下：

一、社會福利服務中心據點未普及，服務難扎根社區

截至2016年底，全國社福中心已有108處，服務範圍涵蓋301個鄉鎮市（占全國82%），仍有67個鄉鎮市（占全國18%）未納入服務範疇，且多屬於偏遠地區；又部分社福中心責任區幅員過大，在有限人力下仍難落實社區化的福利服務，無法有效發揮社區支持與網絡功效。因此，應讓尚未設置社福中心的縣市，或設置不足的縣市，加速增設社福中心的數量，建構完善的區域社會福利服務體系，並補實其社工人力，讓所有地區的個案及家庭，均能獲得應有的服務及協助。

二、社會福利服務中心定位不清，社工人力不足專業效能難發揮

家庭福利服務中心的設置，將其定位為一級兒少預防體系，以完備兒少家庭的支持性、補充性及替代性服務網絡。然而，幾年執行預防工作下來，卻也面臨「預防工作難以呈現具體績效」與「中心人力投入過多社區宣導活動致家庭服務未能深化」等挑戰。至於社會福利服務中心的設置，長期以來被視為轄區的小社會局，社區內所有福利需求皆屬於服務範疇，求助、通報及交辦事項，不勝枚舉，造成中心服務事項過雜且行政業務過多。另以每中心（直轄市政府除外）僅4-5名人力規模，實難提供深入之服務，影響專業服務體系的效能發揮。

三、社會救助側重基本生活保障，協助脫離貧窮積極性及成效不足

目前各地方政府辦理的脫貧方案，係以教育投資、就業自立、資產累積模式為主，惟規模較小，且低收入戶及中低收入戶對於脫貧方案的不了解與種種顧慮，參與脫貧方案意願偏低，以致脫貧方案的推動及參與人數相當有限。而社會救助以現金為主的扶助方式，雖能保障底層家庭基本生活，但未能提升其追求自立的機會。然目前因受限社工人力不足，使得服務提供方式流於資格審定和補助發放的公共福利行政，也限縮貧窮家戶的發展可能。

四、社區脆弱兒童與家庭篩檢工作（6歲以下弱勢兒童主動關懷方案）未完備，預防（警）機制效能待精進

6歲以下弱勢兒童主動關懷方案定位為兒少高風險家庭的通報來源之一，亦可說是落入高風險家庭之前的預防（警）機制。然而，依衛生福利部統計，由政府相關單位通報至社政主管機關的案件，經社工訪視評估後無需後續介入者達75%，顯示通報之前的關懷、輔導、查訪或調查工作，未能確實蒐集完整的兒童及其家庭相關資訊，導致影響後端社會工作人員對於風險研判的正確性。

社會福利服務中心服務內容模式

社會福利服務中心服務內容

	1 社區（初級/次級）預防工作	2 貧窮個案服務	3 高風險個案服務	4 保護服務（合署辦公）	
模式一	1				12個縣市
模式二	1	2			5個縣市
模式三	1	2	3		1個縣市
模式四	1	2		4	2個縣市
模式五	1			4	1個縣市
	21個縣市（連江縣無中心）	8個縣市	1個縣市	2個縣市	

配合強化社會安全網計畫（第一期）規劃內容，針對社福中心的服務模式，建議採模式三，即包含社區預防性工作及貧窮、風險個案服務，惟中心布點或人力較少的縣市，初期應先以個案服務為優先，再由個案需求出發，發展社區預防性方案。

資料來源：衛生福利部等（2018）。

6歲以下弱勢兒童主動關懷方案

「6 歲以下弱勢兒童主動關懷方案」關懷對象

1. 戶政機關逕為出生登記者
2. 戶政機關逕遷戶籍至戶政事務所者
3. 逾期未完成預防接種者
4. 未納入全民健保逾一年者
5. 國小新生未依規定入學者
6. 矯正機關收容人子女
7. 父或母為未滿20歲者

「強化社會安全網計畫」全文請至衛生福利部網站下載

資料來源：文字引自「6歲以下弱勢兒童主動關懷方案」；圖作者自繪。

Unit **8-18**

實施策略一：「布建社會福利服務中心整合社會救助與福利服務」之策略目標與具體精進作為

以下接續說明實施策略一之策略目標與具體精進作為，如下：

一、策略目標

(一) 為家庭築起安全防護網。

(二) 從扶貧到脫貧自立。

(三) 讓社區成為支持家庭的推手。

二、具體精進作為

（一）為家庭築起安全防護網：普設社會福利服務中心

為使每一個民眾及家庭，都能快速獲得政府服務，普及設置社福中心成為首要工作。各地方政府設置社福中心的數量，可依據人口數、行政區或跨鄉鎮市區等參考標準進行推估，以全國設置154處為目標值，逐年完成綿密的區域福利服務網絡，強化福利服務輸送之可近性。

（二）為家庭築起安全防護網：強化社會福利服務中心提供脆弱家庭服務量能

透過社福中心布點與社工人力到位，不僅能針對風險或脆弱性、貧困與急難、特殊境遇等弱勢家庭，以及一般福利需求家庭，由社會工作人員進行家庭功能與需求評估，同時提供現金（實物）給付與福利服務，並依需要結合衛政、教育、勞政、民政與社政等相關機關或在地民間資源，針對貧窮家庭進行輔導、資源轉介等預防措施，讓家庭服務趨向完整，達到充權家庭功能的目標。

（三）為家庭築起安全防護網：精進社區脆弱家庭預警機制

為提升「6歲以下弱勢兒童主動關懷方案」之預警成效，未來可研擬修《兒童及少年福利與權益保障法》第54條內容，明確規範各單位落實前端作為；就

制度面，善用各部會資料庫勾稽功能，不僅比對兒童資料，亦擴大比對父母資料，提升家庭資料之正確與完整性，且增加跨部會資訊系統介接；就執行面，針對行蹤不明家庭，建置完善的中央及地方政府專案列管機制，且積極協調跨單位資訊系統勾稽事宜及綜整各單位查察作為之軌跡，提升個案資料完整性，並加速辦理時效。

（四）從扶貧到脫貧自立：積極發展脫離貧窮措施

1. 從扶貧到脫貧自立：採分級分類管理模式，積極輔導適合對象優先參與脫貧措施並適時提供救助（如新貧戶、就業動機強且意願高者、家庭支持系統較佳者、符合兒少教育發展帳戶的參與者等對象）。

2. 盤點並增加布建實物給付據點：盤點服務的據點分布，並評估救助對象需求，於適當地區建置布點，就近由社福中心提供服務，以逐步提升實物給付服務涵蓋率。

3. 推動急難救助紓困專案，擴大社會福利服務中心受理急難救助申請，提供即時性經濟支持及福利服務：整合相關資源，提供即時協助；另就資格不符但有其他服務需求者，轉介至衛生、勞工或教育等相關機關或結合在地民間資源以紓解民困。

（五）讓社區成為支持家庭的推手：建立因地制宜的社會福利服務中心整合服務模式

各社會福利服務中心得視空間規模、地區特性及資源分布等情形，建制實體整合模式、準實體整合模式、虛擬整合模式等三種服務整合模式。

Social Welfare Service Center

社會福利服務中心服務整合模式	做法
1. 實體整合模式	■ 提供辦公空間讓其他相關服務單位人力進駐社福中心，以合署辦公的方式就近提供區域內民眾所需的服務，如結合保護性服務、就業服務站、法律諮詢律師等（依區域需求及資源狀況而定）設置。 ■ 此即整合不同單位於同一處所，共同組成綜合性服務中心的概念。在此模式下，社福中心透過與同一處所各相關單位間的協調，設計一站式（一條龍）（one-stopping shopping）或單一窗口（single door）服務，使不同機構間的不協調障礙被排除，經由連續服務流程設計，建立彼此的合作與服務機制。 ■ 社福中心後續亦需追蹤每個單位提供服務的情況，確定民眾需求皆能獲得適切的滿足。
2. 準實體整合模式	■ 受限於空間或其他條件不足，無法讓相關單位以合署辦公的方式在同一辦公地點（空間）提供服務，可釋出部分辦公空間給提供立即性服務的資源單位輪流使用的駐點方式。 ■ 目的在於提高現有辦公空間的使用頻率；並透過訂定明確的服務流程及定期召開工作協力會議，達到資源的有效使用與服務的協力，滿足民眾的多元需求。
3. 虛擬整合模式	■ 受限於空間或其他條件不足，以透過虛擬的資訊平台（如透過網路系統交換等方式），將現有區域內服務需求體系整合入社福中心的資源網絡。區域福利服務中心作為資源管理與服務供給的核心，提供單一窗口的福利服務。 ■ 將各種社會福利服務設施（如公、私部門的社會福利機構或單位）、服務方案，或資源整合，透過資源的盤點與拜訪聯繫，確立清楚的服務流程，建立完善的資訊系統，便利資源間的服務轉介與使用，確保民眾需求皆有相關資源的協助。

資料來源：文字整理自衛生福利部等（2018）；表格作者自繪。

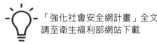

「強化社會安全網計畫」全文
請至衛生福利部網站下載

Unit 8-19
實施策略二：「整合保護性服務與高風險家庭服務」之現況分析

以下說明實施策略二之現況，如下：

一、預防兒虐發生之各項前端工作，更為重要而待強化

檢視實際兒虐致死個案之家庭風險因素，皆可能直接影響兒少的照顧，不利兒少身心健康及發展，甚而演變為兒少高風險家庭或導致兒少遭受不當管教、嚴重疏忽或身心虐待。然而針對這些風險因素之預防措施及相關服務程序，政府人力及資源之布建皆仍有精進及提升之空間。

二、合併多重問題保護性個案，各服務體系分立，缺乏整合機制

多重問題保護性個案易引發嚴重虐待或是致死事件，然而現行家庭暴力、心理衛生或社會救助體系，多是各自處理回應個別性的問題，涉及合併多重問題者，僅透過轉介相關服務資源或被動進行溝通協調，在缺乏有效個案管理或協調整合的機制下，跨體系間整合式服務模式理念未能落實，各項服務資源的投入顯得片段、零碎，效果有限。

三、兒少高風險家庭與兒少保護服務採雙軌模式，處理時效受影響

兒少高風險家庭服務的設計，原為兒少保護前端的預防，以早期介入避免問題惡化。惟逾10年的實務執行結果，兒少保護及兒少高風險家庭服務分屬不同通報系統、不同法令依據、不同服務單位、使用不同通報指標與表單、不同資訊系統，導致責任通報人員對通報認定不一而衍生爭議，個案認定存在灰色地帶等諸多問題，實難迅速回應連續服務過程中，服務對象因需求、風險的動態改變。

四、兒少高風險家庭服務體系多元發展，後續社區系統未完備

地方政府直接將受理通報後的訪視評估、評估報告及後續家庭服務，全數交由民間團體辦理。然而，民間團體不具公權力，面對高風險家庭等非自願案主，遇有需緊急處理事項仍需轉回由公部門（社福中心或家防中心）接手，影響服務提供的效率。另民間團體的角色，較不易連結公部門網絡，加上跨部門合作需透過地方政府協助，增加工作困難與複雜度，亦不利民間團體發展更為專精、多元的創新社工服務。

五、兒少保護體系公私合作待強化

除現有兒少高風險家庭服務外，其他兒少保護相關服務，除由公部門自辦外，亦透過公私協力的委外模式，委由民間團體辦理其他服務。既有兒少保護相關服務的委託模式，存在有縣市間的差異性，各項服務間的委辦模式亦有不同，應有整合的空間。

六、成人保護服務公私協力模式多元，保護扶助措施待深化

成人保護服務體系包括成人性侵害、親密關係暴力、老人及身障保護、其他家庭暴力，過去多半聚焦在大宗的親密關係暴力議題之處理，較缺乏對老人保護、身心障礙者保護及其他家暴事件整體防治策略之規劃。

七、保護性案件通報量有上升趨勢，缺乏合理保護性社工員額配置

目前每位兒少保護社會工作人員個案負荷量平均近30案、成人保護社會工作人員個案負荷量平均超過50案，且需同時肩負危機處理及通報事件調查工作，而保護性工作相較困難複雜，人員經常流動又不易補實，以致案件負荷過重，服務品質與服務對象人身安全難免受到影響。

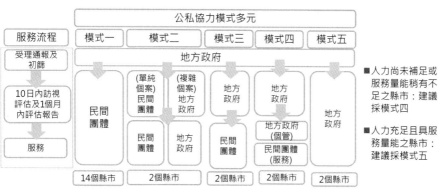

資料來源：衛生福利部等（2018）。

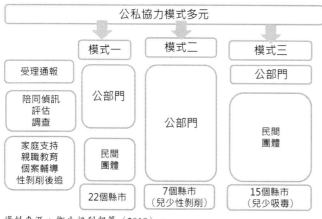

資料來源：衛生福利部等（2018）。

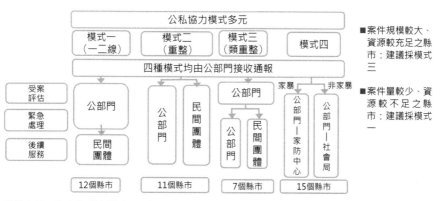

資料來源：衛生福利部等（2018）。

Unit **8-20**
實施策略二：「整合保護性服務與高風險家庭服務」之策略目標與具體精進作為

以下接續說明實施策略二之策略目標與具體作為，如下：

一、策略目標
(一) 危機救援不漏接。
(二) 完整評估不受限。
(三) 驗傷診療更完善。
(四) 介入服務更深入。
(五) 公私協力更順暢。
(六) 整合服務更有效。

二、具體精進作為
(一) 危機救援不漏接：建立保護服務及兒少高風險家庭集中受理通報與派案中心

輔導各地方政府建立具備跨單位派案及協調功能之集中受理與派案中心，依各地方政府組織架構及分工模式，集中受理保護服務及高風險家庭通報，以整合式篩案評估指標判斷通報案件風險程度，並有效辨識有立即危險的保護案件，因地制宜並發揮單一窗口之功能，以實踐「危機救援不漏接」之策略目標。

(二) 完整評估不受限：跨域即時串接家庭風險資訊

為有利於完整了解家庭風險資訊，將透過資訊系統間串接方式，由各地方政府集中受理與派案中心即時勾稽比對有多重風險的通報資訊，不受限於各單位分工或資訊系統權限，透過異質資料交叉比對，建立早期預警指標，於各階段主動提醒社會工作人員，留意潛在的危機事件，以周延評估家庭風險因子，判斷家庭風險等級。

(三) 驗傷診療更完善：推動建立兒少保護區域醫療整合中心

劃參考醫療6分區方式，推動各區至少1至2家區域級以上醫院建立兒少保護區域醫療整合中心，提升區域內相關醫事人員之兒虐辨識與防治知能，並橫向連結區域內各地方政府家庭暴力暨性侵害防治中心，俾兒虐個案驗傷診療及後續追蹤更為完善。

(四) 介入服務更深入：結合民間資源強化兒少保護和家庭支持服務

本計畫將逐步布建各地之社福中心，將主責服務原有兒少高風險家庭通報案件中，屬中低度風險個案，直接提供服務並連結跨單位的服務資訊，對這類家庭進行完整評估及服務，必要時以公權力介入模式，對多重問題家庭個案提供更為完善的服務，避免家庭風險等級升高或演變為兒虐等保護性事件。原承辦兒少高風險家庭服務的民間團體，則漸進式轉型為辦理多元化家庭服務方案，以滿足不同家庭異質性或特殊需求，提升專業社工服務模式，成為社福中心最佳合作夥伴。

(五) 公私協力更順暢：保護服務公私協力再建構

公私部門協力合作模式，應回到各自的職責角色與強項來規劃，公部門具有公權力並掌握強大的行政資源，對於案件調查、個資蒐集與強制性的介入具有高度不可替代性，因此適合處理需要緊急保護安置、調查的工作，而私部門具有多元彈性與自主性優勢，適合處理非緊急、能夠符合個別化服務期待的案件。

(六) 整合服務更有效：擴大「家庭暴力安全防護網」功能

本計畫規劃逐步擴充家庭暴力安全防護網之量能，除親密關係暴力事件外，並將涉及精神照護等多重問題、嚴重兒虐或其他成人保護個案納入，以強化社政、衛政、警政、司法、教育單位合作，尤其是被害人保護與加害人處遇服務體系的緊密合作，共同執行兒少及家庭所需之安全計畫及整合性服務，實踐家庭為核心之理念，減少重複評估或缺乏溝通的情形，發揮跨單位協力合作之綜效。

結合民間資源強化兒少保護和家庭支持服務

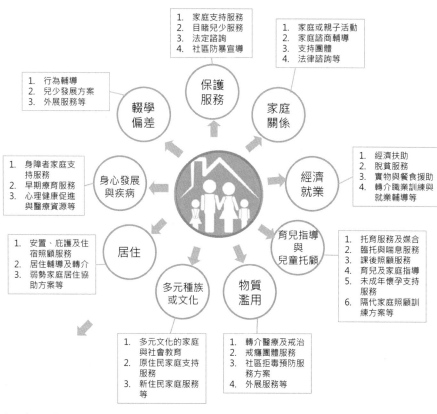

1. 家庭支持服務
2. 目睹兒少服務
3. 法定諮詢
4. 社區防暴宣導

1. 家庭或親子活動
2. 家庭諮商輔導
3. 支持團體
4. 法律諮詢等

1. 行為輔導
2. 兒少發展方案
3. 外展服務等

保護服務

家庭關係

輟學偏差

1. 身障者家庭支持服務
2. 早期療育服務
3. 心理健康促進與醫療資源等

身心發展與疾病

經濟就業

1. 經濟扶助
2. 脫貧服務
3. 實物與餐食援助
4. 轉介職業訓練與就業輔導等

1. 安置、庇護及住宿照顧服務
2. 居住輔導及轉介
3. 弱勢家庭居住協助方案等

居住

育兒指導與兒童托顧

1. 托育服務及媒合
2. 臨托與喘息服務
3. 課後照顧服務
4. 育兒及家庭指導
5. 未成年懷孕支持服務
6. 隔代家庭照顧訓練方案等

多元種族或文化

物質濫用

1. 多元文化的家庭與社會教育
2. 原住民家庭支持服務
3. 新住民家庭服務等

1. 轉介醫療及戒治
2. 戒癮團體服務
3. 社區拒毒預防服務方案
4. 外展服務等

資料來源：衛生福利部（2018）。

145

轉型過渡原則

保護服務
- 整合保護通報及服務優先
- 調整公私協力模式次之
- 中長期補足保護社工人力

高風險服務
- 依【新舊案】、【服務區域】、【流程階段及個案需求】等情況，逐步調整社福中心與民間團體的協力模式
- 2018-2019年為過渡期

資料來源：衛生福利部（2018）。

 「強化社會安全網計畫」全文請至衛生福利部網站下載

Unit 8-21

實施策略三：「整合加害人合併精神疾病與自殺防治服務」之現況分析

以下說明實施策略三之現況，如下：

一、加害人合併精神疾病、自殺企圖者，除暴力行為問題、精神疾病及家庭問題複雜，個案處理之複雜度及困難度均高

現行衛生體系雖已介入提供關懷訪視，惟面對個案非醫療之問題，難以透過醫療單一模式解決，需整合就醫、就業、就學及福利相關資源，整體性評估個案需求。

二、精神照護及自殺通報個案之關懷訪視員，縣市多採人力委外聘用、個案分訪方式運作，關訪員訪視案量負擔重

精神照護及自殺通報關懷訪視員，多數縣市人力係委託轄內精神科醫院聘用，雖可藉由醫院專業人員之督導，確保訪視品質，但人力運用缺乏自主性、與公部門橫向協調聯繫較不佳。另精神照護關懷訪視員每人訪視案量約350-400人、自殺關懷訪視員每人訪視案量約200-250人，案量負擔重。

三、現行關懷訪視員以處理疾病問題為主，缺乏對於個案家庭、經濟、社會福利需求與自殺風險之完整評估、回應及資源連結能力，暴力再犯預防及自殺防治成效有限

關懷訪視員由於其專業背景多屬護理、心理、公衛及醫管等專業背景，且因所負擔案量、專業背景等因素，使得關懷訪視員之訪視重點，以精神疾病就醫規律、服藥順從性、病情變化等為主，無法深入處理個案全面性問題，以及綜合評估個案需求，以協助連結醫療與社福資源。

四、家暴及性侵害加害人處遇之行政業務（每年家暴及性侵害加害人處遇量合計超過1萬人次）及列管案量高，人力待充實

衛生福利部整合型心理健康工作計畫雖補助地方政府衛生局人力，以辦理家庭暴力及性侵害加害人處遇相關行政業務，惟均兼辦有精神醫療或心理衛生相關行政業務，其業務負荷及所列管處遇案量已明顯失衡。

五、加害人多非自願性求助者，缺乏治療動機，需連結防治網絡，嚴密監控，方能預防再犯

家庭暴力及性侵害加害人必須按地方政府衛生局之指定期日、地點執行處遇，惟這類個案性質屬非自願性個案，除本身缺乏治療動機，且多具反社會人格或病態性格特質，行政機關對其所為處遇、評估之行政處分，拘束力不大。若無專人監控或連結警政、觀護等防治網絡單位，恐難以落實處遇執行及預防再犯。

六、自殺成因複雜且多元，無法由單一體系介入處理，亟需各服務體系共同努力，早期發現高風險個案，早期介入

各地方政府雖已提供關懷訪視服務，但該服務隸屬衛生體系，雖可評估個案於衛生及疾病方面之個別化服務內涵，但缺少對家庭、經濟及社會福利服務需求的完整評估與回應，加上各服務體系第一線人員對於自殺敏感度不足，目標個案不易即時被發現及有效轉介心理健康體系提供關懷與進一步之精神醫療服務，各體系對於自殺防治守門人的觀念需加強及普及。

家庭暴力及性侵害加害人再犯預防內涵

加害人分級、分類、提供個別化處遇	分級處遇	人力配置	依加害人處遇案量，配置處遇協調業務專責人力及督導
結合社政、衛政、警政、勞政單位，綜合提供加害人需求，提供整合性服務	網絡合作	專業知能	檢討處遇人員培訓機制辦理處遇人員教育訓練及督導
建立加害人跨網絡社區監控機制	社區監控	處遇品質	開發再犯危險評估工具，進行加害人處遇成效評估

資料來源：衛生福利部（2018）。

2016年精神照護資訊管理系統關懷訪視社區精神病人數

訪視等級	對象	訪視次數	個案數	占率
1級個案	■ 新收案3個月內 ■ 出院追蹤3個月內 ■ 危險行為處理後，3個月內個案 ■ 急性住院中	每月訪視1次	14,171	9.89%
2級個案	■ 一級照護個案滿3個月以上 ■ 無危險，且可自行照顧生活者 ■ 定期接受醫療者	每3個月訪視1次	26,207	18.29%
3級個案	■ 二級照護個案追蹤6個月以上 ■ 病情穩定持續3個月且家屬可自行照顧者	每6個月訪視1次	38,845	27.11%
4級個案	■ 長期住院或住康復之家及養護機構1年以上 ■ 1年訪視一次 ■ 病人失蹤1年以上 ■ 病人及家屬拒訪三次以上，且無立即干擾之行為者 ■ 病情連續穩定者	每年訪視1次	63,318	44.19%
5級個案	■ 特殊個案，精神醫療無法接觸，但有干擾行為者	督導會議討論後決定	745	0.52%
合計			143,286	100%

資料來源：文字引自衛生福利部（2018）；
表格作者自繪。

「強化社會安全網計畫」全文
請至衛生福利部網站下載

Unit 8-22
實施策略三：「整合加害人合併精神疾病與自殺防治服務」之策略目標與具體精進作為

以下接續說明實施策略三之策略目標與具體精進作為，如下：

一、策略目標
㈠ 降低再犯風險。
㈡ 暴力預防無死角。
㈢ 提升自殺防治效能。

二、具體精進作為

（一）降低再犯風險：增聘社工人力，降低加害人（合併精神疾病）個案負荷比，深化個案服務

依據衛生福利部保護資訊系統與精神照護資訊管理系統介接資料得知，兒少保護、家庭暴力或性侵害事件加害人合併精神疾病者（含有自殺企圖），因其案件問題複雜且需整合性服務，已非醫療單一模式能提供協助，需要社工專業服務介入，並改善個案負荷比，依其整體評估結果、暴力危機狀態及自殺風險，強化精神疾病、自殺防治關懷輔導與保護服務體系的跨體系合作，並充實第一線服務人員的自殺防治知能，將服務融入自殺風險評估及處置、轉介，以避免疾病或家庭問題持續惡化，衍生更大的人身危害與憾事發生。所增加社工人力，除追蹤個案定期就醫、規則服藥、病情變化監測及自殺風險評估等面向，並應對於加害人之家庭、經濟、就業、居住及社福等面向之需求，提供整合性評估，以降低再犯風險。

（二）暴力預防無死角：落實加害人處遇執行，強化社區監控網絡及處遇品質

為無縫銜接加害人處遇，強化社區監控能量，擬依據各地方政府衛生局所列管加害人處遇個案數，分別依據家庭暴力加害人處遇個案數、性侵害加害人身心治療及輔導教育個案數，合理配置各地方政府衛生局社工人力，負責加害人處遇業務安排、處遇系統資料維護、未出席移送裁罰、社區監控、評估小組及網絡會議、驗傷採證及處遇人員訓練與管理；另補助社工督導負責研擬處遇及監控計畫、個案風險評估、社區監控跨網絡協調、驗傷採證及處遇人員督考。

（三）提升自殺防治效能：精進高風險個案自殺防治策略

在教育面，規劃辦理第一線服務人員自殺防治教育訓練，強化自殺風險辨識及轉介；在系統面，從系統端介接串聯，透過資料比對，早期發現自殺之高風險個案，早期介入；在服務面，在自殺通報個案之關懷訪視過程中，落實評估個案再自殺風險及心理需求，以及主要照護者之自殺風險，妥為擬定自殺關懷處置計畫，並積極結合相關人員提供共同關懷訪視服務或轉介相關服務資源，適時增加訪視次數、面訪比率並延長關懷時程等措施，以減少憾事發生；在法規面，為完備自殺通報、處置之法規，以強化預警機制，全面提升防護效能。

精進高風險個案自殺防治策略

Suicide

面向	策略目的	對象／範圍
教育面	強化服務體系人員之自殺風險辨識及轉介	第一線服務人員（如社會工作人員、村里長、村里幹事等）
系統面	透過資料比對，早期發現自殺之高風險個案，早期介入	系統端介接串聯自殺防治通報系統、精神照護資訊管理系統、兒少高風險家庭系統及保護系統
服務面	擬定自殺關懷處置計畫，並積極結合相關人員提供共同關懷訪視服務或轉介相關服務資源，適時增加訪視次數、面訪比率，並延長關懷時程等措施	家中有6歲以下幼兒，或有精神照護、保護案件、高風險家庭者
法規面	強化預警機制，全面提升防護效能	積極研修《精神衛生法》或推動自殺防治專法，研議增列或制定有自傷行為或有自傷之虞個案之通報及後續處置規定

資料來源：文字引自衛生福利部（2018）；表格作者自繪。

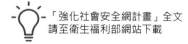

「強化社會安全網計畫」全文
請至衛生福利部網站下載

Unit 8-23
實施策略四：「整合跨部會服務體系」之現況分析

以下說明實施策略四之現況，如下：

一、跨體系合作出現縫隙

不論是處理家庭暴力、兒少保護、家庭維繫、脫貧自立或隨機殺人等事件，皆需要衛政、社政、教育、勞政及警政等體系通力合作，始能達成。雖相關法規已訂有各自責任及處理流程，然實際執行，仍存在部分問題，使得跨體系合作出現縫隙，造成社會安全網的漏洞。

二、衛政、社政體系與教育體系的合作

雙方人員對於兒少發生虐待、未獲適當照顧或目睹家庭暴力等事件的通報範疇與開案服務，有不同的認定標準，導致通報不夠準確、開案服務率低、兒保調查未獲配合、兒少後續服務資訊未能相互交流等爭端。此外，雙方人員雖同意兒少處境的脆弱性改善需靠彼此合作，然有時因不熟悉對方的處理機制或法規意涵，而產生了誤解及期待落差。

三、衛政、社政體系與勞政體系的合作

雙方人員皆明白若家庭內成員能穩定就業，就可促進家庭脫貧自立。然有些家庭成員並沒有就業意願或能力，影響了就業服務的成效，而造成了體系間對就業期待的落差。

四、衛政、社政體系與警政體系的合作

雙方人員在行為偏差或虞犯少年輔導、家庭暴力人身安全維護及防治、精神疾病護送就醫等方面，產生人力不足及認知不同的困境。

N.o.t.e

筆

記

欄

Coordination

各體系間之協調合作	常見的爭議
衛政、社政體系與教育體系的合作	學校一發現兒童及少年處在高風險情境中，除了依法立即通報或轉介外，莫不殷盼家防中心立即進行緊急安置，或期待社福中心提供家庭介入。然而，礙於評估與緊急安置程序及資源可得性不足，每每心生埋怨，導致跨體系合作並不順暢。
衛政、社政體系與勞政體系的合作	衛政、社政體系期待勞政體系對於有能力但無意願就業者，規劃積極性的激勵措施及客製化的就業服務，勞政體系則認為就業意願與成功就業存在相當關係。對於有工作能力而無意願就業者，應考慮透過社政、勞政網絡協力方式加強改善。
衛政、社政體系與警政體系的合作	包含地方政府少年輔導委員會人力有限，致使輔導工作的執行及跨體系協調效能受到限制，以及對於精神疾病強制就醫對象的認知標準不一，導致執行產生爭議。

資料來源：文字整理自衛生福利部（2018）；表格作者自繪。

151

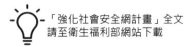

「強化社會安全網計畫」全文
請至衛生福利部網站下載

Unit 8-24
實施策略四:「整合跨部會服務體系」之策略目標與具體精進作為

以下接續說明實施策略四之策略目標與具體精進作為,如下:

一、建立垂直/水平分層級協調機制

社會安全網範圍廣泛,涉及政府與民間、中央與地方,以及社會福利、心理衛生、教育輔導、就業服務及治安維護等部門,應建立中央決策面、地方行政面與基層實務面等不同層級之協調合作機制,透過垂直、平行整合,暢通跨體系服務的障礙,俾補綴社會安全網的缺漏。精進作為包括如下:

(一)中央決策層級運作機制

1. 參與者:衛生福利部、內政部、教育部及勞動部等相關部會、學者專家及地方政府。
2. 合作目的:建立中央層級定期性、任務性政策溝通平台,協調跨部會(體系)之全國性法規或政策措施,並管考推動策略與執行成效。
3. 具體做法:⑴建立政策溝通平台;⑵建立跨體系資訊系統整合的網絡合作機制;⑶設置社會工作專業制度發展推動小組。

(二)地方行政層級運作機制

1. 參與者:地方政府社政、衛政、警政、教育、勞政及民政等單位,並視需要邀請學者專家及民間團體參與。
2. 合作目的:建立地方政府跨部門合作溝通平台,以協調地方層級之計畫推動、行政執行與服務體系輸送之合作關係。
3. 具體做法:⑴建立定期聯繫的跨體系溝通平台;⑵不定期跨體系溝通機制。

(三)第一線實務層級運作機制

1. 參與者:社會工作人員、醫事人員、教育人員、就業服務人員、司法人員、警察等直接服務民眾之專業人員,以及鄉(鎮、市、區)公所、村里長、村里幹事、社區組織、民間團體、鄰里單位及民間企業等相關組織人員。
2. 合作目的:強化基層服務組織間的合作與溝通協調,促進社區網絡參與合作,提升個案服務品質,共同合作回應民眾需求。
3. 具體做法:⑴整合服務組織;⑵建立區域網絡聯繫機制;⑶建立以服務對象為中心的跨體系溝通。

二、提升教育部學生輔導、勞動部就業服務、內政部治安維護及少年輔導等服務效能,強化跨體系合作機制

㈠ 健全學生輔導三級機制,提供整體性與持續性服務:1.逐年增置專任輔導教師及專任專業輔導人員;2.積極推動家庭教育與強化親職知能;3.提升教育人員(含輔導相關人員)輔導知能;4.建立學生轉銜輔導及服務機制;5.落實學生輔導工作的跨體系合作。

㈡ 強化弱勢族群就業轉介及協助措施,發展一案到底個別化服務:1.加強第一線就業服務人員敏感度;2.規劃辦理多元類別就業導向的職前訓練;3.強化社政與勞政個案轉銜機制;4.提供弱勢族群就業協助措施;5.提供待業青年就業協助措施。

㈢ 定期查訪治安顧慮人口,強化少年輔導工作:1.加強列管查訪與協尋;2.強化毒品、竊盜、搶奪犯罪人口查訪;3.增強少年輔導工作跨網絡連結。

㈣ 建立犯罪被害保護官等相關制度,提供被害人所需協助:1.強化刑案現場處理;2.律定專責窗口;3.精進專業訓練。

建立垂直／水平分層級協調機制

層級	合作目的	具體做法
中央決策層級運作機制	建立中央層級定期性、任務性政策溝通平臺，協調跨部會（體系）之全國性法規或政策措施，並管考推動策略與執行成效。	・建立政策溝通平臺 ・建立跨體系資訊系統整合的網絡合作機制 ・設置社會工作專業制度發展推動小組
地方行政層級運作機制	建立地方政府跨部門合作溝通平臺，以協調地方層級之計畫推動、行政執行與服務體系輸送之合作關係。	・建立定期聯繫的跨體系溝通平臺 ・不定期跨體系溝通機制，針對臨時性、特殊性、任務性且涉及跨體系協調的議題
第一線實務層級運作機制	強化基層服務組織間的合作與溝通協調，促進社區網絡參與合作，提升個案服務品質，共同合作回應民眾需求。	・整合服務組織 ・建立區域網絡聯繫機制 ・建立以服務對象為中心的跨體系溝通

資料來源：文字整理自衛生福利部（2018）；表格作者自繪。

中央與地方協力合作圖

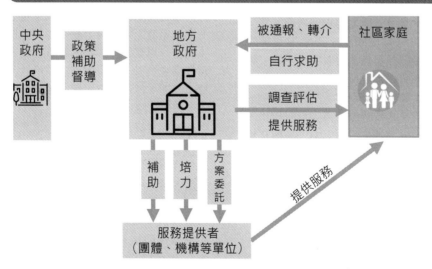

資料來源：衛生福利部（2018）。

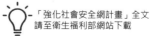

「強化社會安全網計畫」全文請至衛生福利部網站下載

Unit 8-25
「強化社會安全網計畫」（第一期）之相關配套

以下說明「強化社會安全網計畫」（第一期）之相關配套，如下：

一、建立完善社會工作制度，提升專業服務量能

(一) **由教育、考試、訓練及任用精進社工專業制度的發展**：包括社會工作學校教育教學品質的提升；檢討專技社會工作師考試評分標準及命題方式，並提高取得專業證照加給之誘因，以逐步推動全面證照化、完備社會工作專業體制；完善落實社工師接受繼續教育相關規範，針對社工督導培訓及在職訓練建立全面性、系統性與層級性的訓練課程；提升社會工作人員勞動條件與專職久任，並確保各領域社會工作人員之執業安全。

(二) **整體估算社工人力需求並合理配置**：因應人口結構變化、新增福利需求及解決目前員額運用限制之困境，將依未來可能需要接受服務人口推估資料、各類服務之需求／問題盛行率、服務使用率及社會工作人員服務比，重新盤點及推估所需人力，持續充實地方政府社工人力及合理配置。

(三) **研修《社會工作師法》**：邀集相關團體與權責機關研商有關《社會工作師法》相關子法檢討修正，以完備法律規定，並健全證照制度。

二、人力需求

本計畫總人力需求合計3,021人，包含「充實地方政府社工人力配置及進用計畫」，補助地方政府從事保護性工作與身心障礙者需求評估（ICF）等人力計876人與現行公益彩券回饋金補助地方政府辦理「家庭福利服務中心」社會工作人員及社工督導201人，以及配合本計畫新增業務而增補的專業人力計1,944人。

三、經費需求

本計畫經費因配合各項人力配置採分年逐步執行，若以全數需求人力3,021人進用完成，再加計本計畫新增業務所需之業務費，則每年所需經費合計26億8,686萬元。

四、配套措施

(一) **規劃人力聘用與專業訓練**：包括規定人力聘用資格、薪資、敘薪制度、社工督導設置基準、培訓與督導制度。

(二) **建置社會安全網個案管理系統**：建立個案與家庭風險預警平臺，並基於以人為本、以家庭為中心的服務模式，將個案資料以人、以家庭為歸戶進行檔案管理，透過分層授權方式進行使用者權限管控。

(三) **辦理輔導考核及研究發展**：透過密集式實地輔導及討論會議，掌握地方政府執行情形及遭遇困難，並適時提供支援，以及建構本土化脈絡的社會安全網知識和理論基礎。

(四) **法規修訂**：研修《兒童及少年福利與權益保障法》、《家庭暴力防治法》、《性侵害犯罪防治法》、兒童及少年高風險家庭服務相關法規、《社會工作師法》、《精神衛生法》、《學生輔導法》，以及檢討現行急難救助規範。

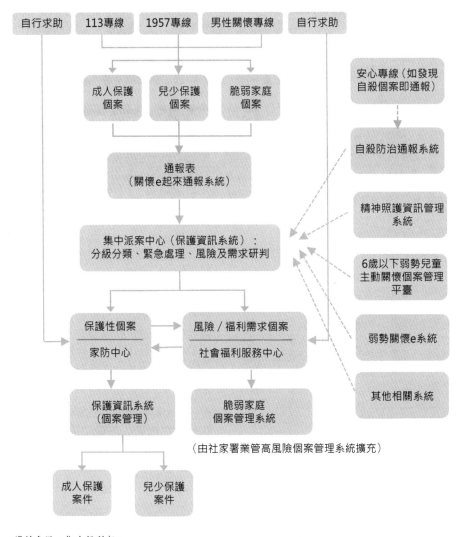

社會安全網個案管理系統架構圖

```
自行求助   113專線   1957專線   男性關懷專線   自行求助

         成人保護    兒少保護    脆弱家庭
         個案        個案        個案

              通報表
         （關懷e起來通報系統）

    集中派案中心（保護資訊系統）：
    分級分類、緊急處理、風險及需求研判

  保護性個案        風險／福利需求個案

    家防中心        社會福利服務中心

  保護資訊系統        脆弱家庭
  （個案管理）        個案管理系統

  成人保護    兒少保護
  案件        案件
```

安心專線（如發現
自殺個案即通報）

自殺防治通報系統

精神照護資訊管理
系統

6歲以下弱勢兒童
主動關懷個案管理
平臺

弱勢關懷e系統

其他相關系統

（由社家署業管高風險個案管理系統擴充）

資料來源：衛生福利部。

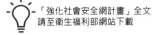

「強化社會安全網計畫」全文
請至衛生福利部網站下載

Unit 8-26
「強化社會安全網計畫」（第二期）之計畫目標與規劃重點

156

　　行政院於2021年7月29日函頒「強化社會安全網計畫」（第二期）（110年至114年），計畫目標與規劃重點，說明如下：

一、計畫目標

　　強化社會安全網第二期計畫，係依第一期計畫執行檢討再強化社會安全網的架構，計畫目標如下：

(一) 強化家庭社區為基石，前端預防更落實
(二) 擴大服務範圍，補強司法心理衛生服務
(三) 優化受理窗口，提升流程效率
(四) 完善服務體系，綿密安全網絡

二、規劃重點

　　「強化社會安全網計畫」不只是社政單位的社會安全網，更是所有網絡單位的社會安全網。在「以家庭為中心、以社區為基礎」的概念下，整合司法、警政、民政、教育、勞政、衛政、社政等網絡，串連中央、地方政府及民間團體、社區組織的力量，藉由增補公私部門各類專業人力，布建社區各項服務資源，綿密公私協力服務；另透過各項垂直、水平的跨體系整合會議，強化各網絡間的合作機制，共同建構完善的社會安全網。

　　在強化社會安全網的架構，包括：補強精神衛生體系，以提升精神疾病之預防與治療，減少精神疾病患者或疑似精神疾病者觸犯刑罰法律；另加強司法心理衛生服務，以利處理精神疾病觸犯刑罰法律後之鑑定與處置，並增設司法精神醫院與病房；此外，亦建置受刑人或受監護處分之精神疾病患者出獄（院）之轉銜機制；俾利銜接社區心理衛生體系，及社會安全網之各種服務體系，以降低再犯率；同時，納入犯罪被害人服務。承前述，本計畫規劃重點如下：

(一) **補強精神衛生體系與社區支持服務：** 透過布建71處社區心理衛生中心、49處精神障礙者協作模式服務據點等措施，提升精神疾病之預防與治療，減少精神疾病患者或疑似精神疾病患者觸犯刑罰法律。

(二) **加強司法心理衛生服務：** 設置1處司法精神醫院及6處司法精神病房，俾執行分級、分流處遇及定期評估執行成效，並建立社區銜接機制，協助精神疾病患者逐步復歸社區。

(三) **強化跨體系、跨專業與公私協力服務：** 整合社衛政與教育、勞政、警政、法務等體系橫向合作，並補助民間團體專業人力辦理各類專精服務方案，提升現行各服務體系效能，綿密跨網絡合作機制。

(四) **持續拓展家庭服務資源與保護服務：** 強化公私協力合作充實及拓展社區親職育兒支持網絡、親職合作夥伴、社區式家事商談、社區療育服務資源及鄰里方案、社區兒少支持服務方案、推廣社區兒少活動、社區身心障礙者支持方案、社區老人支持方案等，以滿足家庭多元需求。

(五) **提升專業傳承與加強執業安全：** 提供社會工作相關科系學生兼職工讀機會，提高畢業生未來投入社工職場工作意願；另於各服務中心設置保全，加強安全防護機制。

　　綜上，本計畫挹注更多資源，俾推動上開重點工作。首先，在經費部分，提高中央補助比率，減輕地方負擔，協助地方政府推展工作，擴充各項服務之資源與量能；其次，在人力方面，除增補社工人員，同時網羅更多專業人員共同合作，如心理師、護理師、職能治療師等；最後，在改善人員勞動條件上，增設資深人員敘薪機制及增聘兼職助理、保全等協助人力，以降低專業人力工作負擔，強化人力進用及專業久任。

社會安全網跨體系網絡

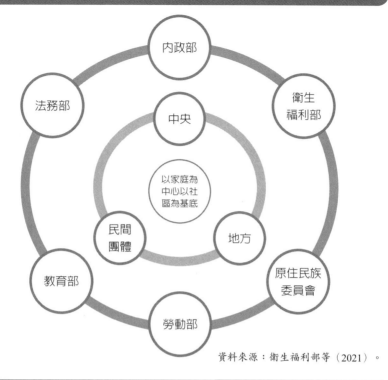

資料來源：衛生福利部等（2021）。

再強化社會安全網架構

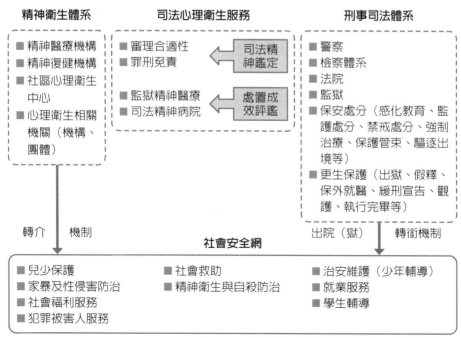

精神衛生體系

■ 精神醫療機構
■ 精神復健機構
■ 社區心理衛生中心
■ 心理衛生相關機關（機構、團體）

司法心理衛生服務

■ 審理合適性
■ 罪刑免責
　　司法精神鑑定

■ 監獄精神醫療
■ 司法精神病院
　　處置成效評鑑

刑事司法體系

■ 警察
■ 檢察體系
■ 法院
■ 監獄
■ 保安處分（感化教育、監護處分、禁戒處分、強制治療、保護管束、驅逐出境等）
■ 更生保護（出獄、假釋、保外就醫、緩刑宣告、觀護、執行完畢等）

轉介　機制

出院（獄）　轉銜機制

社會安全網

■ 兒少保護
■ 家暴及性侵害防治
■ 社會福利服務
■ 犯罪被害人服務

■ 社會救助
■ 精神衛生與自殺防治

■ 治安維護（少年輔導）
■ 就業服務
■ 學生輔導

資料來源：衛生福利部等（2021）。

「強化社會安全網第二期計畫」全文
請至衛生福利部網站下載

Unit 8-27

執行策略一：擴增家庭服務資源，提供可近性服務

強化社會安全網第二期計畫，係依第一期計畫之四大策略，針對各項服務模式尚需持續發展與深化之處，修正策略目標與作為。包括四大策略：

策略一：擴增家庭服務資源，提供可近性服務。

策略二：優化保護服務輸送，提升風險控管。

策略三：強化精神疾病及自殺防治服務精進前端預防及危機處理機制。

策略四：強化部會網絡資源布建，拓展公私協力服務。

本單元分二個單元說明「策略一：擴增家庭服務資源，提供可近性服務」之策略目標、策略作為如下，其餘各策略於後續單元分予說明：

一、策略目標

㈠ 提升社會福利服務中心服務量能，提供專業且可及性的服務。

㈡ 強化以家庭為中心的服務與網絡合作，滿足家庭多元需求。

㈢ 積極協助經濟弱勢家庭脫貧。

㈣ 提供急難紓困家庭即時性經濟支持及多元社會服務。

二、策略作為

（一）因應脆弱家庭需求發展個別化及專精服務

1. 拓展家長育兒支持資源以提供家庭支持及知能成長服務：分析2020年社福中心脆弱家庭問題，以經濟陷困最高占38.02%，其次為兒少發展不利處境占 21.05%。又進一步分析兒少發展不利處境的家庭，其中有58.73%的家庭係因主要照顧者資源或教養能力不足。然而家庭主要照顧者與兒童的互動、教養態度與育兒方式，將影響兒童未來的親密關係建立與人格發展，爰期盼藉由育兒諮詢、育兒指導、提升父母或主要照顧者之親職及技巧等服務，以協助改善主要照顧者教養知能及親子互動關係等問題。

2. 強化社區式家事商談服務以降低家庭關係衝突：父母雙方在關係失和或婚姻觸礁時，往往無法合作教養子女以致衍生衝突，進而影響兒少安全及受照顧品質。為及早協助離異父母妥適處理離婚或分居事宜，尋求雙方皆滿意之衝突解決方式，以共同親職教養子女，將強化社區式（非法院調解）家事商談服務資源，由社福中心結合專業家事商談服務的民間機構及團體，提供個別或聯合諮商／商談、協助安排並陪同子女會面、諮詢輔導、親職教育等服務方案，引導家長以子女利益為依歸，共同協商做出離婚或分居後對未成年子女之生活、教養、居住、探視等安排。

3. 因應發展遲緩兒童家庭需求布建社區療育服務資源：規劃挹注資源輔導地方政府積極布建社區療育服務單位，並配置充足早期療育專業人員，使發展遲緩兒童及其家庭獲得社區化且近便性的相關服務。

4. 布建家庭服務資源以支持家庭多元需求，並引導發展社區少年服務方案：社福中心作為社區第一線服務窗口，需持續培力在地組織發展社福中心欠缺或不足之服務，增強家庭支持資源服務項目之多元性，滿足社區家庭需求。除充實家庭支持服務外，因應少事法修正，針對兒少不適應、偏差行為等議題須更積極結合學校輔導、家庭教育單位及早介入，並強化與警政單位、少輔會與（司）法務單位等網絡之合作，亦須輔導民間團體發展少年相關資源，透過社會支持協助少年適性發展。

強化社會安全網計畫（第二期）：計畫目標與策略目標

計畫目標
（一）強化家庭社區為基石，前端預防更落實
（二）擴大服務範圍，補強司法心理衛生服務
（三）優化受理窗口，提升流程效率
（四）完善服務體系，綿密安全網絡

■ 策略一：擴增家庭服務資源，提供可近性服務
■ 策略目標
1. 提升社會福利服務中心服務量能，提供專業且可及性的服務。
2. 強化以家庭為中心的服務與網絡合作，滿足家庭多元需求。
3. 積極協助經濟弱勢家庭脫貧。
4. 提供急難紓困家庭即時性經濟支持及多元社會服務。

■ 策略二：優化保護服務輸送，提升風險控管
■ 策略目標
1. 初級預防更普及：結合公衛醫療資源，發掘潛在兒虐個案。
2. 完整評估更精準：提升通報準確度及精進風險預警評估機制。
3. 服務內涵更深化：強化以家庭為中心之多元服務與方案。
4. 公私協力更順暢：透過夥伴關係，提升公私協力服務量能。
5. 安置資源更完整：精進及擴充兒少家外安置資源。
6. 整合服務更有效：強化跨網絡一起工作機制。

■ 策略三：強化精神疾病及自殺防治服務，精進前端預防及危機處理機制
■ 策略目標
1. 建構心理衛生三級預防策略，加強前端預防。
2. 社區醫療資源，提升疑似精神病人轉介效能。
3. 補實關懷訪視人力，強化精神病人社區支持服務。
4. 強化家庭暴力及性侵害加害人個案管理，提升處遇計畫執行成效。
5. 布建家庭暴力及性侵害加害人服務資源，整合個案服務資訊。
6. 提升自殺通報個案服務量能，加強網絡人員自殺防治觀念。

■ 策略四：強化部會網絡資源布建，拓展公私協力服務
■ 策略目標
1. 發展跨網絡多元服務資源及公私協力合作服務。
2. 強化社政、衛生、教育、勞政、警政、法務等各體系間的服務連結。
3. 結合司法心理衛生、司法保護，銜接社會安全網服務，防止再犯。

159

資料來源：文字整理自衛生福利部等（2021）；圖作者自繪。

「強化社會安全網計畫」全文請至衛生福利部網站下載

Unit 8-28
執行策略一：擴增家庭服務資源，提供可近性服務（續）

本單元接續說明「策略一：擴增家庭服務資源，提供可近性服務」之策略作為如下：

（二）發展實證基礎的脆弱家庭服務

持續優化脆弱家庭個案管理平台系統功能，運用資訊系統強化對服務品質管理，協助社工可更迅速掌握服務動態，加速於時限內完成訪視評估及服務介入；另透過分析脆弱家庭個案管理資訊系統之家庭服務資料及串接的跨域資料，發展大數據分析及決策輔助工具，分析不同家庭型態、家庭脆弱性、家庭需求之區域分布、比對家庭需求與服務供給落差等，將資料分析結果運用於個案服務及政策決定層面。

（三）從網絡合作推進到扎根社區的關懷互助

1. 發展社福中心系統連結者角色以促進網絡之聯繫與合作：惟涉及跨體系專業人員協同合作，仍存有各體系專業人員對「以家庭為中心」的服務理念不夠理解，進而影響網絡間信任與分工合作，故應加強跨體系人員對於服務理念的認知，並藉由聯合教育訓練建立共識，強化彼此合作默契。

2. 培力兒少及家庭社區支持，引導社區參與並發展因地制宜的關懷與支持服務：目前各地方民間團體服務量能、資源分布及公私協力經驗不一。本計畫針對服務資源缺乏縣市，規劃投入較多服務方案費，強化該區域資源挹注與提升服務量能。從個人、非正式組織到正式組織的共同投入，逐步擴大基層參與，協助脆弱家庭服務與社區建立更良好的連結與合作，以擴展服務量能和延伸社區永續關懷的力量。

3. 主動訪視並連結網絡資源以即時提供服務：身心障礙者對於福利資源運用較不熟悉，針對符合優先訪視指標民眾主動進行家庭訪視。倘有社會安全網其他資源介入之必要性，則能夠及時轉介予相關單位，共同進行服務以擴增家庭服務資源，共同支撐其在社區中穩定生活之基礎。

4. 強化獨居老人社會支持網絡：各地方政府自行或結合民間資源，針對轄內獨居老人進行需求評估，及運用智慧科技與服務，提供關懷、支持或照顧資源轉介等，強化獨居老人自主、社會連結、世代融合與生活安全。

（四）落實脫離貧窮措施，協助服務對象及其家庭積極自立

各地方政府針對轄內低（中低）收入戶，積極結合民間團體及在地資源，落實推動脫貧措施，並連結資源提供相關配套措施，逐年提升低（中低）收入戶、長期失業、未升學未就業、脆弱家庭、家暴被害人、更生人，及其他就業條件相對不利需就業協助者參與脫貧措施涵蓋率。

（五）急難救助紓困方案資訊系統功能精進，落實轉介及關懷

透過精進弱勢e關懷急難紓困系統與關懷e起來系統功能連結介接，鄉（鎮、市、區）公所將已列入現行福利體系個管之案件排除轉介社福中心，減輕社工人員工作負荷，並能提升轉介及追蹤效能，俾發揮社工專業評估，針對家庭問題，整合相關資源，提供協助。

共同親職／共親職（co-parenting）

應用起源　共親職首次被廣泛使用是在1970年代末期和1980年代初期，因為美國家庭在離婚後面臨撫養子女的情形，離婚子女有時會出現嚴重行為問題。

Feinberg等學者提出共親職的四大面向

1

■ **教養共識**（childrearing agreement）
指雙方對孩童教養上的信念價值觀、期望規範、孩童的情感需求、教育標準、安全性的共識程度。

2

■ **勞務分工**（division of labor）
指雙方在育兒和日常家務分工的劃分，以及孩童金錢提供、醫療問題、法定上的責任安排。

3

■ **支持與抵制**（support and undermining）
指雙方能支持、認可對方的教養或是出現抵制、指責的教養行為。

4

■ **家庭聯合管理**（joint family management）
指父母有三種責任，首先要能與對方做好溝通，控管好自我；其次，認清父母的角色，避免利用孩子結盟捲入衝突；另外，即使沒有衝突問題，父母之間的互動也會影響到家庭的平衡程度。

父母之間具備有效的共親職關係，包括雙方有共同的目標，肯定、信任及支持對方的親職經驗，教養子女的行為和雙方的目標是一致的，以及共享育兒地點。

Unit 8-29
策略二：優化保護服務輸送，提升風險控管

茲分三個單元說明「策略二：優化保護服務輸送，提升風險控管」之策略目標、策略作為如下：

一、策略目標

㈠ **初級預防更普及**：結合公衛醫療資源，發掘潛在兒虐個案。

㈡ **完整評估更精準**：提升通報準確度及精進風險預警評估機制。

㈢ **服務內涵更深化**：強化以家庭為中心之多元服務與方案。

㈣ **公私協力更順暢**：透過夥伴關係，提升公私協力服務量能。

㈤ **安置資源更完整**：精進及擴充兒少家外安置資源。

㈥ **整合服務更有效**：強化跨網絡一起工作機制。

二、策略作為

（一）**結合公衛醫療資源，發掘潛在兒虐個案**

1. 加強發展兒少保護區域醫療整合中心、兒保醫療小組及基層醫療院所等3層級兒保醫療服務體系。

2. 強化兒少保護區域醫療整合中心之角色功能，提升各級醫院對於兒少保護醫療及兒虐防治之知能。

3. 規劃建立醫事人員之兒保醫療諮詢平臺，發展醫事人員兒虐個案篩檢表，結合兒少保護醫療教育訓練，以提升基層醫療院所之兒保處遇知能。

4. 規劃2021-2024年建立未滿3歲幼兒專責照護醫師制度。

5. 建立更有效益之兒童死因回溯分析模式，歸納出可降低兒童死亡之介入重點，並提供預防策略和行動方案之擬訂參考。

6. 為利幼兒專責醫師及高風險孕產婦（兒）關懷訪視員及時發現並轉介，及早提供兒少保個案及其家庭相關協助，衛福部規劃於集中派案窗口之更前端階段，建立並落實上述專責醫師制度及關懷追蹤服務之轉介流程與機制（詳右頁說明），綿密通報轉介網絡。

（二）**提升通報準確度及精進風險預警評估機制**

1. 持續強化兒少及家暴各防治網絡人員相關通報及評估知能，提升責任通報人員之通報準確度與有效性。

2. 規劃於老人保護風險系統導入量化數據，輔助社工人員掌握老人保護個案的風險程度並提升敏感度，及時提供服務介入及保護措施。

3. 規劃於兒少保護案件受理通報階段導入AI人工智慧學習技術，透過分析過往兒少保護及脆弱家庭案件評估派案結果、調查評估結果、是否再通報等，發掘影響案件風險程度的風險因子，並發展評估派案決策輔助模型，供社工人員參考，提高評估派案件之精準度，以利案件有效分流保護體系、脆弱家庭或其他服務方案。

4. 重新檢視衛福部前發展之親密關係暴力危險評估表內容及適用性，並研議調整題項之必要性，辨識危險、風險、危機的差異，俾協助第一線人員判斷案件風險之精準度。

5. 針對非親密關係類型之家庭暴力案件建立有效評估量表，俾協助社工人員因應增加之非親密關係家庭暴力類型案件。

163

幼兒專責醫師及高風險孕產婦轉介流程圖

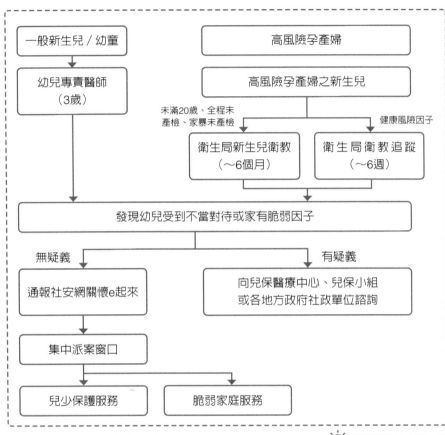

資料來源：衛生福利部等（2021）。

「強化社會安全網第二期計畫」全文
請至衛生福利部網站下載

24小時內通報制度

- **《兒童及少年福利與權益保障法》第53條**
  醫事人員、社會工作人員、教育人員、保育人員、教保服務人員、警察、司法人員、移民業務人員、戶政人員、村（里）幹事及其他執行兒童及少年福利業務人員，於執行業務時知悉兒童及少年有應報告情形之一者，應立即向直轄市、縣（市）主管機關通報，至遲不得超過二十四小時。

- **《家庭暴力防治法》第50條**
  醫事人員、社會工作人員、教育人員、保育人員、警察人員、移民業務人員及其他執行家庭暴力防治人員，在執行職務時知有疑似家庭暴力，應立即通報當地主管機關，至遲不得逾二十四小時。

Unit 8-30
策略二：優化保護服務輸送，提升風險控管（續1）

本單元接續說明「策略二：優化保護服務輸送，提升風險控管」之作為如下：

(三) 強化以家庭為中心之多元服務與發展

1. 考量親密關係暴力類型多元，依加害人及被害人特性，大致可分為情境式暴力（situational couple violence）、親密恐怖主義（intimate terrorism）、對暴力的反擊（violent resistance）及相互控制的暴力（mutual violent control）等四種類型，與權控型暴力多半為男性用暴力控制女性之樣態不同，有必要針對上開所述情境式暴力類型，發展以家庭為中心之介入方式，同時協助被害人及加害人，才能真正讓暴力問題獲得改善。

2. 在家庭暴力通報事件中，直系血親卑親屬虐待尊親屬之案件約占一成多，此類案件之家庭動力錯綜複雜，親子關係既緊密又衝突，常涉及照顧、藥酒癮、精神疾病等議題，考量此類家庭問題複雜多元，且加害人為未成年者之比率有增加趨勢，爰應發展以家庭為中心之評估及介入模式，強化社工人員家庭動力分析及家庭協談之專業知能，俾有效協助家庭成員解決暴力議題。

3. 為降低兒童期的負面經驗，如身體或精神暴力、性侵害、疏忽、缺乏關愛、失親、目睹暴力、家人有藥酒癮／憂鬱症／精神疾病／入獄等，對成年身心健康的影響，衛福部規劃透過教育訓練、工作坊、個案研討會等方式，強化各防治網絡專業人員理解兒童早期負向經驗對個人及家庭的影

響，增進專業人員評估與處置能力，提升服務效能。

4. 為有效因應不同復原階段被害人及其目睹暴力子女之多元服務需求，衛福部規劃透過公私協力機制，發展布建各種案件類型不同服務模式與方案，及專精深化的中長期服務，如：非權控型親密關係暴力服務方案、家庭關係協談方案、未成年相對人服務方案、擴展一站式服務及目睹暴力兒少服務量能、中長期庇護家園及自立住宅等；另針對多元文化家暴被害人及其家庭，如年輕被害人、原住民、新移民、多元性別、男性、老人、身心障礙者等，發展具多元文化敏感度的服務。

5. 有鑑於兒少案件通報在單次或短時間介入評估後，若未持續追蹤家庭情形，實難以預期家庭變動的風險或辨識家庭潛在的議題，爰為擴大對兒少通報個案及其家庭之服務量能，規劃結合社區組織或半專業人士辦理兒少家庭追蹤訪視及關懷服務，以社區在地力量就近提供家庭關懷及訪視服務；如發現兒少有受到不當對待或其家庭脆弱性不斷升高，並聯繫、通報、轉介各地方政府相關單位，綿密服務網絡。

6. 依兒少保護案件類型規劃發展多元化的差別服務及處遇方案，如6歲以下兒少保個案早期親職服務、因管教引發親子衝突的親職服務、親子協談、家庭關係修復、施虐父母及受虐兒少發展創傷輔導、跨代／多代創傷復原、外展親職示範、喘息服務、逆境少年服務等方案。

Johnson提出的四種類型的親密暴力

01

親密恐怖主義
（intimate terrorism）

是多數人印象中的親密暴力樣態，在異性戀關係中，男性對戀性施以權力控制的暴力型態，也是多數女性主義理論所論述的親密暴力本質樣貌。

02

以暴制暴／對暴力的反擊
（violent resistance）

通常發生於受暴一方為反抗對方的暴力與控制舉動而採取的暴力行為，其目的是在反制而非控制。例如：當對方展現親密恐怖主義的暴力行為時，另一方為反制而採取的暴力行動。

03

情境式伴侶偶暴力／情境式暴力
（situational couple violence）

主要由情境誘發，當雙方關係緊張、情緒高張時，其中一方選擇以暴力行為因應，此類暴力雖有時看似符合親密恐怖主義的特性，但暴力使用的動機因情境脈絡有所不同，與親密恐怖主義的區別在於，雙方並無權力控制的互動關係，使用暴力行為並非為了掌控對方。

04

相互暴力控制／相互控制的暴力
（mutual violent control）

出現在少數案例中，當雙方的行為都含有暴力與控制本質，而皆符合親密恐怖主義的特徵，便是相互的暴力控制類型；通常這類親密暴力演變自一方選擇用以暴制暴的方式因應對方的親密恐怖主義暴力行為；或是在情境對偶暴力中，雙方皆採用暴力方式處理情緒與關係的緊張狀態。

權力與控制型暴力／權控型暴力

■ 權力與控制型暴力，係指長期受到親密伴侶在生活細節上嚴密權力控制的受害者，其不一定有明顯的肢體暴力與致命的立即危險。這樣的權控模式不只是平面的循環，而是像漩渦一樣立體流動的，有股力量把受害者向內捲得更深，使受害者更無助，失去自信、失去希望。

■ 常見的權力濫用範圍與控制手段包括：經濟剝奪、使用男性特權、利用孩子、孤立、情緒虐待、淡化與否認暴力、羞辱及恐嚇威脅等。受到影響層面不僅在伴侶關係，也反映在受暴者的支持系統與子女關係上。

165

Unit 8-31
策略二：優化保護服務輸送，提升風險控管（續2）

圖解社會政策與社會立法

166

本單元接續說明「策略二：優化保護服務輸送，提升風險控管」之作爲如下：

（四）透過夥伴關係，提升公私協力服務量能

考量公私協力持續與落實，除了人員的理念與專業訓練、經費的充足穩定，及民間團體財務的健全與專業自主等基本要素之外，地方政府對於轄內被害人需求的掌握、服務資源的盤點與開拓，及扶植民間團體提供在地服務等亦十分重要。因此，各地方政府應與民間團體建立協同合作的夥伴關係，共同針對服務區域、個案量、方案服務內容、服務輸送規劃等建立共識，並且加強各項服務間的橫向連結，才能讓民間團體發展專精深化的中長期服務，並具加成效益。

（五）布建與發展性侵害創傷復原服務

爲利性侵害被害人之性創傷復原，並考量被害人之創傷反應與復原歷程，規劃結合民間團體辦理性侵害創傷復原服務，透過建置性侵害被害人或其重要他人專屬資源網站、提供多元創傷復原服務、深化性侵害個案創傷復原服務專業知能、辦理教育宣導與倡議活動、建構創傷復原服務相關評估輔助工具等，期增進早年性侵害被害人之創傷復原，並培力專業人員提升相關知能，另強化社會大眾有關性侵害之正確教育宣導。

（六）精進及擴充兒少家外安置資源

1. 規劃照顧分級補助機制及發展適切照顧資源：隨著社會經濟與家庭人口結構的急遽變化，家外安置兒少需求多元且問題複雜又特殊，需高度專業與客制化的照顧資源。爰此，未來將透過跨專業團隊評估，依兒少特殊需求建置照顧分級機制，提供家外安置照顧者及服務單位照顧加給補助，並辦理特殊需求或身心障礙兒少照顧支援計畫，引進並發展適切專業照顧資源，提升家外安置照顧者相關照顧知能，減少是類兒少轉換安置。另針對收容特殊需求兒少之安置機構，補足其專業服務費，提升其服務量能。

2. 優化兒少家外安置專業服務：爲發展專業化及精緻化家外安置服務，符合不同服務對象需求，鼓勵設置多元性團體家庭，提供個別化專業服務。此外，規劃發展短期住宿治療服務，針對具有嚴重心理健康或行爲議題之安置兒少，提供個別化照顧或密集性介入，以穩定兒少身心狀態。另鼓勵住宿式機構營造像家庭及小規模照顧環境。

3. 培育安置兒少自立能力，並擴充結束安置後之自立服務資源：爲強化安置機構兒少自立生活之準備服務，補助安置機構設置兒少離院前的自立轉銜宿舍，另針對結束安置返家少年，連結資源提供家庭支持性或補充性服務，維持其返家後的穩定性；針對無法返家之少年，則提供房租、押金、生活費、學雜費及職業訓練等自立生活適應協助，並陪同及轉介少年求職與就業，協助少年在社區中成長與發展。

（七）強化跨網絡一起工作機制

各地方網絡人員相關操作經驗尚須累積，爰除規劃定期召開會議檢討執行情形外，並辦理社工人員及網絡人員教育訓練、縣市案例分享以及實地督導等，俾有效發揮兒少保護跨網絡合作效能。

01
親屬安置

- 親屬安置是一種將兒少安置於適當之親屬家庭，以接受照顧、養育及保護之服務，實務上也稱「親屬寄養」。
- 家庭為兒少最佳成長的環境，藉由以家庭為中心的安置模式，較能符合兒少的情感及發展需求，親屬安置重視兒少、親屬及原生家庭三方互動的機會，安置於親屬家庭，與原生家庭互動的機會明顯較高，有助於未來返家或是返家後的照顧銜接。

02
寄養家庭

- 在聯合國兒童替代性照顧準則中提到，寄養為主管當局為替代性照料的目的，而將兒童安置在另一個家庭環境（非兒童自身家庭）的情況，所選家庭有資格提供此類照料，業經核准並受到監督。故寄養安置服務即是讓兒童少年暫時離開原生家庭，由合格並接受專業教育訓練的寄養家庭提供日常生活照顧。
- 國際寄養研究指出寄養家庭是培育兒童歸屬感及正向認知之重要場所，因為是以家庭式照顧，主要意義為讓弱勢兒童及少年獲得家庭溫暖、求取生活上的保障，在社會行為及情緒上獲得正常發展。

03
機構安置

- 機構安置照顧是弱勢兒童與少年保護的最後一道防線。機構安置為一種團體生活的安排，當兒童少年原生家庭遭受到變故，而無法繼續提供照顧時，機構提供一個二十四小時安全以及穩定的照顧。
- 機構式照顧的主要目的是提供兒童及少年暫時性的替代照顧，待家庭功能恢復時，能重返原生家庭，或協助無法返家的兒童及少年能夠自立生活。

04
團體家庭

- 團體家庭是以社區為基礎，提供臨時且短暫的、安全的、較少限制性的，具結構性環境的住宿場所。團體家庭屬於中型規模的家庭，同一家戶居住之少年約有6至9位。
- 團體家庭提供之服務兼具預防性與治療處遇性功能，其服務內容為提供安置兒童及少年生活、教育、發展、獨立等全方位服務。以社區為基礎的團體家庭設計，能提供安置少年一個不同於機構式安置的選擇。團體家庭一方面避免傳統大型安置機構無法照顧這些特殊需求兒童少年問題之困境，另一方面，亦解決寄養家庭在照顧高難度個案之無力與壓力。

Unit 8-32

策略三：強化精神疾病及自殺防治服務，精進前端預防及危機處理機制

茲分二個單元說明「策略三：強化精神疾病及自殺防治服務，精進前端預防及危機處理機制」之策略目標、策略作為如下：

一、策略目標

(一) 建構心理衛生三級預防策略，加強前端預防。

(二) 結合社區醫療資源，提升疑似精神病人轉介效能。

(三) 補實關懷訪視人力，強化精神病人社區支持服務。

(四) 強化家庭暴力及性侵害加害人個案管理，提升處遇計畫執行成效。

(五) 布建家庭暴力及性侵害加害人服務資源，整合個案服務資訊。

(六) 提升自殺通報個案服務量能，加強網絡人員自殺防治觀念。

二、策略作為

(一) 建構心理衛生三級預防策略，加強前端預防

結合公共衛生三段五級及兒少保護、家庭暴力三級預防概念，建構多元議題個案三階段預防策略（如右頁圖：「社區精神病人照護網」），包含：

1. 初級預防：布建多元社區服務資源，提升心理衛生服務可近性，促進社區民眾心理健康，減少影響社區心理健康的風險因子。

依各縣市人口數，補助各地方政府逐年布建社區心理衛生中心據點及充實心理衛生健康促進服務人力，提升社區民眾利用心理衛生資源之可近性。個案管理組負責精神病人與自殺通報個案之管理服務，就近訪視責任區域個案；必要時提供社區精神病人突發事件緊急處置服務，連結醫療資源，以強化心理衛生服務成效。

2. 次級預防：化被動為主動，擴大心衛社工服務範圍，及早介入關懷暴力高風險個案，預防保護性案件發生。

第一期計畫心衛社工服務對象為兒少保護、家庭暴力及性侵害事件加害人合併有精神疾病者，是類服務對象均係已發生暴力行為之個案。為加強前端預防，透過系統分析，找出其暴力行為之危險因子及預測模式，針對系統中尚未發生暴力事件之高風險個案主動提供服務。考量精神疾病合併自殺通報個案雖尚未發生保護性案件，惟依前開研究結果其暴力風險相較為高，應採前端預防之方式，將精神病人合併自殺企圖者納入心衛社工服務對象，減少再自殺風險；並期藉由提供以家庭為中心之服務，有效降低個案暴力風險，預防暴力事件發生。

3. 三級預防：持續深化多重議題個案服務模式，強化與保護性社工合作，預防暴力事件惡化與再發生。

針對保護性案件施暴者合併精神疾病或自殺企圖之個案，第一期計畫業已訂定社政、衛政共案合作機制。被害人經保護性社工評估受暴危險降低而結案後，心衛社工仍將持續提供相對人個案關懷服務及多元需求評估與處遇；且為強化網絡單位合作，心衛社工除定期參與家庭暴力安全網平台會議，更應視個案及家庭之需要，與網絡單位合作，訂定整合型家庭服務計畫，如有必要可安排與網絡單位成員共訪，藉由整合、串聯網絡服務資源，滿足個案及家庭之多元需求、促進個案生活適應，以降低暴力風險，達到預防再犯之目的。於社區訪視過程認有必要者，得向警察機關要求陪同訪視或提供安全協助事宜，以預防再犯。

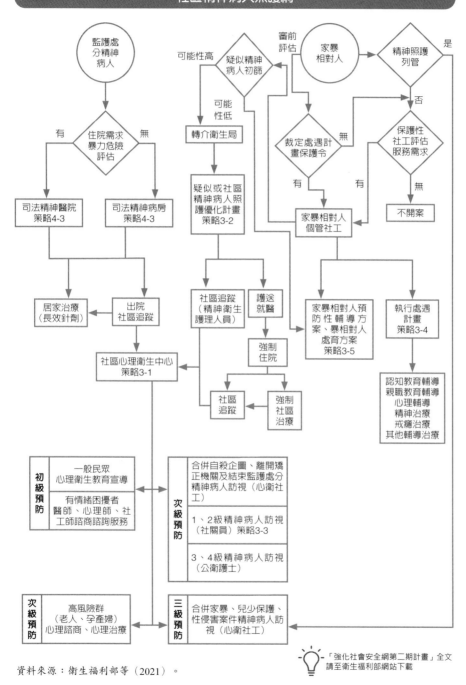

社區精神病人照護網

169

「強化社會安全網第二期計畫」全文
請至衛生福利部網站下載

資料來源：衛生福利部等（2021）。

Unit **8-33**
策略三：強化精神疾病及自殺防治服務，精進前端預防及危機處理機制（續）

本單元接續說明「策略三：強化精神疾病及自殺防治服務，精進前端預防及危機處理機制」之策略作為如下：

（二）結合社區醫療資源，提升疑似精神病人轉介效能

1. 訂定疑似精神病人初篩工具及轉介機制，提升轉介準確率。
2. 結合社區醫療資源，提供精神病人醫療外展服務。
3. 成立危機處理團隊：為提升警察及醫護人員處理社區危機事件，擬參照美國國家精神健康聯盟所推動危機介入小組（Crisis Intervention Team, CIT）計畫，透過精神醫療團隊，並與個案家屬及其他相關單位人員密切配合，以處理社區精神醫療危機事件。
4. 增修家庭暴力相對人疑似精神疾病服務分流指引，納入疑似精神病人轉介機制：針對保護性案件之家庭暴力相對人或兒少施虐者，若疑似為精神病人，經社政單位初篩評估達轉介條件時，轉介單須檢附該之保護性案件通報表、受案評估摘要或兒少調查報告等相關資料，以作為地方政府衛生局派案社區精神醫療機構精神衛生護理人員訪視及後續服務之參考（詳右頁圖：「家庭暴力相對人疑似精神疾病服務分流指引」）。

（三）補實關懷訪視人力，強化精神病人社區支持服務

1. 逐年充實精神病人社區關懷訪視人力：為達精神疾病1、2級個案之案量負荷比1：30之目標，將分年逐步補實關懷訪視員及督導人力，並建立關懷訪視督導制度。

2. 強化跨部門資源連結，提供完整及連續之社區支持服務：為增加社區支持服務資源，應結合跨部門資源，以利其穩定生活在社區中；及提供精神病人自主生活多元服務方案，協助復歸社區。

（四）強化家庭暴力及性侵害加害人個案管理，提升處遇計畫執行成效

1. 補助個管社工人力，提升處遇計畫執行率：因應加害人處遇執行人數逐年增加，本計畫將依據各地方政府所列管之加害人處遇案量，補助個管社工人力及處遇業務經費。
2. 推動多重議題培訓課程，提升社區處遇及個案管理品質：有鑒於加害人處遇計畫執行人數持續增加，裁定法源及加害人類型漸多樣化，辦理評估小組共識會議及跨網絡處遇業務人員共識營或工作坊，以提升加害人社區處遇及個案管理品質。

（五）布建家庭暴力及性侵害加害人服務資源，整合個案服務資訊

1. 輔導地方政府布建資源，落實個案轉介及後追工作。
2. 持續優化資訊系統，促進資訊整合及提升服務效能。

（六）提升自殺通報個案服務量能，加強網絡人員自殺防治觀念

將訂定合理之訪視案量比，補實自殺關懷訪視人力，逐年降低自殺關懷訪視員案量比，以提升訪視品質；另同步發展自殺介入技巧訓練課程，建立自殺關懷訪視員教育訓練及督導制度，期有效降低個案再自殺風險。

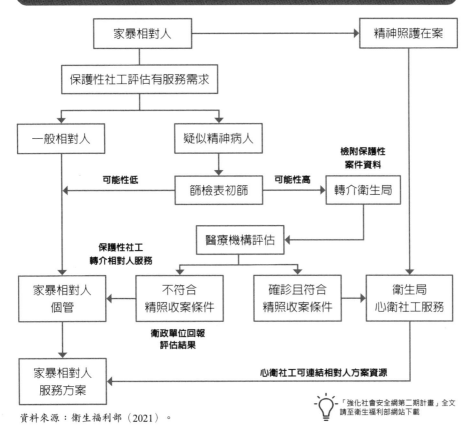

家庭暴力相對人疑似精神疾病服務分流指引

```
家暴相對人 ──────────────────→ 精神照護在案
    │
    ↓
保護性社工評估有服務需求
    │
    ├──────────────┐
    ↓              ↓
一般相對人     疑似精神病人
    │              │          檢附保護性
    │              │          案件資料
  可能性低    ┌────────┐  可能性高
    ←─────── │篩檢表初篩│ ───────→ 轉介衛生局
             └────────┘
                  │
                  ↓
            醫療機構評估 ←──────────────┐
                  │                      │
保護性社工    ┌───┴────┐                │
轉介相對人服務 ↓        ↓                ↓
    ┌──────┐ 不符合    確診且符合      衛生局
家暴相對人 │ 精照收案條件  精照收案條件  心衛社工服務
  個管   │←                    ──→
    └──────┘    衛政單位回報
    │            評估結果
    ↓                         心衛社工可連結相對人方案資源
家暴相對人 ←──────────────────────────┘
  服務方案
```

資料來源：衛生福利部（2021）。

「強化社會安全網第二期計畫」全文請至衛生福利部網站下載

美國國家精神健康聯盟的危機介入小組（Crisis Intervention Team, CIT）計畫

■ 危機處理小組是一個以社區為基礎、強化警方處理心理衛生危機的方案。此方案整合警察、執法機構、精神健康醫療機構與專業臨床人員、精神疾病患者與其家屬、社區以及其他相關支援單位，共同強化社區對心理衛生危機事件之因應。

■ 危機處理小組中最核心的組成是警察，但CIT模式不單是一個執法方案，其主旨是將精神健康醫療機構與專業人員、心理衛生倡導者以及相關人員都納入整個心理衛生危機處理系統，而不再只是由執法單位單方面在第一線處理心理衛生危機事件。

■ 在CIT模式的框架中，警察主要是提供支援的角色，而社區則被賦予核心位置，意即此模式強調患者應在社區內使用社區的治療資源或服務，而非進入司法體系，並強調精神健康醫療專業人員、精神疾病患者家屬支持系統的重要。受到心理衛生危機事件處理影響最大的，往往是精神疾病患者本身及其家屬，因此透過了解病患與其家屬的回饋與意見，能使方案更臻成熟，使整個架構更完整。

Unit **8-34**

策略四：強化部會網絡資源布建，拓展公私協力服務

茲分二個單元說明「策略四：強化部會網絡資源布建，拓展公私協力服務」之策略目標、策略作為如下：

一、策略目標

(一) 發展跨網絡多元服務資源及公私協力合作服務。

(二) 強化社政、衛生、教育、勞政、警政、法務等各體間的服務連結。

(三) 結合司法心理衛生、司法保護，銜接社會安全網服務，防止再犯。

二、策略作為

（一）落實垂直／水平分層級協調機制

1. 持續運作溝通會議並推動公私合作平臺，提升會議效能與落實分工。

2. 辦理跨網絡共識營與分享會，凝聚共識與合作。

（二）強化藥癮個案管理服務網絡合作與服務效能

1. 充實藥癮個案管理人力，建立專業久任制度：逐年增補地方政府毒品危害防制中心藥癮個案管理人力至案量比降至1：30，以提升藥癮個案管理服務質能；建立個案管理人員培訓制度。

2. 精進藥癮個案管理服務模式，促進個案復歸社會：精進特色服務方案，並研訂藥癮個案管理服務工作手冊，滾動調整個案管理服務模式，及建立個案管理服務品質評核機制，深化服務品質。

3. 完善藥癮個案管理資訊系統，強化網絡合作效能：整合及強化現有案件管理系統、專線系統及決策支援系統等系統功能與效能，並強化藥癮個案跨網絡資料之介接及資訊共享，以累積服務實證資料。

（三）強化教育體系與跨部會體系之服務連結

1. 建立三級輔導體制，整合學生輔導工作與輔導人力運用：建立三級輔導機制，使學生得到完善服務，並強化學生輔導諮商中心統籌調派功能，提升服務效能，完善跨網絡系統合作。

2. 中輟、中離及目睹家庭暴力兒少就學權益及輔導：掌握學生狀況並結合跨部會資源，即時追蹤、輔導；開設相關高關懷課程，並提供資源與協助。

3. 銜接少事法修正，連結跨部門服務，預防與輔導學生偏差行為：學校應依各該學生行為特質與協助需要，訂定相關輔導計畫，結合資源，及必要時應連結相關機關（構）協助處理。

4. 國中畢業未升學未就業青少年的關懷扶助：辦理地方分區工作輔導會議暨輔導人員培訓課程，促進區域間合作，分享相關輔導經驗。

5. 重視學生的生活適應、心理健康及情緒管理：強化學生自我傷害事件的危機處置機制與流程，精進三級預防工作，降低校園學生自我傷害事件發生。

6. 強化校園與社區心理衛生體系連結：建立校園疑似精神病人通報後之追蹤、輔導及訪視之合作管道，衛生單位依學校需求連結相關資源並提供服務。

7. 推動校園性別（侵害）事件防治教育，提升教職員工生專業知能：辦理校園性別事件通報知能宣導與研習，提升學校人員對於校園性別事件之通報知能。

8. 學生懷孕受教權維護及輔導協助：統整及協調學校各單位相關資源，以完善校內學生懷孕受教權維護及輔導協助機制。

9. 提升家庭教育專業服務人力及專業知能：強化家庭教育中心之網絡資源聯繫功能，協助與社區、學校需求媒合及協作，落實發揮家庭教育預防功能。

10. 增進民眾有關親職教育等各類家庭教育知能：增進民眾學習親職教養、經營家人關係與家庭生活等知能。

11. 加強家庭教育之跨網絡整合銜接：脆弱家庭經社福中心評估有家庭教育需求者連結或轉介至教育系統，協助避免家庭脆弱風險惡化，提供支持性及預防性服務。

學校之三級輔導內容

發展性輔導
針對全校學生，訂定學校輔導工作計畫，實施生活輔導、學習輔導及生涯輔導相關措施，以促進學生心理健康、社會適應及適性發展。

介入性輔導
針對經前款發展性輔導仍無法有效滿足其需求，或適應欠佳、重複發生問題行為，或遭受重大創傷經驗等學生，依其個別化需求訂定輔導方案或計畫，以提供諮詢、個別諮商及小團體輔導等措施，並提供評估轉介機制，進行個案管理及輔導。

處遇性輔導
針對經前款介入性輔導仍無法有效協助，或嚴重適應困難、行為偏差，或重大違規行為等學生，配合學生特殊需求，引進心理治療、社會工作、家庭輔導、職能治療、司法介入、精神醫療等各類專業服務。

目睹暴力兒童

■「目睹暴力兒童」簡稱「目睹兒」，是指兒童及少年雖然未受到家庭暴力的傷害，但卻間接目睹了家庭暴力的狀況。

■兒童目睹暴力常見的三種狀況：
1. 第一現場看見：他們現場目睹家人（受虐者）受到言語暴力、肢體暴力或性傷害。
2. 緊鄰現場聽見：在緊鄰的房間或黑暗中聽到家人的吵架聲或打鬥聲。
3. 事後觀察發現：事件發生後看見家人（受虐者）身上的傷痕，傷心、哭泣的表情或家中毀壞的物品。

Unit 8-35

策略四：強化部會網絡資源布建，拓展公私協力服務（續）

本單元接續說明「策略四：強化部會網絡資源布建，拓展公私協力服務」之策略作爲如下：

（四）強化勞政網絡合作機制，提升弱勢族群及青少年就業服務效能

1. 促進弱勢族群重返職場
   (1) 提供一案到底個別化就業服務。
   (2) 銜接各體系轉介病情穩定且具就業需求之精神障礙者，提供多元就業服務措施。
   (3) 推動身心障礙者就業轉銜服務，建立職業重建服務體系。
   (4) 參與各部會聯繫會議，強化網絡連結。
   (5) 結合民間單位，提供特定對象及弱勢者就業支持服務。

2. 推動多元類別就業導向之失業者訓練
   (1) 辦理失業者職業訓練。
   (2) 強化與各地方政府合作。
   (3) 連結矯正機關資源，協助收容人就業準備。

3. 協助青年就業相關措施
   (1) 積極推動「投資青年就業方案」。
   (2) 定期召開會議整合跨部會資源。
   (3) 宣導職涯輔導及協助就業資訊。
   (4) 針對即將畢業、有就業意向及願意接受就業服務青年，主動提供就業服務資源。
   (5) 提供青年職涯輔導服務。

（五）強化少年輔導工作跨網絡連結

1. 增加專業輔導人力：專業輔導人力將有助於深入輔導工作，培養社區預防少年偏差行爲能力，解決社區問題，推動少年犯罪防制工作。

2. 曝險少年行政輔導先行制度，由少輔會負責整合相關網絡資源並提供輔導服務：新修正公布之少事法，以曝險行爲概念取代虞犯行爲，並自2023年7月1日起由少輔會結合福利、教育、心理、醫療等各網絡資源，施以適當期間之輔導，如評估確有必要，再請求少年法院處理，即以「行政輔導先行，以司法爲後盾」的原則，協助曝險少年復歸正軌生活，不受危險環境傷害，以保障其健全之成長與發展。

3. 研訂少年輔導委員會之設置及實施辦法草案（暫名）。

4. 訂定少年偏差行爲預防及輔導辦法並分工執行。

（六）強化法務體系與其他服務體系之銜接

1. 推動以司法保護爲手段的再犯預防處遇措施
   (1) 危機家庭成員之家庭暴力事件受保護管束加害人的監督輔導機制。
   (2) 家庭重要成員入監（矯正機關收容人）之高風險家庭援助關懷方案。
   (3) 推動酒駕防制之司法與醫療合作處遇模式。

2. 兼顧加害人再犯預防與被害人復歸社會的服務連結
   (1) 弱勢更生人生活重建就業協助。
   (2) 強化犯罪被害人保護策略。

3. 建構司法精神醫療體系
   (1) 健全司法精神鑑定制度。
   (2) 建立監護處分個案評估及分級、分流處遇機制。
   (3) 設置司法精神醫院。
   (4) 加強社區銜接及建立社區監控機制。
   (5) 強化矯正機關精神醫療照護。

曝險少年

2019年修訂《少年事件處理法》，在虞犯少年部分的重大變革

用語變革	從「虞犯少年」改為「曝險少年」。主要在於翻轉虞犯印記，即對於有觸法之虞的少年，不再以「虞犯」稱之，而將之視為是「曝險少年」，認為他們可能暴露於危險中，是需要被協助的一群。以「曝險」取代「虞犯」，曝險的觀點，更加貼近少年的處境，期許在少年有違法行為的可能之前，能及早介入、導正其行為，以確保少年健全發展之福祉。
內容變革	縮減司法介入事由，將原本七項虞犯事由縮減至三項（無正當理由經常攜帶危險器械；有施用毒品或迷幻物品之行為而尚未觸犯刑罰法律；有預備犯罪或犯罪未遂而為法所不罰之行為）。
執行變革	建置曝險少年行政輔導先行機制，對於曝險少年於修法四年後，即2023年7月1日起施行。屆時曝險少年將由縣市政府所屬跨局處的少年輔導委員會，先行結合相關資源，對少年施以適當期間之輔導，如評估有必要，亦可請求少年法院處理，若行政輔導有效，即毋庸再以司法介入，此即落實「行政輔導先行，以司法為後盾」之精神。

轉向處分

- 係指對於微罪少年減少進入司法處遇，而轉由其他單位做適當處理，避免觸犯微罪的少年進入司法程序，以減少對少年造成標籤的可能性。
- 我國的轉向處分，類似美國少年司法中「以法院為基礎的轉向」，對非行情節輕微、無需司法介入保護之少年，經法院調查後裁定不付審理並轉介處分，乃為避免少年過早進入司法體系。

第 **9** 章

社會保險政策

• • • • • • • • • • • • • • • • • 章節體系架構 ▼

Unit 9-1
社會保險的原則

在社會安全制度中，社會保險、社會津貼、社會救助是三大支柱。社會保險是政府所主辦，藉由強制多數人口的投保行為，以分攤可能發生之生活風險，保障被保險人之經濟生活與身心健康，並具有所得重分配功能之非營利性的社會安全制度。意即，政府要求符合其設定條件之國民，必須加入社會保險制度；被保險人需定期繳交保費，且當其遭遇風險事故時，社會保險制度即可提供所需之給付。社會保險是世界各國推行社福政策，保障國民經濟安全時，經常使用的方式。社會保險保障的種類，依各種社會保險制度所設立之目的而有所不同，通常包括老年、死亡、疾病、傷害、生育、失業、照顧等。

社會保險不同於商業保險，社會保險的原則（性質），經參考相關文獻資料（柯木興，1995；周怡君，2009；林勝義，2018；林萬億，2022），並補充相關說明，綜整如下：

1. 強制納保原則：社會保險最重的原則，就是符合保障標的的人口群，必須強制納保，不得主張不納保。強制納保可使得大數法則發揮效益，達到風險分攤的效果。例如：我國《全民健康保險法》第8條規定，凡具有中華民國國籍，或已在臺灣地區設有戶籍者，符合納保規定者，均須強制參加全民健保。

2. 假定需求原則：假定需求是假定人們會因為某種事故或風險發生而有被補償的需求。社會保險即在於透過風險分攤，將個人的假定需求經由法律規範轉變為給付的法定權利。例如：我國的全民健保，假定需求即是每個人都有可能有疾病就醫的需求。

3. 給付社會適足原則：社會保險的給付，通常以滿足社會可以接受的保障與服務需求為原則。例如：全民健保針對白內障患者給付人工水晶體，符合適足原則，但如果被保險人要求採用健保給付以外的更高規格產品，則須自負差額。

4. 給付與所得不必然相關原則：社會保險的險給付不一定隨著保險費的多寡而呈現正相關。例如：勞保老年給付與投保薪資金額呈現正相關；但高薪所得者繳交的健保費，高於領基本工資的勞工，但其所接受的全民健保醫療給付，則完全相同，即為不必然相關原則。

5. 給付權利原則：社會保險不需經過資產調查，只要事故發生即擁有給付權。這個給付權屬於「賺得的權利」（earned right）。社會保險繳交保費是義務，但獲得給付是權利。

6. 自給自足原則：社會保險的財源是來自於保險費的收入，且維持自給自足。但保費多為勞、資、政共同分攤。例如：我國的全民健保、勞工保險。

7. 基金提存非完全準備原則：社會保險以不完全提存準備為原則，長期性的社會保險多採部分提存。

社會保險的起源

德國俾斯麥宰相（Otto Von Bismarck）於1883年6月15日制定的《勞工疾病保險法》所實施的疾病保險制度（1884年12月1日開始實施），被視為世界實施強制性社會保險的開端。

社會保險與商業保險的相同與相異點

	比較項目	社會保險	商業保險
相同點	制度功能	均為保障遭遇生活風險事故後之經濟不安全情況。	
	財務來源	財務來源大多為保費，被保險人均需定期繳交保費。	
	給付條件	均不需經過資產調查，只要符合法律或契約規定條件即可。	
	財務計算	均需經過保險的精算制度。	
相異點	經營目的	非營利	營利
	投保方式	強制投保	任意加保
	核保手續	無	有
	經營單位	政府	私人企業
	保險人市場競爭度	低	高
	公平原則	社會公平原則	個人公平原則
	保費計算依據	所得多寡	風險發生機率
	保費精算程度	低	高
	保費與給付關係	僅要求約略性比例	要求精確比例
	保費分擔	有	無
	給付水準	維持基本生活	可依個人能力自行決定
	給付內容	實物給付與現金給付	多為現金給付
	完全提存基金準備	不一定需要	需要
	所得分配程度	有	無

資料來源：周怡君（2009）。

Unit **9-2**
《全民健康保險法》

我國全民健保於1994年實施，屬於社會保險體制之一種類型，是一種政策性的強制保險制度。我國的全民健保是具有「自助、互助」精神及危險共同分擔之社會保險制度，並由全體被保險人依「量能負擔原則」繳交保險費，並享有相同的醫療照護。因此，凡是在臺灣具有戶籍的國民或合法在臺灣居留或工作的外籍人士都要強制納保。

我國全民健保是採單一保險人制度（single-payer），中央健康保險署為唯一的保險人。健保運作模式主要由三方組成，分別為保險人（健保署）、提供醫療服務的特約醫院診所、保險對象（被保險人）。保險對象支付保險費用後，健保署核發健保卡供保險對象至特約醫事機構就醫，特約醫院機構再向健保署申報醫療費用，健保署依照給付標準支付費用給特約醫療醫院診所。

為了擴大健保財源收入，二代健保改革法案在2013年時實施，除一般保費為，針對有高額獎金、執行業務收入、兼職所得、股利所得、利息所得、租金收入等課徵補充保險費。

在健保改革的過程中，學者亦曾提出以「家戶總所得制」為改革方向，主要是因為現行制度下以職業別作為區分進行投保，產生因不同職業所支付的保費有所不同不公現象。家戶總所得制度係以「家戶」為單位課徵，包含薪資、利息、營利所得、執行業務所得、股利、財產交易所得、租賃所得等，可擴大費基，及可解決全民健保因不同職業別，不同保費的不公現象，示可減少的承保行政手續。但受限於我國的稅制未能完整：例如：許多的經濟活動無法課稅，而家戶總所得制中，薪資是許多被保險人主要的收入來源，仍將可能形成加重以薪資所得為主要來源的被保險人之保費負擔；此外，家戶總所得中的設算制度（即無收入者，仍設算以基本工資或其他薪資為虛擬所得），引發社會的質疑。因此，家戶總所得制度，尚待社會凝聚共識。

隨著我國人口高齡化、平均餘命延長、醫療高科技的發展、新藥物的引進等，均讓健保的財務支出面臨嚴重的挑戰。面對健保的財務危機，提升保險費率、擴增二代健保財源均是政策對策之一。

至於我國全民健康保險性質究應為「保險」抑或「福利」，林萬億（2012）認為，社會福利包括社會保險、社會救助、福利服務、健康照護、就業服務、社會住宅等，而全民健保是社會保險之一，也是一種健康照護，當然屬於社會福利。正確的說法應該是，全民健康保險不是社會救濟（助），不需要資產調查，而是普及但必須繳交保險費的福利。

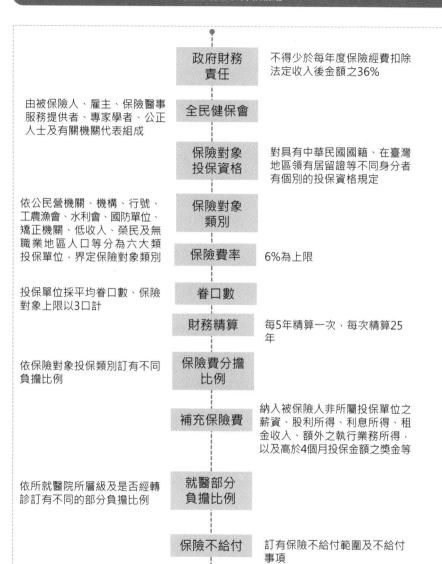

《全民健康保險法》

政府財務責任 — 不得少於每年度保險經費扣除法定收入後金額之36%

由被保險人、雇主、保險醫事服務提供者、專家學者、公正人士及有關機關代表組成 — **全民健保會**

保險對象投保資格 — 對具有中華民國國籍、在臺灣地區領有居留證等不同身分者有個別的投保資格規定

依公民營機關、機構、行號、工農漁會、水利會、國防單位、矯正機關、低收入、榮民及無職業地區人口等分為六大類投保單位，界定保險對象類別 — **保險對象類別**

保險費率 — 6%為上限

投保單位採平均眷口數、保險對象上限以3口計 — **眷口數**

財務精算 — 每5年精算一次，每次精算25年

依保險對象投保類別訂有不同負擔比例 — **保險費分擔比例**

補充保險費 — 納入被保險人非所屬投保單位之薪資、股利所得、利息所得、租金收入、額外之執行業務所得，以及高於4個月投保金額之獎金等

依所就醫院所層級及是否經轉診訂有不同的部分負擔比例 — **就醫部分負擔比例**

保險不給付 — 訂有保險不給付範圍及不給付事項

法規請至「全國法規資料庫」下載

Unit 9-3
《勞工保險條例》

1884年德國首相俾斯麥以強制性與工資有關的保險，而非資產調查形式的社會救濟來保障工人的健康，是世界上第一個創立強制性勞工保險的國家。我國在1949年國民政府遷臺後，於1950年3月開辦勞工保險，是為我國正式實施強制性社會保險的起源。

受到1950年代嬰兒潮世代逐漸進入退休年齡，加上少子女化的影響，導致勞保年金實施不到四年，迫使基金財務危機提早出現（詹火生，2013）。為回應各界不斷呼應勞保老年給付應年金化的訴求，2008年立法院通過勞保年金化修正案，於2009年1月1日實施。

我國的勞工保險從1990年代以來，每兩年的費率精算，均提出勞保財務已逐漸出現財源不足的警訊。詹火生（2013）指出，勞工保險的財務設計採「部分提存準備」（partially funding），亦即退休人員所領取的老年給付，部分財源由被保險個人在工作期間所繳納的保險費，部分則由仍在工作的人口所繳保險費來支應。因此，如果現行社會保險仍維持已有繳費與給付水準，則未來工作人口的負擔將日益沉重，影響之一就是未來世代的老年年金所得水準差距拉大。此外，由於高齡化社會，領取老年給付的人口增加，再加上少子化現象，工作人口減少，因此，現行工作人口所繳納的保費，已無法支應當期的老年給付支出，更使得勞保的財務問題更為惡化。

研究指出，我國的勞保年金制度累積太高的潛藏負債，且基金提存比率又低，造成勞保退休基金面臨破產的財務危機。年金改革需同時兼具財務永續性和世代公平性（王儷玲等人，2017）。因此。勞工保險的改革需要在給付面及收入面同時改革，費率愈早調升對改善勞保財務的效果越顯著（羅紀琼，2015）。

勞保年金的改革，學者R. K. Weaver曾經提出「3R」的策略架構。第一、採取緊縮策略：刪減年金給付的水準、降低年金隨通膨調整幅度、提高退休年齡、禁止或限制提早退休、領取不同給付的嚴格規定。第二、財務重整策略：此種方法通常會透過提高費率及費基，提供政府稅收挹注年金制度的管道，為年金制度開源。第三、制度重構策略：透過重新調整各個年金層柱的比重來降低公共年金的負擔。顯然第一種策略是節流措施，以避免年金基金水庫流失太快；第二種策略是開源措施，透過提高費率來達到流入填補底部存量；第三種則是制度的重新規劃，以減輕政府的未來承諾（社區發展季刊，2013）。

《勞工保險條例》

	給付分類及項目 — 普通事故保險：生育、傷病、失能、老年及死亡五種給付 職業災害保險：分傷病、醫療、失能及死亡四種給付
政府代表、勞工代表、資方代表及專家各占1/4組成	**監理委員會**
	投保資格 — 年滿15歲以上，65歲以下之勞工，於所屬投保單位投保
普通事故：7.5-13% 職業災害：採實績費率	**保險費率**
	保險費負擔比例 — 依投保單位的分類，訂有不同的負擔比例
資格：投保滿280日後分娩者；投保滿181日後早產者、投保滿84日後流產者 標準：被保險人或配偶分娩或早產者給付分娩費30日、早產者減半給付。被保險人分娩或早產者，另給付生育補助費60日	**生育給付請領資格及標準**
	傷病給付標準 — 普通傷害及疾病給付50%、職災給付70%
依保險年資按平均月投保薪資1.55% 給付；另訂有增給家屬25%的對象條款	**失能給付標準**
	老年給付請領資格 — 年滿60歲，投保滿15年，請領老年年金給付；或投保未滿15年者，請領老年一次金給付，最高45個月
年資每滿1年，按0.775%，並加計3,000元；或1.55%計算；擇優發給	**老年給付請領標準**
	喪葬津貼 — 父母、配偶發給3個月、年滿12歲子女發給2.5個月、未滿12歲發給1.5個月、本人5個月
遺屬年金：依年資1.55%計算 遺屬津貼：年資未滿1年者發給10個月、滿1年而未滿2年發給20個月、已滿2年發給30個月	**遺屬年金與遺屬津貼**

 法規請至「全國法規資料庫」下載

Unit 9-4
《國民年金法》

我國的《國民年金法》在2007年通過，2008年10月1日正式施行。《國民年金法》將臺灣年滿25歲至未滿65歲，未曾領取社會保險老年給付，且沒有參加軍、公教、勞、農保的國民納入社會保險的保障，提供老年、身心障礙及遺屬年金給付，滿足民眾基本經濟安全。

我國的《國民年金法》，雖然法律名稱無「保險」二字，但國民年金是以社會保險的方式辦理，此可從《國民年金法》第2條規定「國民年金保險之保險事故，分為老年、生育、身心障礙及死亡四種。」可見一斑。

國民年金制度的開辦，綜整後可包括幾項重要意義包括：⑴首開政府開辦公共年金之先例；⑵完成全民皆有年金保障之目標；⑶建立社會保險年金與福利年金雙軌並行制；⑷確保長期從事家務女性老年經濟安全；⑸依不同經濟弱勢等級增加保費的補助（詹火生，2009；陳琇惠，2010a；轉引自陳琇惠，2010b）。

賴兩陽（2013）指出，我國國民年金制度被視為實現「全民皆年金」的最後一哩路，其原本的政策目標在納入非屬勞工保險、公教人員保險與農民健康保險被保險人的其餘人口，使其享有老年、身心障礙與遺屬年金給付，保障其基本經濟安全。本保險的被保險人以家庭主婦、非典型就業者與農民為主，屬於臺灣經濟上較為弱勢的人口群，而有濃厚的福利保險性質。但此制未能將勞工、公教人員、農民等人口納入，以致於被稱為「小國民年金」制度，而主要是以無職業者為，常被稱為是「弱勢者相互取暖」的制度。

國民年金雖屬社會保險制度，但《國民年金法》第17條規定「被保險人應繳納之保險費及利息，未依規定期限繳納者，不予計入保險年資。」此即為國民年金採取柔性強制納保方式。蕭玉煌（2011）指出，國民年金由於考量到民眾繳費能力，採柔性強制加保，對不繳費者、不參加者，不予強制要求，日後如有保險給付需求者予以補繳保費與利息方式，取得保險的資格，此種做法最大潛在風險就是造成「財政陷阱」。

此外，國民年金的納保對象為經濟弱勢，保費的繳納比率未盡理想。而國民年金有因為具有濃厚的福利保險色彩，政府對所得未達最低生活費標準者提供不同比例的補助，且力隨著符合領取年金人數不斷增加，造成政府的財政壓力日益增加。

國民年金所面臨的困境，主要是因為小國民年金讓弱勢者集中，無法達到保險所強調的大數法則，分擔風險的功能。學者認為應重新整合各保險的年金制度，以全民納保方式成為大國民年金制度（詹火生，2010；轉引自賴兩陽，2013）。

《國民年金法》

	給付事故	老年、生育、身心障礙及死亡四種
政府機關代表、被保險人代表及專家各占1/3組成	監理委員會	
	被保險人資格	未滿65歲國民，在國內設有戶籍，除應參加或已參加相關社會保險者外，其餘納入
第1年為6.5%、第3年調高為0.05%，以後每二年調高0.05%至上限12%	保險費率	
	保險費負擔比例	針對不同身分資格的被保險人，訂有不同的負擔比例
月投保金額乘以其保險年資，再乘以0.65%所得之數額加計額外給付金額；月投保金額乘以其保險年資，再乘以1.3%所得之數額；擇優發給	老年給付標準	
	生育給付標準	分娩或早產者發給2個月
依保險年資每滿1年發給1.3%之月給付金額	身心障礙年金給付	
	喪葬給付	5個月
訂有符合請領遺屬年金給付之家屬資格條款	遺屬年金給付條件	
	遺屬年金給付標準	被保險人死亡：年資每滿一年發給1.3%月給付金額；領取身心障礙年金或老年年金給付期間死亡，按年金金額之半數發給；未及請領老年年金給付前死亡，按月投保金額發給1.3%月給付金額半數
每4年調整，參照消費者物價指數評估調整	給付調整機制	

法規請至「全國法規資料庫」下載

第 **10** 章

社會救助與社會津貼政策

●●●●●●●●●●●●●●●●●●● 章節體系架構 ▼

Unit 10-1
貧窮定義與致貧原因

每一個社會所必須面對與解決的基本社會問題便是「貧窮問題」。學理上對於貧窮的定義，可分為絕對貧窮（absolute poverty）、相對貧窮（relative poverty）等二種分類。絕對貧窮是指以固定的概念所定義的低實質所得（或支出）水準，如維持生計所需，來界定貧窮。低於維持生計所需的最低標準即是貧窮。因此，絕對貧窮也是在定義生計；相對貧窮則是指在特定期間或國家比較上，實質所得會因所得（或支出）的切割點而變化。例如：歐盟以國民可支配所得中位數的60%，作為貧窮線，而此中位數會隨著國民可支配所得中位數而變動。

造成貧窮的原因，包含諸多的因素，學理上常以病理歸因、結構歸因等二大分類加以分類。病理歸因是將致貧原因歸責於個人與家庭，是一種責難受害者的觀點。包括的次觀點有：⑴基因觀點：主要是以窮人的基因較差，所以較易落入貧窮；⑵心理學觀點：則將致貧原因歸責於個人的成就與人格特質有關，常見的說法是「窮人因懶惰而致貧，富人因努力而致富」；⑶剝奪循環：認為家庭或社區的文化導致子女內化了父母的行為，如不當的親職教養、低抱負、低成就動機、不利環境等，使得子女容易學習到低能力、低技術、低期待的價值與行為，Lewis的貧窮文化是屬於這種觀點。批評者認為，病理歸因忽略貧窮的動態關係，簡化致貧原因為單一因素，也無法說明為何有些相同環境長大下的孩子，卻有不一樣的成功經驗。

而從結構歸因的面向分析致貧原因，則會有與病理歸因有不同的觀點。結構歸因認為貧窮是環境與社會力交互影響的動態結果，包括幾項因素：⑴政策失敗：認為人們之所以落入貧窮，是因為諸如社會安全制度不健全、缺乏積極的勞動政策、稅制不公等都不利於窮人，尤其是在資本主義主導政府政策的國家中；⑵經濟結構因素：主要是因為失業、低薪、經濟不景氣等財源，造成失業或就業型態的改變而落入貧窮，而「非典型僱用」就是最常見的型態。非典型僱用指的是非長期或非全日的工作型態，主要包括部分時間工作、人力派遣工作及定期的工作，有較大的機率成為工作貧窮；⑶地理因素：包括氣候不利於農工業發展、土地貧瘠、人口過剩、城鄉發展不均等造成某些地區經濟發展落後；⑷制度環境：如教育制度未能普及，無法提升技能，以及資源分配掌握在少數利益團體中，或是對勞工的剝削等。

貧窮研究的先驅

布斯
(Charles Booth)
英國學者

▶ 現代貧窮研究的先驅，於1886年進行倫敦的貧窮研究。

▶ 以營養與衣被來界定最低需求。這也是後人稱此標準為貧窮線，據以區分貧窮與非貧窮的差別。

貧窮

赤貧 (very poor)	貧困 (in distress)	貧 (poor)
長期處於需要狀態，為生活必需所奮鬥。	營養不良，衣不蔽體之人。	既非營養不良，亦非衣不蔽體，但生活不適足，缺乏滿足感之人。

貧窮線（poverty line）

↘ 貧窮線代表一個國家的人民維持最低生活水準之標準，此為保障最低生活水準的原則。

主要是用資產調查（mean-test）的方式辦理社會救助，而資產調查是將社會受益限制至特殊群體的一個直接方法。

Unit 10-2
貧窮測量

貧窮是生活標準的衡量，低於生活標準的狀態即為貧窮（何華欽，2015）。

貧窮線的劃定可做國家比較不同家庭、人口、地區及時間的經濟福祉之比較，幫助國家判斷經濟成長和公共政策的影響，也幫助國家評估須以何種形式的社會政策介入（張國偉，2007）。

學理上對於貧窮種類的區分，可分為初級貧窮（primary poverty）、次級貧窮（secondary poverty）。初級貧窮是指家庭的總所得不足以達到維持身體所需之最低標準；次級貧窮則是指家庭的總所得足以達到維持身體所需之最低標準，但因其他的支出（無論是另有它用或是浪費掉），而使其達不到前述最低標準。

貧窮的測量可分為絕對貧窮（absolute poverty）、相對貧窮（relative poverty）。絕對貧窮起源於英國的Rowntree 提出的測量方式，利用市籃法（budget market）的方式，列出一連串的食品清單，並進行訪價，將訪得的食物價格乘以一定倍數，訂出一條絕對的貧窮線，此為貧窮門檻的訂立。相對貧窮則是分為兩類，一類是以國民所得中位數或是消費性支出等為指標，例如：我國《社會救助法》規定之低生活費，係以最近一年每人可支配所得中位數百分之六十定之；另一種較為複雜的則是依據Townsend所提出的「剝奪指數」（deprivation index）之算法，主要將每列出一個人在日用品上以及社會服務的消費後，根據個人在不同地區的消費以及一般社會標準之差異比較出落後程度，計算出來。此外，近來對於貧窮的測量，已朝向多面向途徑（multidimensional approaches）的方式，亦即，納入多項的評估指標加以綜合判斷。

此外，在討論貧窮議題時，貧窮陷阱、女性貧窮化、新貧等，近來受到持續的關注。「貧窮陷阱」係指因為稅制與給付機制的缺陷，造成窮人愈努力賺錢，反而面臨更高的稅率，或失去福利受益資格；努力工作賺錢反而得不到好結果，因此降低窮人自立脫貧的動機。例如：福利領受者不願意工作而退出勞動市場，但其並非真正的窮人，而是福利創造了貧窮陷阱，讓人們自願陷在其中而無法自拔。「貧窮女性化」是指婦女的貧窮率高於男性的現象，主要的原因包括女性在勞力市場上集中在少數的職業，這些職業包含秘書、文書助理等，有時被稱為婦女的工作（women's work），職業地位、報酬低，升遷機會也不多，以及女性扮演母親與工作者雙重角色，因此多從事兼職的工作，或因為家庭照顧因素退出職場。「新貧」是指結構性變遷所導致的貧窮，相對應的舊貧時間，通常設在二次大戰後至1970年代中期為止。新貧係因經濟、政治與社會等三大體制的結構性變遷所致。

貧窮深度（George & Howards提出）

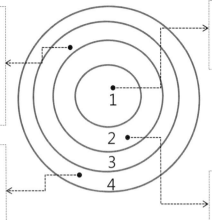

3.社會因應（social coping）：此定義較前兩者寬鬆，認為個人的所得或資源，無法使其享有類似勞工階級生活型態的物品或服務時，個人即落入了貧窮。其除強調維生外，亦著重個人社會層面的需求。

1.飢餓（starvation）：為貧窮最嚴苛的定義，食物成為衡量個人是否處於飢餓的最重要指標。

4.社會參與（social participation）：其著重的不僅是勞工階級的生活標準，而是希望社會適當的生活標準。強調的是工作、教育、健康、休閒生活等面向之參與，並從貧窮問題擴大至社會不平等關注。

2.維生（subsistence）：本定義的範圍不僅指個人獲取足夠營養的食物，為了在社會中維生或生存，尚包括衣服、住宅等生活必需品。

吉尼係數（Gini coefficient）

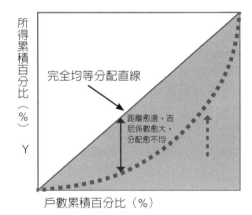

所得累積百分比（％）

完全均等分配直線

距離愈遠，吉尼係數愈大，分配愈不均

Y

戶數累積百分比（％）

吉尼係數（Gini coefficient）

- 吉尼係數係測量羅倫茲曲線（戶數累積百分比為橫軸，所得累積百分比為縱軸之所得分配曲線）與完全均等直線間所包含之面積對完全均等直線以下整個三角形面積之比率，此項係數愈大，表示所得分配不均等的程度愈高；反之，係數愈小，表示不均等的程度愈低。

- 根據一般經濟理論係以吉尼係數0.4為警戒線，低於0.4之警戒線，表示家庭所得間之貧富差距尚屬平均。

Unit 10-3
社會救助的特質

社會救助（social assistance）或稱為公共救助（public assistance），是社會安全體系最後一道防線。1601年英國女皇頒布在當時堪稱最完備的《濟貧法案》（Poor Law），常被稱為「伊麗莎白的43號濟貧法」，此法案正式承認政府有濟貧之責，並建立了初步的救濟行政制度與救濟工作方法，為各國救濟法之濫觴，至今各國社會救濟立法仍深受其影響。社會救助所具有的特質包括以下：

1. 低收入水準：社會救助的目的是協助國民維持生存，社會救助受益對象是所得或資產低於「最低維生水準所得」以下的人口群，而如何定義維持生存的基本條件，通常會以所得低於「貧窮線」或是貧窮門檻、貧窮水準，或貧窮指數以下的國民。例如：我國《社會救助法》所稱之低收入戶，是符合家庭總收入平均分配全家人口，每人每月在最低生活費以下，且家庭財產未超公告之當年度一定金額者。

2. 資產調查：資產調查是社會救助最典型的特徵。社會救助的申請者必須接受所得與財產調查，決定其所得或資產是否合於低收入標準。例如：我國《社會救助法》對於家庭總收入、動產、不動產之調查即是。

3. 個別差異資格要件與給付水準：社會救助會因為不同的情況而有所差異，例如：低收入戶、中低收入戶。此外，社會救助雖訂有貧窮線，但是社會工作者仍保有部分裁量權來決定申請者是否合於社會救助之資格。例如：我國《社會救助法》第5條第3項所規定九種情形不列入的應計人口（「539條款」）。

4. 較少合格原則：此為社會救助對象的極小化，此涉及到貧窮線的認定。與西方國家相較，我國符合社會救助的人數比率相對較低。較少合格原則的核心觀點在於過多的人符合社會救助將會影響工作意願。

5. 工作倫理：這是這是延伸自較少合格原則，低收入者只允許享有低薪勞工的工作所得以下的生活水準，以免造成福利依賴（welfare dependency）。若有工作能力者，不參加職業訓練或就業輔導，將被取消社會救助資格，此為英國《濟貧法》將窮人劃分為「值得幫助」和「不值得幫助」觀念的延伸。

6. 烙印化（stigmatization）：接受社會救助者必須經過資產調查，這種調查過程中，即具有烙印化，標籤化的結果不利社會團結。

7. 親屬責任：此延伸自英國《濟貧法》強調親屬負有基本照顧與支持自家窮人的責任，國家是最後的介入者。例如：我國的《社會救助法》是以家庭為概念，並對家庭內應計算人口範圍有嚴格的規定。

8. 財源來自政府稅收：不同於社會保險的財源來自於保費，社會救助的財源是來自於政府的稅收支應。

「值得幫助」和「不值得幫助」的人

1601年頒布《伊莉莎白濟貧法》，濟貧措施被稱為是今日社會福利的直接源頭。

英國伊莉莎白女王
（Queen Elizabeth I）

窮人分類

1. 有工作能力的窮人

2. 沒有工作能力的貧民

3. 失依兒童、孤兒、棄童、貧童

1 有工作能力的窮人

也就是健壯的乞丐，將被送到「矯正之家」或感化院去工作，市民禁止施捨給這些人，因為他們是「不值得幫助的人」。

2 沒有工作能力的貧民

這些是「值得幫助的人」，例如病、老、盲、聾、跛、精神錯亂者，以及帶著幼兒的母親等，將被送進濟貧院，稱院內救濟；如果這些人住在院外，救濟成本較濟貧院低，也是採用「院外救濟」，通常是實物補助。

3 失依兒童、孤兒、棄童、貧童

將被安置在寄養家庭中，如果沒有「免費家庭」願意收留，兒童將被拍賣。

Unit 10-4
資產脫貧

圖解社會政策與社會立法

194

　　對於落入貧窮的國民，如何協助其脫貧窮，向來是各國政府的重要課題。傳統社會救助制度過分倚重「收入維持」（income maintenance）策略在解決貧窮的問題上效果明顯不彰，美國社會工作學者Sherraden因此提出「資產累積福利理論」，建議政府在協助低收入家戶累積資產的努力上，應該扮演重要的「制度性」角色，提供具有儲蓄性、投資性與動態性的資產累積政策。他認為協助低收入家戶進行資產累積將有其社會性、心理性及經濟性之福利效果，可以整合低收入家戶回歸主流社會，成為具有生產力的公民（鄭麗珍，2005）。

　　Sherraden認為家庭所累積的資產，有助於家庭長期的經濟穩定性。資產的類型可包括有形資產、無形的資產。有形的資產指的是個人可具體擁有或持有的財物，例如：金融性資產（如儲蓄、股票）、實質性資產（不動產、汽機車）。而無形資產指的是個人不能具體持有的物品，而是個人所擁有而具有價值的特殊品質（qualities），例如：人力資本、社會支持網絡，個人若擁有此類資產，不但可以在未來衍生更多的資產，還可以提升自我的尊嚴。

　　Sherraden提出的以「資產累積」為基礎的福利理論，強調透過政府、家庭及就業三項經濟來源所衍生的收入，可以協助低收入戶累積資產，而所累積的資產，不但可以維持其短期性的生活消費水準，還可以提高其長期性的消費水準，最終可以協助其獲得長期性的經濟自立。例如：我國依據《社會救助法》第15-1條第3項，針對協助低收入戶及中低收入戶所訂定之《協助積極自立脫離貧窮實施辦法》。

　　資產脫貧方案的種類，可包括以下幾類：

1. 教育投資類：主要著眼於以教育打破貧窮循環，人力資本理論是其主要論據。窮人之所以落入貧窮就是缺乏人力資本所致，因此提高人力資本將有助脫離貧窮。例如：我國的12年國教。

2. 就業自立類：就業自立著眼於積極勞動市場政策和社會排除兩個論點。積極勞動市場政策強調避免福利依賴，因此積極鼓勵受助者參與各式與勞動能力提升有關的方案。社會排除則以受助者因缺乏就業而遭排除為主要關注重點，以提升社會融合。例如：就業服務法中有關職業訓練，以提升職業技能的相關規定。

3. 資產累積類：資產累積類方案做法係參酌Sherraden「資產累積福利理論」。

　　資產脫貧論點大體主張過去消費導向下的所得維持策略，除了造成福利依賴之外，更無助受助者脫貧。因此，政府需改弦更張，透過誘因機制的設立，改行帶有儲蓄、投資與動態意味的資產累積政策。例如：我國的《兒童及少年未來教育與發展帳戶條例》。

以「資產累積」為基礎的福利模式

許拉登
(Michael Sherraden)
美國學者

■ 提出資產累積理論
■ 建議政府應扮演「制度性」角色,政府應提供具有儲蓄性、投資性與動態性的資產累積政策,以協助脫貧

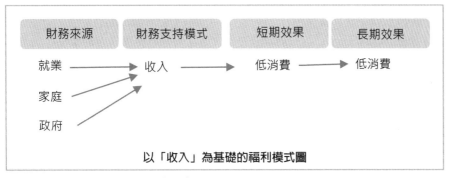

以「收入」為基礎的福利模式圖

資料來源:Sherraden（1991）;引自王篤強（2007）。

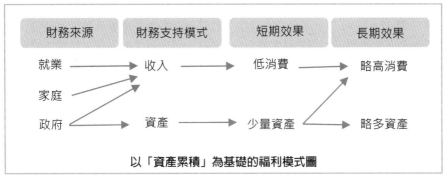

以「資產累積」為基礎的福利模式圖

資料來源:Sherraden（1991）;引自王篤強（2007）。

Unit 10-5
社會津貼

社會安全體系可分為：社會保險、社會救助與社會津貼三者。社會津貼制度的發展，是由於社會救助制度的侷限性，以及社會保險制度的弊端，使人們對於這兩種傳統制度產生質疑和失望；另一方面由於經濟需要的擴大、給付條件的緩和與給付水準的提升，而逐漸發展成社會津貼制度（蔡宏昭，2004）。

社會津貼（social allowance）亦稱為特定人口補助（demo grants）。這種經濟安全保障的制度性工具，是一種提供定額現金給付給特定目標人口群的制度，這種制度並不考慮給付對象的所得、就業與財產，只考慮給付對象的國籍（或居留權）（李易駿，2013）。

社會津貼是對社會特殊群體所提供的現金給付、費用補助與費用優免，其目的在於達成社會特殊群體的生活機會平等。領取社會津貼給付之資格以「身分認定」為標準，並非如社會救助的「所得高低」，所以不需經過社會救助的資產調查手段（周怡君，2009）。亦即，社會津貼是一種非繳費、非資產調查的給付。例如：我國的老農津貼、育兒津貼、弱勢家庭及兒少津貼、住宅津貼、身心障礙者生活補助、中低收入老人生活津貼、中低收入家庭兒童及少年生活扶助等。

社會津貼在福利模式上，較偏向制度再分配模式（Institutional Redistributive Model of Social Policy），這是因為社會津貼是以全民性方式推動社會保障制度，且根據社會資格而非經濟資格給予援助，以及根據需求、無須資產調查，是具有全民福利主義的特徵，這與社會保險屬於職業成就模式或功績模式，及社會救助則是殘補式的福利模式有所不同。社會津貼的財源大部分由政府租稅負擔，但亦有部分國家的制度來自保險費的公共基金。孫健忠（2000）綜整Richard Titmuss、Vic George和Paul Wilding對於社會津貼的看法，皆認為社會津貼乃基於集體主義的觀點，強調國民權利以及社會權的精神。

社會津貼乃結合社會保險與社會救助二種取向之保障措施，財源基礎如同社會救助措施，係來自稅收或公共基金；而給付之基礎，則以身分（如公民資格）或社會風險為判準，與社會保險一樣不需要資產調查，此種結合說明了社會津貼之目標在於達到基本所得保障（楊瑩，1998）。總括來說，社會津貼具有社會整合、機會均等、手續簡便等優點，但亦有不同對象之給付水準差異很大、無法區別不同對象是否需要津貼、長期性津貼支出的財政成本負荷等缺點。

Social Security

比較項目	社會保險	社會救助	社會津貼
保障對象	勞動人口及其家屬	貧窮者	特定人口群體，以老人、兒童、身心障礙者較常見
對象選擇方式	加入保險制度	資產調查	社會共識基礎的公民權或居留權
制度性質	自助、互助	社會扶助	社會補充
制度功能	防貧	濟貧	防貧
制度內容	全國一致或職業別	因地制宜	全國一致
保障普及	普及性或差異	選擇性	普及性
福利模式類別	偏職業成就或功績模式	殘補福利模式	偏制度再分配模式
經費來源	保險費	政府預算	政府財政（或保險費）
給付水準	與所得相關、維持生活水準	基本生活、次生活標準	基本需求
風險分擔	強調	不強調	無
制度意涵	強化工作成就	恥辱、懲罰	社會權
所得再分配	部分	無	透過財稅制度發生
工作誘因	佳	不足	中性
權利義務	對等	不強調	不強調

資料來源：李易駿（2017）。

Unit 10-6
無條件基本所得（普及式基本所得）

有關基本所得的理想，一般認為法國社會主義思想家傅立葉（Charles Fourier）是近代的主要思想淵源。但有關基本所得的討論，乃以基本所得全球網絡（The Basic Income Earth Network, BIEN）這個團體及其成員最積極。1983年時，Van Parijs等學者想提出一種簡單、全民普遍性資源分配的制度，無條件基本所得的構想乃在這種想法中出現（國家發展委員會，2004）。

無條件基本所得的理念，主張國家應保障國民可以擁有基本的經濟資源，即國家無條件地（即無需經過資產調查，亦無就業條件限制）提供予人民一個最低數額的金錢或資源，足以生存。此外，透過提供基本所得，可消除貧窮及提升個體尊嚴，以實踐社會正義。而這與傳統的基本所得觀點有其差異。

基本所得或最低所得是指經財力調查而被認定無法維生者所提供之協助，即國家承諾人們可以獲得最低的生活水準。但國家的給付是有條件的，包括以財力調查為條件，或限定在特定人口，透過社會救助、社會保險或社會津貼提供給付。而無條件基本所得不但以全民為對象，且沒有所得、就業或人口類別的限制。顯然地，基本（最低）所得、無條件基本所得是有所不同。

進一步而言，主張提供無條件基本所得者，在於期待個人的收入能夠與實際的收入活動脫勾，且希望透過無條件基本所得制度，以承認公民作為社會成員的權利，即使其並未參與就業活動，仍被視為是積極的公民。在財源上，無條件基本所得制度是以稅收作為主要的財務而運作，認為透過稅收支付將有助於高低所得之間的重分配。

無條件基本所得強調的概念，總結來說，包括：⑴給付是針對個人，而非給付予家庭；⑵給付是基於公民權利，即公民是唯一的條件限制，無需財力調查，不論國民的財力水準高或低，均有權獲得給付；⑶基本所得給付是定期持續的給付，非一次性的給付；⑷基本所得的水準，足以滿足人們的基本需要（國家發展委員會，2004）。

雖然無條件基本所得有許多的優點，包括：簡單、行政減省、避免貧窮陷阱等，但其缺點為對工作倫理之上傷害、不符合公平性及需求優先，及難和現有制度關聯釐清等。2017年芬蘭實施的「無條件基本收入」的3年實驗後，政策並未持續推動。無條件基本所得制度具有理想性，但亦面臨不少的爭議，因此，無條件基本所得的全面推動，仍屬於倡議的階段，政策的實踐，尚待許多政策環境的成熟，才有付諸實施之日。

無條件基本所得之優缺點

優點

1. 簡單、道德解放而使貧窮者獲得自由，以及正向激勵的效果是基本所得制度的優勢。
2. 不對國民進行身分區別或資產調查、就業查核，在行政上及觀念上是相當簡單的。
3. 資產調查及就業查核乃成為貧窮陷阱或失業陷阱、創造低度就業等失功能或反功能的效果。而無需資產調查及就業條件，卻可以激發人們努力及參與的主動性，是具有正面的道德性的。進而，無條件的基本所得可以使人們脫離低薪就業控制，而使貧窮者獲得自由。
4. 有資產調查可能因為貧窮陷阱，而不易達成脫貧的效果。而在基本所得制度中，將不存在貧窮陷阱，貧窮者可擁有其所得的努力所得（但如達繳稅水準時仍必須繳稅），而使得公共給付可以充分發揮效果。

缺點

1. 對工作倫理之傷害：沒有資產調查或就業條件查核是傷害工作倫理、戕害人們追求幸福主動性的制度。
2. 不符合公平性及需求優先問題：無論所得高低均同等獲得給付，違背人們所習慣的「報酬」、「值得」認知。
3. 財源及財務規模無法負擔：提供基本所得對於國家財務負擔規模，將造成財務危機。
4. 與現有制度的關聯難以釐清：基本所得制度是否取代既有的福利給付，或與既有的福利給付制度間的關聯為何？難以釐清。

資料來源：文字整理自國家發展委員會（2004）；圖作者自繪。

Unit **10-7**
食物銀行

食物銀行是一個組織，主要係集中、分類、儲存及分配食物給有需求的領受者、機構或社區等。食物銀行的初始概念，係基於「食物不浪費」的概念，讓剩餘的食物透過食物銀行提供給有需求者，發揮食物的最大效用。

第一個以「食物銀行」命名的機構，起源於美國，由John van Hengel在1967年成立於亞利桑納州鳳凰城。在St. Marry教堂的協助下，John van Hengel創立了第一間食物銀行「聖瑪莉食物銀行」（St. Mary's Food Bank），將剩餘或未銷售的食物集中至中大型的倉儲，再讓當地慈善機構協助分配給需求民眾（黃全慶，2015；王秀燕，2013）。食物銀行能迅速發展之原因，因為兼具環保與助人兩種目的，此其理念獲得廣大迴響。

1980年代後，先進國家福利發展紛紛陷入困境，面臨經濟困境、人口老化、社會福利需求增加，以及國家財政赤字升高，刪減福利支出，或更嚴格的審核福利資格，形成福利的「緊縮」（retrenchment）。而在此時期，貧窮人口增加，但政府財源無法支應時，仰賴民間輔助政府福利之缺口，就顯得非常重要，食物銀行扮演著重要的角色。

食物銀行的操作模式相當多元，除了政府所設立的食物銀行外，民間也有許多非營利組織成立食物銀行，提供多樣的服務。但近年來的發展，「食物銀行」雖是發放「實物」，但並非僅是「食物」而已。許多食物銀行後來發現，其案主有多重需求，因此運作模式愈來愈多元，提供的服務也愈廣泛，也使得食物銀行德的類型朝向多元化發展。

我國食物銀行的運作模式主要係由政府、社會福利團體、企業與家庭的協力，基於公益性購買或募集物資，透過捐贈或低價販售等形式將物資輸送給有需求的案家（陳文學，2021）。這樣的運作模式，是一種公私協力的模式，以使得服務輸送發揮最好的效率。我國食物銀行常見的模式，包括實物倉儲、食物券（卡）、資源媒合式等。而民間的安得烈食物銀行、基督教救助協會的1919食物銀行等，均是非營利組織所成立的食物銀行。

食物銀行雖有其優點，但容易讓人誤以為只提供食物，且易陷入赤貧化貧窮思維的框架，且食物銀行之案主容易產生恥辱與被標籤化的感受，因此，在服務過程中須能使案主感受到尊重、平等，甚在重大決策過程中，應設有受助戶代表機制，提供其表達自身需求之機會。

FOOD BANK

類型	說明
1. 大型倉儲中心／物流中心型	大多並沒有直接將所蒐集到的物資提供給個人，而是轉送或轉賣下游小型的或地區型的食物銀行機構。
2. 以食物拯救為目的之機構	較強調「食物不浪費」的理念，故主要在蒐集新鮮蔬果、麵包、奶製品或熟食等食物，之後輸送給弱勢者。
3. 定點餐食型	於固定的地點，將蒐集到的食物，以類似餐廳經營方式免費或以經濟價格來提供餐飲服務。在美國稱為「緊急廚房」。
4. 定點定時提供型	最廣泛的食物銀行類型，將蒐集到的食物與物資，於特定時間與地點，請福利需求者前來領取。
5. 超市型（實體食物銀行）	仿造超市之運作方式，讓案主到機構來自由選擇其所需要之物品，由於機構就像超市那樣看得到，故稱為「實體食物銀行」。
6. 熟食型	將許多餐廳或留下之大量剩餘熟食，轉送給需要的人。
7. 物資食物銀行	發放並不限於食物，若蒐集到的主要是物資而非食物，更適合以「物資銀行」命名。
8. 購買新物資發放型	物資來源並不是即期品或是即將被丟棄之資源，而是以現金購買新物資來發放。
9. 食物銀行兼辦福利服務型	為滿足案主的多元需求，許多食物銀行也開始提供社會服務。
10. 藝文銀行／文化銀行	協助弱勢團體能有與一般社會大眾共享藝文表演活動之機會。
11. 便宜超市型／二手家具型	日常生活所需物資與實物，以低價讓弱勢者有能力選購，透過消費、購買之行為，或許能使其有非受助者之感受而提高自尊心，且有更高的自主性選購符合其需求之物品，能讓物資提供者有相對的經濟報酬。

資料來源：黃全慶（2015）。

Unit 10-8
《社會救助法》

　　社會救助的目的是在舒緩貧窮問題，以保障國民的基本生存權。理念上，社會救助是幫助那些無法自行或自其他來源得到幫助的人；因此，社會救助雖是社會安全網（social safety net）的維護者，但也扮演最後補充者的角色，亦即，社會救助係以家庭無法有能力照顧的人群為服務對象。實務上，係經由財力調查（means test）中親屬責任原則的運用，排除那些可以自家庭獲得照顧的人口（孫健忠，2014）。社會救助的首要工作為對象的決定，亦即區分貧窮者與非貧窮者，必須透過資產調查加以確認救助資格。

　　我國的《社會救助法》在1980年制定。《社會救助法》的主要目的，係為照顧低收入戶、中低收入戶及救助遭受急難或災害者並協助其自立；所提供的社會救助，包括生活扶助、醫療補助、急難救助及災害救助。

　　我國在2010年修正的《社會救助法》中，為使社會救助朝向更具積極性，參酌Sherraden提出的資產累積福利理論，以解決阻礙貧窮家庭累積資產的制度性機制，《社會救助法》納入資產脫貧的理念，鼓勵受助者累積資產，進一步使其能整合回歸主流社會，成為具有生產力的公民。因此，《社會救助法》增列縣市主管機關為協助低收入戶及中低收入戶積極自立，得自行或運用民間資源辦理脫離貧窮相關措施，且為避免貧窮陷阱的發生，同時針對參加資產脫貧者一定期間及額度內因措施所增加之收入及存款，得免計家庭總收入及家庭財產。各縣市政府依據《協助積極自立脫離貧窮實施辦法》，辦理教育投資、就業自立、資產累積、社區產業、社會參與，以及其他創新、多元或實驗性服務等模式之脫貧措施。

　　我國的《社會救助法》中，亦納入英國《濟貧法》的親屬責任制度，其中，全家人口範圍的認定即是。但隨著社會結構的改變，這樣的親屬責任在現代化社會中備受挑戰，因此，民間團體近年來積極倡議應修正《社會救助法》，主要是因為社會結構、家庭關係等改變，如果《社會救助法》仍沿襲英國《濟貧法》的親屬責任、家戶概念，已不切實際，反而應藉此思考國家、家庭和個人的定位。

　　此外，《社會救助法》依法必須列計「虛擬收入」，因申請者所在地產業與就業機會、社會角色與環境等因素，都會影響人是否能找到薪資穩定的工作，但列計虛擬收入有其不合理性。有倡議團體認為，未來在修法時，可思考刪除虛擬收入制度，以申請者的實際所得來認定，並輔以就業服務、職業訓練等措施鼓勵工作誘因，才能讓社會救助更符合社會現況，以真正協助弱勢者。

《社會救助法》

| | 適用對象 | 低收入戶、中低收入戶 |

生活扶助、醫療補助、急難救助及災害救助 —— 救助項目

最低生活費 —— 當地區最近1年每人可支配所得中位數60%定之；變動5%以上時調整之

最近1年居住國內超過183日，且設有戶籍 —— 申請規定

中低收入戶最低生活費 —— 家庭總收入平均分配全家人口，每人每月不超過最低生活費1.5倍

配偶、一親等之直系血親、同一戶籍或共同生活之其他直系血親、認列綜合所得稅扶養親屬免稅額之納稅義務人 —— 應列入計算人口（親屬責任）

工作收入排除 —— 針對參加職業訓練及弱勢對象，訂有免列或減列收入條款

社工等多類人員執行業務知悉有社會救助需要之個人或家庭時，應通報主管機關 —— 通報機制

生活扶助增給 —— 年滿65歲、懷胎滿3個月、領有身障證明，增給補助，但最高不得逾40%

就讀高中以上學校者，低收入戶學生免除全部學雜費、中低收入戶學生減免學雜費60% —— 學雜費減免

醫療補助 —— 非健保給付之醫療費、健保費等補助

訂有符合急難救助條件之條款 —— 急難救助

災害救助 —— 視災情需要辦理災害救助

法規請至「全國法規資料庫」下載

203

第 **11** 章

老人政策

章節體系架構 ▼

Unit **11-1**
老化

在面對人口老化的趨勢，世界各國除紛紛提出有效的因應策略，以試圖減緩人口老化速度之消極式作爲外，更積極提供各種的老化（aging）概念，以協助其適應老化的過程。本單元將就相關的老化概念，說明如下：

1. 在地老化（aging in place）

在地老化是讓老人在家庭中或社區中老化，不必在成爲老人後，爲接受照顧必須離開老人原本熟悉的家庭或原本能夠適應的社區，而遷移到另外一個社區或是機構接受照顧，這種面對年老的衝擊還要重新適應新的生活、新的環境、新的朋友，以及與過去熟悉的親友們隔離，應是一件十分痛苦之事，在地老化的老人福利政策，更爲人性化（社區發展季刊，2005）。

2. 健康老化（healthy aging）

WHO對健康定義爲：「健康不僅在於疾病或虛弱狀態的消除，而是生理、心理及社會三方面的完全安適狀態。」健康老化的目標主要是提升功能能力及追求老年人生活品質（劉立凡等人，2022）。健康老化是一種不只疾病與虛弱不纏身，而且是一種生理、精神與社會福祉的完全狀態。

3. 成功老化（successful aging）

Rowe & Kahn定義成功老化爲具有能力維持以下三個關鍵的行爲或特性：疾病或失能的低風險、心智與身體的高功能，以及對老年生活的積極承諾，三者交集皆達成時，即爲最成功的老化狀況（徐慧娟，2003）。降低疾病和失能的風險是指無罹患疾病及疾病預防和對危險因子的控制；維持高度的心智與身體功能是指在身體上能有基本的行動能力，同時無記憶障礙和具溝通表達能力；積極參與晚年生活是人際關係的參與，同時具備生產力。

4. 生產老化（productive aging）

生產老化是指中高齡者在退休後，仍然保有貢獻或服務社會的動能，並繼續不斷地以行動參與社會，發揮實際的影響力（胡夢鯨等人，2006）。生產老化是指個人身體和心理的成功老化，再加上積極的參與經濟與社會的生活，讓這些長者在社會上可以扮演貢獻者的角度。生產老化可藉由從事有酬的工作、志願服務、教育、運動、休閒旅遊、政治參與或倡導活動來達成。

5. 活躍老化（active aging）

國內對於active aging有不同的翻譯方式，包括「積極老化」、「活力老化」。

活躍老化是聯合國2002年提出的概念，是指爲了促進老人的生活品質，而有一個樂觀的健康、參與和安全機會的過程。活躍老化包括健康、社會參與、安全等三大政策面向。

活躍老化的三大政策面向（支柱）

活躍老化

社會參與　健康　安全

活躍老化之決定因素

聯合國《老人綱領》

面向（支柱）	說明	案例
健康	健康是影響高齡者生活滿意度之重要因素，影響健康的危險因子，包括環境因素和個人行為因素。保護因子意指能保護個體免於危險傷害，有助於發展克服困境能力的緩衝機制及調節危險事件的影響。保護因子及其歷程經常與個人、家庭及社會環境的互動有關，其是否能發揮作用，需視是否能減低危險衝擊、降低暴露險境的機會或負向生活事件經歷的連鎖反應、促進個體自我效能與自我尊重，找到新方向所需的資源並善用之。	協助降低重大疾病危險因子及增加保護健康的因子。
社會參與	高齡者持續投入有意義的學習、社會等活動，與他人持續建立親密的關係，保持心智與生理上的活躍，並發揮認知功能，將有助於高齡者尋求個人的生命意義及自我認同，進而邁向成功老化。	參加志願性服務活動，有利於提升自我價值感。
安全	主要強調老人在社會、財務與身體等方面的安全和需要，以保障老人的權利與需要，並維護其尊嚴。	規劃「以房養老」，老人得將所持有之房屋抵押給銀行，銀行一次或分多次給付費用，以維持其晚年生活。

資料來源：WHO（2002）；文字整理自楊志良（2000）；表格作者自繪。

Unit 11-2
高齡社會白皮書

根據國家發展委員會推估，2026年我國老人人口占總人口比率將達20.8%，接近聯合國定義的超高齡（super aged）國家老人人口占21%，至2036年更將達28%，進入極高齡（ultra aged）國家。

為回應高齡者之多元需求，我國的「高齡社會白皮書」，揭示自主、自立、共融、永續四大發展願景，並以「提升長者支持」與「強化社會能力」為指導原則。說明如下：

(一) 自主：國家應考量高齡者需求的異質性，引導社會各部門共同發展多元化的高齡服務，以利高齡者自主選擇。

(二) 自立：國家應滿足高齡者個人的基本需求，提升生活自立，並促進社會參與和連結，保障基本人權。

(三) 共融：國家應促進高齡者與其他年齡群體的互動，去除社會對於高齡者的刻板印象與年齡歧視，強化世代連結與融合。

(四) 永續：國家應強化社會核心制度的健全發展，降低人口結構快速變遷對社會的衝擊，穩固高齡社會的運作與永續發展。

為了達成上述四大願景，下列五大目標為高齡社會發展的政策方針：

(一) 增進高齡者健康與自主：提升高齡者健康活力、生活福祉及自主選擇權利，保障獲得優質的醫療服務與社會照顧。

(二) 提升高齡者社會連結：鼓勵並支持高齡者參與就業、社會服務、進修學習，維持活躍的社會生活。

(三) 促進世代和諧共融：消弭世代隔閡，促進高齡者與不同世代的交流互動，相互同理與彼此尊重。

(四) 建構高齡友善及安全環境：破除社會對高齡者的刻板印象與年齡歧視，協助改善居家環境與安全，並提升社會環境對於高齡者的友善性與安全性。

(五) 強化社會永續發展：強化因應人口高齡化的社會基礎，穩固重要社會制度的健全運作，促進社會永續發展。

此外，行政院頒訂之「因應超高齡社會對策方案」（112-115年），係以前述「高齡社會白皮書」之五大目標進行計畫研訂「因應超高齡社會對策方案」。為回應高齡社會需求，結合智慧科技促進高齡者健康、提升社會參與機會，因地制宜提升照顧量能與服務品質，增進區域資源平衡，落實全人整合照顧理念，並發展高齡創新產業，打造支持高齡者友善無礙共融的環境。本方案透由跨部會協力推動「增健康、有照顧」、「廣參與、助活力」、「數位力、樂學習」、「無障礙、增自立」，及「興產業、穩財源」作為五大重點工作，以達「增進高齡者健康與自主」、「提升高齡者社會連結」、「促進世代和諧共融」、「建構高齡友善及安全環境」、「強化社會永續發展」之政策目標。

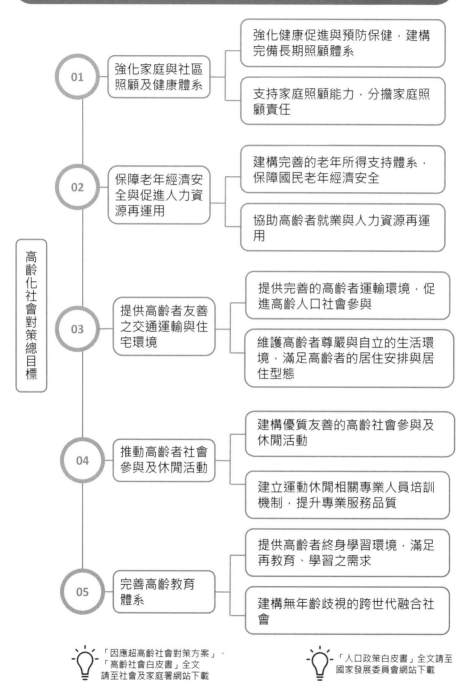

我國「人口政策白皮書——少子女化、高齡化及移民」之「高齡化社會」對策總目標

高齡化社會對策總目標

01 強化家庭與社區照顧及健康體系
- 強化健康促進與預防保健，建構完備長期照顧體系
- 支持家庭照顧能力，分擔家庭照顧責任

02 保障老年經濟安全與促進人力資源再運用
- 建構完善的老年所得支持體系，保障國民老年經濟安全
- 協助高齡者就業與人力資源再運用

03 提供高齡者友善之交通運輸與住宅環境
- 提供完善的高齡者運輸環境，促進高齡人口社會參與
- 維護高齡者尊嚴與自立的生活環境，滿足高齡者的居住安排與居住型態

04 推動高齡者社會參與及休閒活動
- 建構優質友善的高齡社會參與及休閒活動
- 建立運動休閒相關專業人員培訓機制，提升專業服務品質

05 完善高齡教育體系
- 提供高齡者終身學習環境，滿足再教育、學習之需求
- 建構無年齡歧視的跨世代融合社會

「因應超高齡社會對策方案」、「高齡社會白皮書」全文請至社會及家庭署網站下載

「人口政策白皮書」全文請至國家發展委員會網站下載

Unit 11-3
以房養老（不動產逆向抵押）

傳統上，房屋抵押貸款係指購屋者在支付部分房款後，其差額透過以所購房屋作抵押向銀行貸款，然後由購屋者在一個較長時間內分期償還給銀行的一種貸款形式，當債務清償後，房屋之抵押權塗銷，借款人取回該房屋之所有權，但「逆向房屋抵押貸款」的現金流向與普通的抵押貸款正好相反。

「以房養老」是「逆向房屋抵押貸款」（reverse mortgage, RM），亦稱為「不動產逆向抵押」。其內涵為長者將自有田宅向融資機關（政府或金融機構）抵押，來換取生活資金，至死亡前後償還本息的貸款方式（薛承泰等人，2010）。「逆向抵押」其實是來自於一般抵押的反向作為。房舍逆向抵押主要目的是為了協助老人利用自己的房屋淨值來維持或補充未來的養老生活（鄭堯任等人，2010）。

由於人口的高齡化以及逐年增加的獨居長者，其生活困難卻未必符合「低收入戶」規定，例如：擁有不動產而且超過門檻，卻無現金可供日常生活支用。為解決此困境，不動產「逆向抵押」是一個選擇，係把老人所擁有固定的資產轉變為可以流動的現金。因為多數長者需要的不是一筆資金，而應是穩定的收入來支付養老所需（如按月或年領取的年金），而且能夠住在自己熟悉的家。

「逆向抵押」是將長者將自有的房舍（或其他不動產）之產權抵押給金融機構，金融機構評估房屋的現值、未來的增值與折舊，然後根據長者所選擇的抵押期（例如：終身或一定期限）進行精算，按月或按年支付給長者，直到長者往生或期滿為止，在這段期間長者仍可居住在已設定抵押的房舍中，而長者並不以將來取回房子為目的。

隨著社會的變遷及少子女化，我國老人經濟來源以子女奉養為主將逐漸式微，在人口高齡化的趨勢下，家庭恐無力承擔上一代老人經濟保障之責任。且平均餘命的延長，醫療與長期照顧相關的費用與日俱增，再加上我國的社會保險年金制度面臨財務危機，加上通貨膨脹，未來許多的高齡者有可能陷入年金貧窮。詹火生（2010）指出，世界銀行於2005年提出新的多層次老年經濟保障模式中，最大改變係將「家庭養老」納入建構考量，此部分即華人傳統觀念所強調之「養兒防老」，其優點不僅能落實在地老化之理想，亦能同時減輕政府對於老年人經濟保障之負擔。「以房養老」的制度，可以提供老年民眾籌措退休生活費用時的另一種選擇。

逆向抵押貸款與一般抵押貸款之差異

比較項目	逆向抵押貸款 （reverse mortgage）	一般抵押貸款 （forward mortgage）
融資餘額與持分關係		
目的	■ 生活資金的填補	■ 購置住宅
貸款者年齡	■ 原則為超過65歲之老人	■ 通常為較年輕借款者
融資方法	■ 契約簽訂時整筆融資 ■ 契約期間中分割融資（年金方式）	■ 契約簽訂時整筆融資
貸款成數	■ 較低	■ 較高
貸款考慮因素	■ 申請人年齡及健康狀況、房價價值變動、市場利率變動	■ 抵押品價值、借款人還款能力
償還方法	■ 契約終結時本利合計整筆償還 ■ 每月償還利息，本金於契約終結時整筆償還	■ 融資期間中定期分割償還
貸款到期日	■ 不確定	■ 確定
契約終結時之狀況	■ 負債大 ■ 住宅的大部分由債權人持分	■ 零負債 ■ 住宅的全部歸債務人（購買者）持分

資料來源：整理自鄭堯任等人（2010）；監察院（2018）。

Unit 11-4
《老人福利法》

《老人福利法》於1980年與《社會救助法》、《殘障福利法》同時通過，稱為「福利三法」。老人福利法的立法目的係為維護老人尊嚴與健康，延緩老人失能，安定老人生活，保障老人權益，增進老人福利，並將老人年齡界定為年滿六十五歲以上之人。

1991年聯合國通過的《聯合國老人綱領》，該綱領為老年人之生存權與健康權之實質內容，提出了五個要點供簽約國所參考和遵循，包括：獨立（independence）、參與（participation）、照顧（care）、自我實現（self-fulfillment）、尊嚴（dignity）。我國《老人福利法》在此之後的修法，即將此五要點列為老人福利的推動原則，並在法條架構中納入「權責分工、專業服務」、「促進經濟保障」、「在地老化、社區化服務」、「多元連續性服務」、「促進社會參與」、「強化家庭照顧支持」、「強化老人保護網絡」等制度。說明如下：

1. 「權責分工、專業服務」面向：規範了各目的事業主管機關權責劃分，以提供專業的服務。

2. 「促進經濟保障」面向：對於老人經濟安全保障，採生活津貼、特別照顧津貼、年金保險制度方式，逐步規劃實施；以及針對特殊對象，提供生活津貼、特別照顧津貼。

3. 「在地老化、社區化服務」面向：為提高家庭照顧老人之意願及能力，提升老人在社區生活之自主性，提供社區服務，包括保健服務、醫護服務、復健服務、輔具服務、心理諮商服務、日間照顧服務、餐飲服務、家庭托顧服務等。

4. 在「多元連續性服務」面向：揭示老人照顧服務應依全人照顧、在地老化、健康促進、延緩失能、社會參與及多元連續服務原則規劃辦理。

5. 「促進社會參與」面向：主管機關應自行或結合民間資源，鼓勵老人組織社會團體，從事休閒活動，及鼓勵老人參與志願服務。

6. 「強化家庭照顧支持」面向：為協助失能居家老人，提供居家式服務，包括醫護服務、復健服務、身體照顧、家務服務、關懷訪視服務、電話問安服務、餐飲服務、緊急救援服務、住家環境改善服務等。

7. 「強化老人保護網絡」面向：對於老人保護訂有「保護措施」的相關規定，包含直系血親須對老人照料，不得遺棄、虐待、施以危難行為；有生活、生命危困之老人，政府須出面介入給予其適當安置；建立老人保護體系，有扶養、照顧老人之個人或機構，若有遺棄、妨礙自由、傷害、身心虐待、疏忽老人等實際行為，應接受輔導教育、罰鍰以及處罰等；而網絡通報制度之建立，包括醫事人員、社會工作人員、村（里）長與村（里）幹事、警察人員、司法人員及其他執行老人福利業務之相關人員，於執行職務時知悉老人有疑似應通報之情況者，應通報當地主管機關。

《老人福利法》

	老人界定	年滿65歲
邀集老人代表、老人福利相關學者或專家、民間相關機構、團體代表、各目的事業主管機關代表組成 老人代表不得少於1/5，並應有原住民老人代表或熟諳原住民文化之專家學者至少1人	老人權益及福利會議	
	老人生活狀況調查	每5年
採生活津貼、特別照顧津貼、年金保險制度方式，逐步規劃實施	經濟安全保障方式	
	照顧服務規劃原則	應依全人照顧、在地老化、健康促進、延緩失能、社會參與及多元連續服務原則
	服務措施	包括居家式、社區式、機構式等三大類服務，各類分別訂有相關服務措施
分為長期照顧機構、安養機構，以及其他老人福利機構	老人福利機構	
	老人機構財團法人登記	私立老人福利機構者，應於3個月內辦理財團法人登記，但小型設立且不對外募捐、不接受補助及不享受租稅減免者，得免辦財團法人登記
老人有生命、身體、健康或自由之危難，主管機關得緊急安置	緊急安置	
	通報制度	社工等多類人員納入法定通報人員
違反照顧情節嚴重者，施以4-20小時之家庭教育及輔導	家庭教育及輔導	

法規請至「全國法規資料庫」下載

第 **12** 章

兒童及少年政策

 章節體系架構 ▼

Unit 12-1
兒童福利服務

兒童福利政策是社會政策的一個領域，何謂「兒童福利」？聯合國《兒童權利公約》（Declaration of the Rights of the Child, 1959）指出：「凡是以促進兒童身心健全發展與正常生活為目的的各種努力、事業及制度等均稱之為兒童福利。」此種定義強調以所有兒童為主體，經由相關制度與活動之努力，以促進兒童身心之成長與發展（林勝義，2012）。

兒童福利服務的類型，依據卡督遜（Kadushin）等人的分類，包括支持性服務（supportive service）、補充性服務（supplementary service）、替代性服務（substitutional service）等三項，林勝義（2012）則補充提出第四項為保護性服務。茲綜整說明如下：

1. 支持性服務（supportive service）

支持性服務是以家庭為基礎的計畫（home-based programs）和兒童保護機構的工作。主要目的在支持、增進及強化家庭滿足兒童需求之能力，避免家中成員因蒙受壓力，且在壓力持續一段時間之後，導致家庭關係或結構的破壞，因而影響兒童之福祉。支持性服務為兒童福利的第一道防線。例如：推動育兒津貼及托育費用補助，支持家庭育兒照顧需求。

2. 補充性服務（supplementary service）

補充性服務的目的在彌補家庭對其子女照顧功能之不足或不適當的情況。尤其當兒童的家庭發生困難，或其雙親因能力的限制，以致無法充分提供兒童

照顧時，則往往需要從家庭系統之外給予補充性的服務。例如：提供高風險家庭經濟扶助、醫療補助、托育照顧、就學輔導、就業服務與衛生醫療等多元化服務資源，希望透過資源的介入與充實，以提供家庭與兒童及少年照顧的支持，避免兒虐及未獲適當養育照顧情事之發生。

3. 替代性服務（substitutional service）

替代性服務是在家庭發生特殊狀況致嚴重危害兒童受教養的權益，需要短暫或永久解除親子關係時，將兒童進行家外安置或收養之服務。替代性服務必須以「兒童的最佳利益」作為家外安置服務的主要依循準則。例如：安置兒童及少年時，應循安置於親屬家庭、寄養家庭、教養機構或其他安置機構之順序為原則。

4. 保護性服務

保護性服務是指兒童被其家庭成員不當對待，如虐待、疏忽等，而導致身體、心理、社會、教育等權益受損，公權力必須給予保護。例如：兒童有遭遇《兒童及少年福利與權益保障法》規定應保護之各款情形者，縣市主管機關應予保護、安置或為其他處置；必要時得進行緊急安置。

CHILD
PROTECTION

第一級 / 初級預防

目的在於「防範於未然」，希望透過兒童保護觀念的宣導，來遏止兒童虐待新案的發生，尤其是針對兒童虐待發生高危險群的施虐者進行積極性的預防性教育工作。

第二級 / 次級預防

目的是藉由幫助受虐兒童及施虐者，使傷害狀況不會繼續發生。其策略是透過通報系統及緊急安置服務，讓受虐兒童立即離開受虐環境，以免持續受害或受害程度加重。

第三級預防

目的是將受傷害程度減至最低，並減少擴大傷害的可能性。方法是透過治療、追蹤輔導，讓受虐兒童得以重建信任感、歸屬感，讓施虐者接收強制性親職教育、增加親職功能，並且透過處遇計畫或提升家庭功能，避免再次受虐。

Unit 12-2
《兒童及少年福利與權益保障法》

　　我國於1973年制定《兒童福利法》，1989年制定《少年福利法》。然而，兒少的保護、福利措施與相關需求均有其一致性與延續性，及為了因應兒童及少年持續出現的新議題、避免兒少保障資源的重疊與整合行政體制，並且符合聯合國《兒童權利公約》的國際潮流，而將18歲以下規範在同一法制中，於2003年完成《兒童及少年福利法》合併修正三讀；2011年修正《兒童及少年福利法》，並更名為《兒童及少年福利與權益保障法》。至此，我國不僅提供更完善的兒少福利，也周延的維護兒少權益，更充分展現落實聯合國《兒童權利公約》的決心與努力（葉肅科，2012）。

　　聯合國於1989年通過之《兒童權利公約》，其四項普遍性指導原則，包括：禁止差別待遇、兒童最佳利益、生存與發展權、意見表達與參與權。依《兒童及少年福利與權益保障法》之立法目的，係為促進兒童及少年身心健全發展，保障其權益，增進其福利。兒童係指未滿十二歲之人；少年則指十二歲以上未滿十八歲之人。此法規範兒童及少年之權益受到不法侵害時，政府應予適當之協助及保護，即為禁止差別待遇之意涵；此外，此法規定，在處理兒少事務時，應以兒童及少年之最佳利益為優先考量，並依其心智成熟程度權衡其意見。此即符合聯合國兒童最佳利益、意見表達與參與權之指導原則意旨；另此法規定為維護兒童及少年健康，促進其身心健全發展，對於需要保護、救助、輔導、治療、早期療育、身心障礙重建及其他特殊協助之兒童及少年，應提供所需服務及措施，亦即為維護兒少生存與發展權之意涵。

　　在《兒童及少年福利與權益保障法》中，訂有法定責任通報制度。此制度係期藉由規範專業人員的通報責任，要求於執行職務的過程中，若接觸到具有協助需求的家庭，應透過通報以連結相關資源，保護兒童少年免於傷害，善盡專業職責。例如：我國《兒童及少年福利與權益保障法》中，規範醫事人員、社會工作人員、教育人員、保育人員、教保服務人員、警察、司法人員、移民業務人員、戶政人員、村（里）幹事及其他執行兒童及少年福利業務人員，於執行業務時知悉兒童及少年有依法應通報情形者，應立即向縣市主管機關通報，至遲不得超過二十四小時。這項規定係課予特定人員有通報之責任並訂有罰則，以使兒少保護通報網絡更為綿密，以利相關主管單位的即時介入。

《兒童及少年福利與權益保障法》

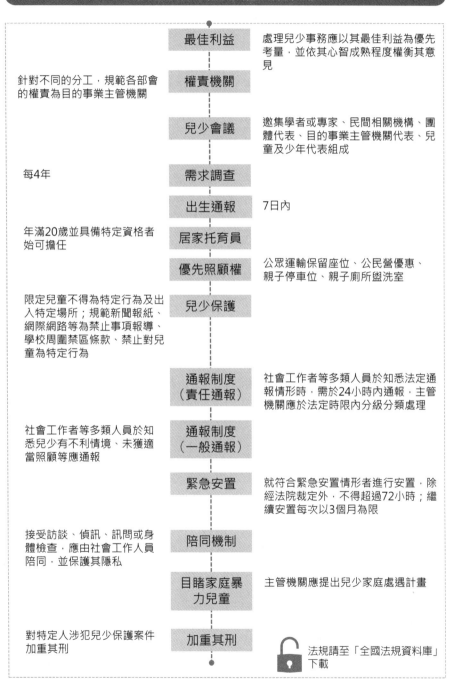

	最佳利益	處理兒少事務應以其最佳利益為優先考量，並依其心智成熟程度權衡其意見
針對不同的分工，規範各部會的權責為目的事業主管機關	權責機關	
	兒少會議	邀集學者或專家、民間相關機構、團體代表、目的事業主管機關代表、兒童及少年代表組成
每4年	需求調查	
	出生通報	7日內
年滿20歲並具備特定資格者始可擔任	居家托育員	
	優先照顧權	公眾運輸保留座位、公民營優惠、親子停車位、親子廁所盥洗室
限定兒童不得為特定行為及出入特定場所；規範新聞報紙、網際網路等為禁止事項報導、學校周圍禁區條款、禁止對兒童為特定行為	兒少保護	
	通報制度（責任通報）	社會工作者等多類人員於知悉法定通報情形時，需於24小時內通報，主管機關應於法定時限內分級分類處理
社會工作者等多類人員於知悉兒少有不利情境、未獲適當照顧等應通報	通報制度（一般通報）	
	緊急安置	就符合緊急安置情形者進行安置，除經法院裁定外，不得超過72小時；繼續安置每次以3個月為限
接受訪談、偵訊、訊問或身體檢查，應由社會工作人員陪同，並保護其隱私	陪同機制	
	目睹家庭暴力兒童	主管機關應提出兒少家庭處遇計畫
對特定人涉犯兒少保護案件加重其刑	加重其刑	法規請至「全國法規資料庫」下載

Unit **12-3**
《兒童及少年性剝削防制條例》

我國於1995年制定《兒童及少年性交易防制條例》。此條例將利用兒少賣淫定義爲「兒少性交易」，不僅不符合公約精神，且因爲有事前談價、事後付款，你情我願之涵義，完全忽略兒少與成年人在年齡身分、經濟條件及社會地位等各方面之權力不平等關係，以致兒少被汙名化及被害人輕判化的結果（李麗芬，2002）。

聯合國《兒童權利公約》第34條規定，締約國承諾保護兒童免於所有形式之性剝削及性虐待。兒童性剝削被認定是一種性虐待的形式，性剝削經驗對兒童產生永久心理或生理上的傷害，且難以痊癒。爲求更貼近兒童少年的最佳利益，2015年將法規名稱從原有暗示雙方是在平等關係上自主從事交換的「性交易」，修正爲「性剝削」，法案名稱由《兒童及少年性交易防制條例》，更名爲《兒童及少年性剝削防制條例》。

《兒童及少年性剝削防制條例》對所稱兒童或少年性剝削，指下列行爲之一者：⑴使兒童或少年爲有對價之性交或猥褻行爲；⑵利用兒童或少年爲性交或猥褻之行爲，以供人觀覽；⑶拍攝、製造、散布、播送、交付、公然陳列或販賣兒童或少年之性影像、與性相關而客觀上足以引起性慾或羞恥之圖畫、語音或其他物品；⑷使兒童或少年坐檯陪酒或涉及色情之伴遊、伴唱、伴舞或其他類似行爲。從前述觀之，性剝削的定義，並非僅是使兒童或少年爲有對價之性交或猥褻行爲外，也含括利用兒少從事色情表演以供人觀覽等情形，及製造兒少色情物品納入性剝削範疇。

在法定責任通報制度上，《兒童及少年性剝削防制條例》亦有與《兒童及少年福利與權益保障法》相同之制度設計。《兒童及少年性剝削防制條例》規範醫事人員、社會工作人員、教育人員、保育人員、移民管理人員、移民業務機構從業人員、戶政人員、村里幹事、警察人員、司法人員、觀光業從業人員、電子遊戲場業從業人員、資訊休閒業從業人員、就業服務人員、公寓大廈管理服務人員及其他執行兒童福利或少年福利業務人員，於執行職務或業務時，知有被害人，應即通報當地直轄市、縣（市）主管機關，至遲不得超過二十四小時。且於知悉後，通報遲不得超過二十四小時。

此外，在評估遭受性剝削或疑似遭受性剝削之被害人是否安置，將考量被害人有無安置的需求。倘被害人就學、就業、生活適應、人身安全及其家庭保護教養功能無虞，經評估無安置需求者，將交由父母、監護人保護教養；如經評估有安置需求的被害人，將由主管機關安置於適當場所或提供其他協助措施，以提供符合需求的多元服務。

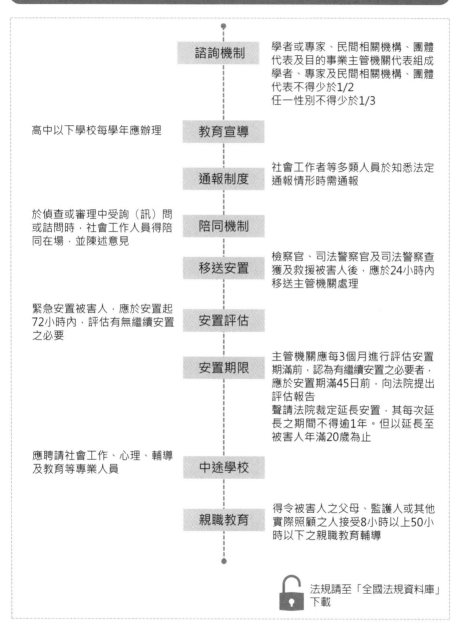

《兒童及少年性剝削防制條例》

諮詢機制
學者或專家、民間相關機構、團體代表及目的事業主管機關代表組成
學者、專家及民間相關機構、團體代表不得少於1/2
任一性別不得少於1/3

高中以下學校每學年應辦理 — **教育宣導**

通報制度
社會工作者等多類人員於知悉法定通報情形時需通報

於偵查或審理中受詢（訊）問或詰問時，社會工作人員得陪同在場，並陳述意見 — **陪同機制**

移送安置
檢察官、司法警察官及司法警察查獲及救援被害人後，應於24小時內移送主管機關處理

緊急安置被害人，應於安置起72小時內，評估有無繼續安置之必要 — **安置評估**

安置期限
主管機關應每3個月進行評估安置期滿前，認為有繼續安置之必要者，應於安置期滿45日前，向法院提出評估報告
聲請法院裁定延長安置，其每次延長之期間不得逾1年。但以延長至被害人年滿20歲為止

應聘請社會工作、心理、輔導及教育等專業人員 — **中途學校**

親職教育
得令被害人之父母、監護人或其他實際照顧之人接受8小時以上50小時以下之親職教育輔導

🔒 法規請至「全國法規資料庫」下載

Unit 12-4
《兒童及少年未來教育與發展帳戶條例》

　　傳統濟貧策略或政策多採現金補助，用以維持貧窮家戶一定的消費水準，為消費取向的協助。傳統的救助和社會福利服務不能夠具體解決實質的問題，是因為在消費社會裡，所得增加不一定能減低貧窮，但資產累積卻較有可能。Sherraden提出資產累積福利理論，主張透過制度性的機制設計，協助與促進低收入家戶形成及累積資產，增強其抗貧性，走向自立。

　　Sherraden以其資產累積福利理論為基礎提出「個人發展帳戶」（individual development accounts），其發現影響家戶之儲蓄行為有以下四個原因：⑴可近性（access）、⑵理財資訊（information）、⑶誘因（incentives）和⑷促成契約（facilitation）（Sherraden, 1991）。基於此理論觀點，家戶可依照自己的意願與能力將每月額外的收入定期儲蓄，透過適度的誘因和可視能力選擇儲蓄的制度。儲蓄誘因來自於方案贊助人依照家戶儲蓄金額提撥一定比例的配合款，促發家戶的儲蓄行動，於方案執行期間加速累積家戶資產並增進其理財技能，增強其抗貧的能力，期透過儲蓄與資產累積正向影響未來兒少的學習成就與發展，進而有機會走向自立。

　　我國於2017年6月推動「兒童與少年未來教育及發展帳戶方案」（簡稱兒少教育發展帳戶），藉由政府提供鼓勵長期儲蓄之獎勵措施，協助經濟弱勢之兒童及少年累積未來教育及生涯發展的資產。「兒童與少年未來教育及發展帳戶方案」是兼顧人力資本及社會福利的兒童脫貧政策，結合教育投資及資產累積策略。兒少教育發展帳戶即是以四大理念為原則，包括：「投資取向的脫貧策略」、「世代正義的議題」、「資產貧窮是家戶所得分配不均的核心」、「機會成本的議題」等，以鼓勵家長提早為兒童儲存未來的教育基金，政府並投資貧窮家庭兒童少年的教育資本，降低他們的貧窮背景對兒童及少年的影響，增加未來的發展機會。而為使方案法制化，2018年5月完成《兒童及少年未來教育與發展帳戶條例》立法程序。

　　我國的兒少教育發展帳戶，是以資產建立為主軸的社會投資政策。制度上有存款機制誘因，包括開戶金及政府提撥款，帳戶一開立後，由政府撥入開戶定額款項，及配合自存款儲蓄情形，政府即提撥同額款項；此外，訂有獎勵措施：就存款滿一定期間之開戶人提供獎勵措施以鼓勵持續存款；亦納入福利身分之帳戶儲金得免列入「家庭財產」計算以避免影響家戶福利身分資格，減少福利依賴現象之產生。

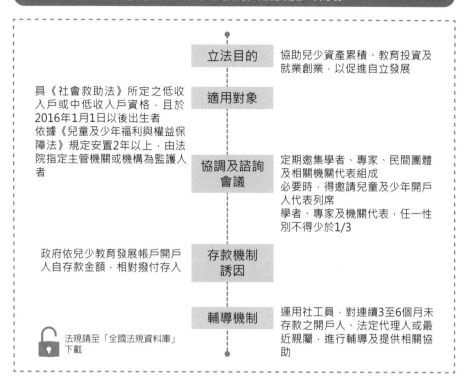

《兒童及少年未來教育與發展帳戶條例》

立法目的
協助兒少資產累積、教育投資及就業創業，以促進自立發展

適用對象
具《社會救助法》所定之低收入戶或中低收入戶資格，且於2016年1月1日以後出生者
依據《兒童及少年福利與權益保障法》規定安置2年以上，由法院指定主管機關或機構為監護人者

協調及諮詢會議
定期邀集學者、專家、民間團體及相關機關代表組成
必要時，得邀請兒童及少年開戶人代表列席
學者、專家及機關代表，任一性別不得少於1/3

存款機制誘因
政府依兒少教育發展帳戶開戶人自存款金額，相對撥付存入

輔導機制
運用社工員，對連續3至6個月未存款之開戶人、法定代理人或最近親屬，進行輔導及提供相關協助

法規請至「全國法規資料庫」下載

兒少發展帳戶實施要項

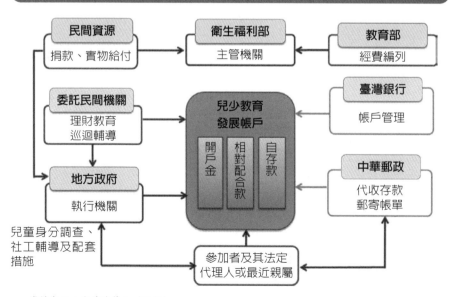

資料來源：李美珍等人（2009）。

第 **13** 章

家庭與婦女政策

● ● ● ● ● ● ● ● ● ● ● ● ● ● ● ● ● ● ● 章節體系架構 ▼

Unit **13-1**
家庭政策

圖解社會政策與社會立法

226

美國社會工作學者卡莫蔓與康恩（Kamerman & Kahn）：「家庭政策是政府對家庭所做的一切事情」，包含三個條件：⑴政府從事特定方案與政策，來達成明顯的、同意的家庭目標；⑵即使沒有同意的總體目標，政府仍然為家庭進行某些方案與政策；⑶政府的行動與方案並非特定針對家庭，但是對家庭產生附帶效果（林萬億，2022）。

各國政府對於家庭政策的立場，會受到意識型態的影響。例如：家庭保守主義觀點認為，在面對社會變遷對家庭的影響下，政府的政策應致力於重啟傳統的家庭型態；家庭務實主義主張，現今的家庭改變是社會大趨勢變動的一部分，已經難以回復，所以，政策應朝向接納與支持這些新的家庭形式；女性主義的若干主張與家庭務實主義相接近，但女性主義者更集中於兩性的不平等關係上；家庭自由主義正向歡迎社會變遷及家庭型態的改變，認為這是增加人們選擇生活的自由度及自主權，並不認為國家應對家庭變遷予以干預或採取行動。

我國於2004年10月18日於行政院社會福利推動委員會第八次會議通過「家庭政策」，於2015年修正的家庭政策，定位在增強家庭功能，透過積極性的社會政策創造一個合適的環境，建立協助家庭健全發展之平臺機制，調整為五大政策目標，包括：⑴發展全人照顧與支持體系，促進家庭功能發揮；⑵建構經濟保障與友善職場，促進家庭與工作平衡；⑶落實暴力防治與居住正義，促進家庭和諧安居；⑷強化家庭教育與性別平權，促進家庭正向關係；⑸宣導家庭價值與多元包容，促進家庭凝聚融合。

2021年再修正的家庭政策，主要原因為涉及家庭需求之協助與家庭議題之關注，影響較為密切者包括人口、福利、健康、住宅、就業、教育及性別等面向。近年來政府持續滾動檢討修訂《性別平等政策綱領》、推動年金制度改革；通過《長期照顧服務法》、「長期照顧十年計畫2.0」、「我國少子女化對策計畫」、「強化社會安全網計畫」；落實推動《家庭教育法》及「推展家庭教育中程計畫」等，積極回應整體社會發展之需求。

針對提供家庭發展完整的資源與服務，延續2015年提出之政策目標並增修為2021年修訂之家庭政策的六大目標，包括：⑴強化家庭教育與性別平權，促進家庭正向關係；⑵宣導家庭價值與多元包容，促進家庭凝聚融合；⑶發展全生命歷程支持體系，促進家庭功能發揮；⑷建構經濟保障與友善職場，促進家庭與工作平衡；⑸維護家庭適足住宅權益，提供家庭宜居環境；⑹提升暴力防治與保護服務，營造家庭安全環境。

貧窮女性化

黛安・皮爾斯
（Diane Pearce）
美國學者

◻ 「貧窮女性化」（feminization of poverty）這個名詞，是在1978年首次由美國學者Diane Pearce所提出的，用以描述美國當時日益增加的女性貧窮人口組成。

◻ Diane Pearce指出，貧窮已經快速地成為女性的問題，她認為許多女人藉由參與勞動市場取得獨立於丈夫之外的經濟獨立，但這種經濟獨立的代價是貧窮及對福利的依賴。

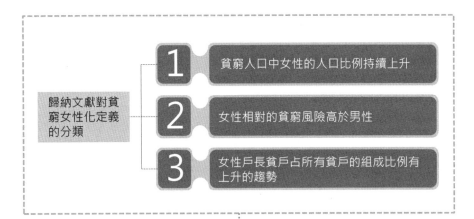

歸納文獻對貧窮女性化定義的分類

1　貧窮人口中女性的人口比例持續上升

2　女性相對的貧窮風險高於男性

3　女性戶長貧戶占所有貧戶的組成比例有上升的趨勢

◻ 前述三種定義皆指稱貧窮女性化為一長期動態的過程，並且涉及兩性占總人口組成的比重多寡。

◻ 因此，貧窮女性化是一種相對的概念，表示婦女經濟福祉相對於男性經濟福祉的變化情況。

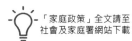

「家庭政策」全文請至
社會及家庭署網站下載

Unit 13-2
《婦女政策綱領》

我國於2004年1月9日行政院婦女權益促進委員會會議通過《婦女政策綱領》，說明如下：

一、基本理念

兩性平等參與及共治共決。

二、基本原則

（一）兩性共治共決的政策參與

凡是牽涉國家、社會事務任何面向的決策，都應由兩性共同參與，惟屬於女性面向的事務應由女性主導，這樣不僅能夠避免導致國家、社會發展偏頗，更能積極為既有制度、習俗、觀念注入來自不同性別的新鮮靈感，持續發揮制衡與創新的效果。

（二）提升婦女勞動參與率、建立女性經濟自主的勞動政策

各項政策之設計，應以增進女性就業、經濟安全及社會參與為優先考量，並強化家庭支持體系，積極協助女性排除照顧與就業難以兼顧的障礙，促進婦女充分就業。

（三）降低婦女照顧負擔、協助婦女自立的福利政策

從「福利」和「脫貧」等同並置的觀點，規劃婦女福利政策。正視女性需求，建立普及照顧的福利服務制度，並將女性照顧長才轉化為協助女性經濟自立的有利條件，成為女性擺脫貧窮、獲得薪資、打破社會孤立之依據，協助婦女自立。年金制度之設計應考量女性工作型態，充分計算每份工作的勞動貢獻，達到婦女老年經濟安全的最高保障。

（四）落實具性別平等意識、尊重多元文化之教育政策

應重視女性的階級、族群、城鄉、天分潛能及性傾向等方面的差異。在教育過程中，針對特殊需求給予積極差別待遇，俾使每位學生的潛能得以充分發展。同時，教育內容亦應避免以單一標準評量學生，應呈現多元的文化與價值，使學生能認識、尊重及平等對待不同的社會群體。

（五）建構健康優先、具性別意識醫學倫理的健康政策

充分回應女性的健康處境與需求，加強預防保健、生活和諧的健康概念，打破以防制疾病為主的醫療觀點；加強醫事人員的性別意識，在醫學研究中加入性別觀點，以及關懷女性健康的議題。

（六）創造一個尊重及保障的婦女人身安全環境

國家應透過政策創造一個婦女得以發展自主人格的安全、平等的環境，使婦女免於恐懼，避免遭受性侵害、性騷擾、家庭暴力及其他的社會暴力，以保障婦女人身安全。

（七）所有政策均應納入不同族群女性及弱勢婦女的需求

國家對於不同族群女性及弱勢婦女的個別需求，以及所面對的具體困境均應予以重視，並依弱勢優先之原則納入政策。而不同族群的兩性經驗、女性觀點，以及各族群原有的平權共治模式，應加以尊重和學習。

WOMEN

《婦女政策綱領》之政策內涵

1 婦女政治參與

2 婦女勞動與經濟

3 婦女福利與脫貧

4 婦女教育與文化

5 婦女健康與醫療

6 婦女人身安全

7 所有政策均應納入不同族群女性及弱勢婦女的需求

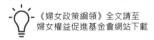

《婦女政策綱領》全文請至婦女權益促進基金會網站下載

Unit 13-3
性別主流化

圖解社會政策與社會立法

230

　　1995年聯合國第四屆世界婦女大會以「平等、發展與和平」為主軸，與會家代表共同簽署了《北京宣言》與《行動綱領》，倡議面向更為完整，將關注焦點從單一「婦女發展」轉為多元「性別平等」，並正式提出「性別主流化」之概念。

　　「性別主流化」，指的是要將性別觀點帶入到各種公共事務中，成為從規劃到執行都必須具備的主要元素。這樣的取向與以往有著顯著的差別，它讓婦女／性別關注的觸角從傳統的福利、救濟、人身安全保護等領域延伸到整個公共空間，成為普遍的價值（林芳玫等人，2003）。亦即，「性別主流化」是指在所有立法、執法、政策、方案、資源分配、組織建構等過程中，均需納入性別意識的視野，尤其是在政策的組織、改善、發展與檢討過程中，所有的參與者要能充分掌握性別平等的觀點，以達到性別平等的目的（周海娟，2008）。

　　在實踐性別主流化的面向上，包括：性別分析、婦女充權、組織的文化和價值、制度的發展等（林芳玫等人，2003；黃源協等人，2021）。茲說明如下：

1. 「性別分析」面向：透過性別分析也可以清楚存在的問題有無性別差異、解決的方法有無考量性別需求等，可以突顯出對於問題和解決方法的性別關聯，以及有無其他可能的行動方案，其目的乃在於揭示性別關係與待解決問題之間的關聯性。

2. 「婦女充權」面向：「充權」是讓一個人在知識、技巧、態度等層面上擁有足夠的能力，以因應他自身的生活與變動的世界，而「婦女充權」是發展與促進婦女社經處境的重要概念之一，使婦女在自身事務、社區或社會上，可以擁有權力、自主和影響力（Awais, Alam, & Asif, 2009；轉引自王翊涵等人，2020）。婦女充權可由強化自我效能及發展集體意識等加以實踐。

3. 「組織的文化和價值」面向：組織自身必須具有性別意識的導入，包括組織人員、組織文化、組織方案等具有性別意識的能力，才能在組織中推動性別主流化觀念。例如：組織透過對所屬人員的性別觀點教育訓練，提升人員的性別意識，使得組織在各項方案或事物推動時，能將性別觀點納入思考並付諸實施。

4. 「制度的發展」面向：性別制度的發展，在國家層面，需要各部會的支持，例如：行政部門提出建構制度法案，立法部門立法通過，之後，訂定執行策略、評估指標等，政府部門或民間組織等加以推動。

推行性別主流化政策之工具

政策工具	說明
性別統計	係指為藉由統計項目來區別性別的統計數據，以此了解不同性別者在社會中的處境與情況，簡言之，是運用性別統計數據，來描述男女兩性在社會地位與處境是否有遇到不平等之情況。例如：透過性別統計技術可以發現，男女生在使用廁所的時間長短有所差異，故在各風景區廁所的設置數量上，女性廁所間數較男性為多，就是充分運用性別統計工具。
性別分析	係指針對性別統計資訊或其他相關資訊，例如：研究報告、期刊論文或深度報導等，從具有性別意識的角度來檢視並分析社會中既存的各種性別處境與現象，並期望從中了解造成差異及不平等的真正原因。例如：編印「台灣性別圖像」，試圖透過統計數字來呈現兩性在社會各個領域處遇上的差異。
性別預算	意指在預算編列與決策的過程（編列、審查、實施和審計與評估）中，必須納入不同性別觀點與社會處境作為考量，期望從性別平等角度來考輛預算的配置情況，使得政府的稅收使用性更具正當性，當然也應該優先考量不同性別或弱勢族群相關預算的編列。
性別影響評估	此工具可算是落實性別主流化最具體的工具，意旨在制定任何政策或法律前，都應藉此工具加以審視，將不同的性別觀點與角度納入考慮選項，不論對任一性別的影響都應該審慎考量。
性別意識培力	透過各種訓練課程，增加人員在性別意識與性別上的敏感度，進而提升落實性別主流化的能力，使其在政策規劃、決策、執行與評估時，能具有性別觀點或從不同的角度審視個案。
性別平等機制	係屬建構在組織內部推動性別平等與落實性別主流化政策的單位。例如：藉由組織內部單位開設的性別主流化研習班，透過內部訓練方式使其成員了解性別主流化的意涵與重要性，使其能在日常業務中妥善運用相關概念以達到追求性別平等之目標。

資料來源：文字整理自人事行政總處（2004）；表格作者自繪。

Unit 13-4
《性別平等政策綱領》

行政院於2011年頒布《性別平等政策綱領》，2017年修正，復於2021年再次修正。為擘劃我國性別平等政策方向，行政院訂定《性別平等政策綱領》作為國家性別平等政策發展的指導方針，於既有性別平等的基礎及成果上，因應社會發展與國際人權趨勢，內容涵納女性地位提升、性別平等參與、性別人權保障及不利處境者權益促進等，致力營造尊重多元與性別平等的公義社會。茲將2021年修正之《性別平等政策綱領》重要內容，彙整如下：

一、願景

保障自由、自主的性別人權，建立共治、共享、共贏的永續社會。保障不同性別者都能享有自由、自主的權利，獲得實質平等的發展與促進，進而營造一個多元共治、資源共享與平權共贏的永續社會。

二、理念

(一) **性別平等是公平正義、永續社會的基石**：社會係由不同性別、族群、文化所組成，忽視多元差異將產生歧視與偏見，造成相對剝削與衝突，影響社會體系運作的秩序。因此，建立包容與尊重多元差異的性別友善環境，保障不同性別者的權利，尤其關注不利處境者，在性別平等的基礎上實現自我，以達成公平正義的永續社會。

(二) **提升女性權益是促進性別平等的優先任務**：傳統性別角色、文化規範及社會制度長久以來限制了女性在婚姻、家庭及職場的地位、資源與權利，使女性在公、私領域的可見性、主體性及發展明顯不及於男性，不僅妨礙社會和家庭的繁榮進步，亦使女性難以充分發揮為國家及人類服務的潛力。因此，透過破除文化習俗與媒體中的性別刻板印象、改變家庭與職場任務定型化分工、加強家庭支持系統的公共化及多元化，營造性別平權的社會環境，以保障女性不受任何阻礙行使權利，在各領域自主充分發揮潛力，提升女性權益，是實踐性別平等的優先任務。

(三) **性別主流化是實現施政具性別觀點的有效途徑**：政府在制定政策過程中，往往容易忽略不同性別者生命經驗及其所受社會結構因素的影響，導致未能充分考量不同性別者處境與需求。為導正此現象，運用性別主流化策略，促進各項施政皆能具備性別觀點，使不同性別者都能平等享有參與社會、公共事務及資源取得的機會，實踐施政以人為本的目標。

(四) **尊重、保護與實現不同性別者在各領域的權利是國家的義務**：為使不同性別者都能享有機會平等、取得資源的機會平等及結果平等，政府應制定具性別觀點的法規、政策，中央與地方共同合作，結合民間力量並接軌國際，於決策參與、女性經濟賦權、社會文化、人身安全、健康照顧、環境能源與科技等領域創造有利環境，以達到全面實質性別平等。

性別平等政策綱領之政策目標

GENDER EQUALITY

政策目標	說明
1. 促進決策參與的性別平等	增進女性培力與發展，強化領導力，擴大女性參與政治、國家及公共事務的管道，建立性別平權的決策參與機制，增加不利處境者參與機會，以促進權力、決策及影響力的性別平等。
2. 整合就業與福利提升女性經濟賦權	整合就業與福利資源，促進女性勞動參與，營造性別友善職場，縮減職場性別隔離與薪資落差，維護女性勞動尊嚴與價值，推動混合式經濟體制，協助女性就創業及技能建構，以提升女性經濟賦權，保障女性經濟安全。
3. 建構性別平等的社會文化	培養全民性別平等意識及尊重多元文化的觀念，認同性別平等的價值並採取積極行動，消除各領域性別刻板印象、偏見、歧視，完善性別平等教育體制，避免教育及職業等性別隔離，重視多元家庭的權利，以建構性別平等社會文化。
4. 消除基於性別的暴力	建構有效的性別暴力防治網絡，加強性別暴力防治觀念宣導，消除對被害人歧視，落實被害人權益保障，積極營造性別友善社會與司法環境，研修法規及措施防治新興性別暴力，打造安全無虞的生活環境。
5. 提供性別平等的健康照顧	制定具性別意識及公平的健康、醫療與照顧政策，積極推動性別友善的醫療與照顧環境，消弭性別刻板印象對身心健康的影響，確保女性普遍享有生育健康權利，重視醫療照顧過程中的自主性，發展不同性別生命週期各階段的身心整合健康資訊與服務，以提供性別友善的健康照顧及家庭支持服務。
6. 落實具性別觀點的環境、能源與科技發展	促進女性在環境能源與科技領域進入與發展，縮減性別落差，確保參與決策機會；推動性別化創新，強化科學研究、科技產品研發、氣候變遷調適與減緩措施、都市空間與交通規劃設計等納入性別觀點，回應不同性別者的基本需求，以促進資源的分配正義與社會的永續發展。

資料來源：性別平等政策綱領（行政院110年5月19日修正版本）。

233

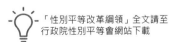

「性別平等改革綱領」全文請至
行政院性別平等會網站下載

Unit **13-5**
《家庭暴力防治法》與《特殊境遇家庭扶助條例》

一、《家庭暴力防治法》

我國的《家庭暴力防治法》於1998年制定，打破了長久以來法不入家門的觀念，創下保護被害人與防治暴力的里程碑。《家庭暴力防治法》促使公權力積極介入家庭，家庭暴力不是家務事，是嚴重的犯罪行為，對於家庭、社會、國家均造成深遠的影響。因此，家庭暴力防治法對於政府各有關部門均課以積極介入之義務。

我國《家庭暴力防治法》對於「家庭暴力」之定義為：家庭暴力指家庭成員間實施身體、精神或經濟上之騷擾、控制、脅迫或其他不法侵害之行為。而此法的適用對象範圍，含括家庭成員、目睹兒少及未同居親密伴侶等。

家庭暴力防治法的最大特色之一，即是設立家庭暴力防治中心，提供二十四小時的諮詢及通報服務，以即時的回應及緊急救援。此法同時建構了家庭暴力安全防護網，透過危險評估，協助被害人瞭解自身危險程度，並結合警政、社政、衛生醫療、司法、檢察等跨網絡合作行動，如：聲請民事保護令、約制告誡加害人，或逮捕、拘提或預防性羈押等措施，降低被害人再受暴的風險；此外，緊急庇護服務，提供被害人安全穩定之居所，讓被害人身心得以獲得暫時安頓。

《家庭暴力防治法》為進一步協助遭受家庭暴力者，提供各項資源協助，包括：緊急生活扶助費用、醫療費用及身心治療、諮商與輔導費用、訴訟費用及律師費用、安置費用、房屋租金費用、子女教育、生活費用及兒童托育費用等。

此外，為避免加害人持續出現暴力行為，除了透過刑事司法手段，有效隔離及嚇阻外，更重要的是，透過加害人輔導與治療機制，協助加害人改變錯誤的暴力認知與行為。因此，《家庭暴力防治法》透過相對人服務方案、加害人處遇計畫，包括：認知教育輔導、親職教育輔導、心理輔導、精神治療、戒癮治療或其他輔導治療，改善加害人暴力行為，以減少及終結家庭暴力的再度發生。

二、《特殊境遇家庭扶助條例》

為協助特殊境遇婦女解決生活困難，擴大照顧遭逢變故之婦女，我國於2000年制定《特殊境遇婦女家庭扶助條例》，將女性單親家庭所需的經濟扶助納入法律的保障中。基於單親中亦有為數不少是男性，亦有經濟困難、子女照顧乏力者，卻無法獲得特殊境遇家庭之協助，故於2000年公布修正為《特殊境遇家庭扶助條例》，以扶助特殊境遇家庭解決生活困難，給予緊急照顧，協助其自立自強及改善生活環境。

《家庭暴力防治法》

整合警政、教育、衛生、社政、民政、戶政、勞工、新聞等機關設立，提供24小時電話專線及緊急救援服務	**家庭成員定義** — 配偶或前配偶；現有或曾有同居關係、家長家屬或家屬間關係者；現為或曾為直系血親或直系姻親；現為或曾為四親等以內之旁系血親或旁系姻親
	設立家庭暴力防治中心
	民事保護令（保護令） — 分為通常保護令、暫時保護令及緊急保護令三類 效期2年以下，每次得延長2年
法院核發暫時保護令或緊急保護令，得不經審理程序 緊急保護令應於4小時內核發	**暫時、緊急保護令**
	通報制度（責任通報） — 社工等多類人員在執行職務時知悉疑似家庭暴力之情形，應於24小時內通報
被害人得申請補助，共訂有六款補助項目	**核發補助**
	防治課程 — 高中以下學校每學年應有4小時以上

 法規請至「全國法規資料庫」下載

《特殊境遇家庭扶助條例》

	補助項目 — 緊急生活扶助、子女生活津貼、子女教育補助、傷病醫療補助、兒童托育津貼、法律訴訟補助及創業貸款補助
家庭總收入未超過最低生活費2.5倍及臺灣地區平均每人每月消費支出1.5倍，並符合法定情形者	**特殊境遇家庭定義**
	緊急生活扶助 — 以3個月為原則
高中及大專減免60%	**學雜費補助**
	生活津貼 — 核發最低工資的1/10

 法規請至「全國法規資料庫」下載

Unit 13-6
《性侵害犯罪防治法》

　　我國於1996年12月通過《性侵害犯罪防治法》，並於1997年1月經總統公布實施。《性侵害犯罪防治法》對於「性侵害」的定義，係指觸犯刑法相關指定法條之罪。《性侵害犯罪防治法》自制定以來，歷經多次修正。整體而言，包括加強加強被害人保護（例如：設立性侵害防治中心、建立責任通報制度、禁止揭露受性害者個人資料資訊等）、建構性罪犯社區監督制度（例如：強制治療、定期向警察機關辦理報到）等重要制度。

　　《性侵害犯罪防治法》如同《家庭暴力防治法》一樣，有規定縣市主管機關應整合所屬警政、教育、衛生、社政、勞政、新聞、戶政與其他相關機關、單位之業務及人力，設立性侵害防治中心，提供二十四小時的電話、緊急救援及相關服務；且規定侵害防治中心得與家庭暴力防治中心合併設立，並應配置社會工作、警察、衛生及其他相關專業人員。目前實務上，縣市主管機關多為與家庭暴力置中心併同成立「家庭暴力暨性侵害防治中心」。

　　《性侵害犯罪防治法》亦如同《家庭暴力防治法》，訂有法定責任通報制度，惟所規範的責任通報人員有所不同。《性侵害犯罪防治法》規定醫事人員、社會工作人員、教育人員、保育人員、教保服務人員、警察人員、勞政人員、司法人員、移民業務人員、矯正人員、村（里）幹事人員、私立就業服務機構及其從業人員，於執行職務時，知有疑似性侵害犯罪情事者，應立即向當地縣市主管機關通報，至遲不得超過二十四小時。且為避免對受性侵害在法院審理時造成再度傷害，規定法院對被害人之訊問或詰問，得依聲請或依職權於法庭外為之，或利用聲音、影像傳送之科技設備或其他適當隔離措施，將被害人與被告或法官隔離。另任何人不得以媒體或其他方法公開或揭露被害人之姓名及其他足資識別身分之資訊。

　　《性侵害犯罪防治法》規定，性侵害加害人犯有期徒刑或保安處分執行完畢、假釋、緩刑、免刑、赦免、緩起訴處分的任一種情形，經評估認有施以治療輔導必要者，縣市主管機關應命其接受身心治療或輔導教育，加害人未依規定遵守，訂有罰則；經評估認有再犯之風險，由檢察官或縣主管機關檢具相關評估報告聲請法院裁定命其進入醫療機構或其他指定處所，施以強制治療。

《性侵害犯罪防治法》

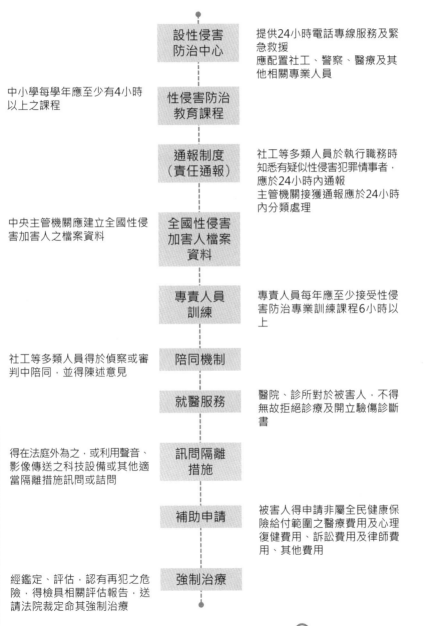

	設性侵害防治中心	提供24小時電話專線服務及緊急救援 應配置社工、警察、醫療及其他相關專業人員
中小學每學年應至少有4小時以上之課程	性侵害防治教育課程	
	通報制度（責任通報）	社工等多類人員於執行職務時知悉有疑似性侵害犯罪情事者，應於24小時內通報 主管機關接獲通報應於24小時內分類處理
中央主管機關應建立全國性侵害加害人之檔案資料	全國性侵害加害人檔案資料	
	專責人員訓練	專責人員每年應至少接受性侵害防治專業訓練課程6小時以上
社工等多類人員得於偵察或審判中陪同，並得陳述意見	陪同機制	
	就醫服務	醫院、診所對於被害人，不得無故拒絕診療及開立驗傷診斷書
得在法庭外為之，或利用聲音、影像傳送之科技設備或其他適當隔離措施訊問或詰問	訊問隔離措施	
	補助申請	被害人得申請非屬全民健康保險給付範圍之醫療費用及心理復健費用、訴訟費用及律師費用、其他費用
經鑑定、評估，認有再犯之危險，得檢具相關評估報告，送請法院裁定命其強制治療	強制治療	

 法規請至「全國法規資料庫」下載

237

Unit 13-7
《性別平等工作法》與《性騷擾防治法》

一、《性別平等工作法》

　　我國於2002年1月總統公布《性別工作平等法》，期間歷經多次的修法，2023年8月將原名稱《性別工作平等法》，修正為《性別平等工作法》。此法的立法意旨在於保障工作權之性別平等，消除性別歧視、促進性別地位實質平等。《性別平等工作法》以性別歧視之禁止、性騷擾之防治、促進工作平等措施，以及救濟及申訴程序等為主要架構。

　　《性別平等工作法》對於性別歧視之禁止，主要係規範雇主對求職者或受僱者之招募、甄試、進用、分發、配置、考績或陞遷等，不得因性別或性傾向而有差別待遇。亦即，前述之與工作相關事項，不應以性別為因素而有差異之對待。

　　《性別平等工作法》在性騷擾之防治，對於性騷擾之定義為「受僱者於執行職務時，任何人以性要求、具有性意味或性別歧視之言詞或行為，對其造成敵意性、脅迫性或冒犯性之工作環境，致侵犯或干擾其人格尊嚴、人身自由或影響其工作表現；雇主對受僱者或求職者為明示或暗示之性要求、具有性意味或性別歧視之言詞或行為，作為勞務契約成立、存續、變更或分發、配置、報酬、考績、陞遷、降調、獎懲等之交換條件。」且權勢性騷擾亦納入規範適用。《性別平等工作法》主要係規範為職場上的性騷擾；非在職場上的性騷擾，則適用《性騷擾防治法》。因此，

性騷擾事件會因為行為人身分、場所之不同，而有不同救濟及申訴程序。

　　此外，《性別平等工作法》在促進工作平等面向，包括：生理假、產檢假、分娩假、哺集乳時間、育嬰留停、家庭照顧假等友善家庭措施。

二、《性騷擾防治法》

　　我國於2005年2月公布《性騷擾防治法》，此法的性騷擾事件之處理及防治，與其他法律有不同適用情況。依性騷擾事件發生之場域及當事人之身分關係，《性別平等教育法》及《性別平等工作法》另有規定其處理及防治事項者，適用各該法律之規定，除此之外，才適用《性騷擾防治法》。

　　在性騷擾之防治及責任，課予組織組織之成員、受僱人或受服務人員人數達三十人以上者，應訂定性騷擾防治措施且公開揭示之責任。

　　《性騷擾防治法》在申訴及調查程序上，就是否為權勢性騷與否，訂有不團期限的申訴時間，且因為行為人之身分不同，有不同的申訴機關之差異。

《性別平等工作法》

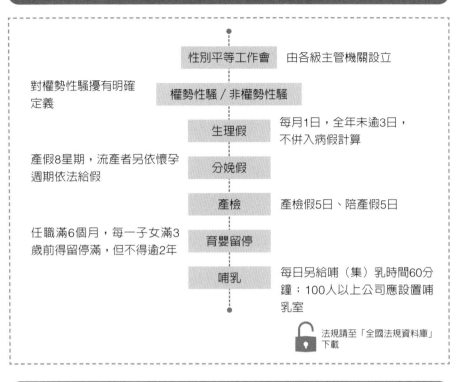

| 性別平等工作會 | 由各級主管機關設立 |

對權勢性騷擾有明確定義

| 權勢性騷 / 非權勢性騷 |

| 生理假 | 每月1日，全年未逾3日，不併入病假計算 |

產假8星期，流產者另依懷孕週期依法給假

| 分娩假 |

| 產檢 | 產檢假5日、陪產假5日 |

任職滿6個月，每一子女滿3歲前得留停滿，但不得逾2年

| 育嬰留停 |

| 哺乳 | 每日另給哺（集）乳時間60分鐘；100人以上公司應設置哺乳室 |

法規請至「全國法規資料庫」下載

《性騷擾防治法》

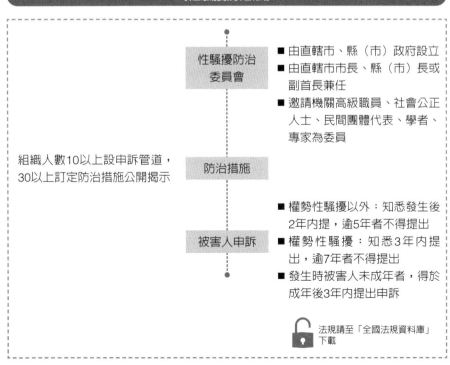

| 性騷擾防治委員會 | ■ 由直轄市、縣（市）政府設立
■ 由直轄市市長、縣（市）長或副首長兼任
■ 邀請機關高級職員、社會公正人士、民間團體代表、學者、專家為委員 |

組織人數10以上設申訴管道，30以上訂定防治措施公開揭示

| 防治措施 |

| 被害人申訴 | ■ 權勢性騷擾以外：知悉發生後2年內提，逾5年者不得提出
■ 權勢性騷擾：知悉3年內提出，逾7年者不得提出
■ 發生時被害人未成年者，得於成年後3年內提出申訴 |

法規請至「全國法規資料庫」下載

第 **14** 章

身心障礙者政策

● ● ● ● ● ● ● ● ● ● ● ● ● ● ● ● ● ● ● 章節體系架構 ▼

Unit **14-1**
身心障礙觀點：醫療模式與社會模式

看待社會政策的觀點，會影響社會政策制定的作法。在身心障礙政策領域，看待身心障礙的政策觀點，包括醫療模式的障礙觀點、社會模式的障礙觀點。茲說明如下：

一、醫療模式的障礙觀點

「醫療模式的障礙觀點」亦稱為「個人模式」。此觀點認為認為障礙是個人本身身體或心智的損傷對個人身心功能所造成的限制，並需要醫療關照或治療的狀態。醫療模式則將「身心障礙」視為一種偏離「健康」的狀態，並且就如同對於疾病的研究一樣，著重在研究身心障礙的發生原因（etiology）、病理變化（pathology）及其醫療上的症狀與結果（董和銳，2003）。

醫療模式帶有強烈的規範（normative）意味，一個人如果無法擁有跟「正常人」一樣的功能，就會被視為身心障礙人士或成為一個生病的人（蔡佳穎等人，2000）。亦即，在此模觀點下，身心障礙必須證明他們是「正常的」，對於那些無法證明自己可以正常化生活的身心障礙者，社會往往假定他們有被照顧的特殊需求，無論在教育、住宅、就業、福利服務等方面，需要以區隔的及提供不一樣的服務給予他們。

二、社會模式的障礙觀點

「社會模式的障礙觀點」與「醫療模式的障礙觀點」有不同的政策思維。此觀點認為障礙（disability）不是一種身體的狀態，而是身體與社會（social）／物理（physical）／態度（attitudinal）的環境之間無法調和，導致身心障礙者處於不利的處境，無法發揮個體的工作能力，所以「障礙」的形成是社會與政治的重構過程。Oliver認為社會模式認為障礙不只是身體損傷造成，而且是社會障礙造成的（Oliver,1996；轉引自林萬億，2022）。

社會模式異於醫療模式，關注焦點從特定個人身體的障礙，轉而強調是社會環境加諸在特定群體的障礙，它是一種社會壓迫、歧視、偏見與排除的結果（黃源協等人，2021）。社會模式亦認為移除阻礙與歧視，障礙者透過組織結社、行動與集體認同，促使社會負起改變的承諾。社會模式強調障礙本身並無對錯，但障礙者身處的社會環境與制度怎麼看待障礙、對障礙者的認知、價值與態度，致使障礙成為個體與社會環境、制度互動的產物。在社會模式障礙觀點中，身心障礙者希望能與一般非身心障礙者在生活上享有相同的機會。

社會模式的障礙觀點希望社會能夠立基在尊重、平等機會、社會正義的價值上，給予身心障礙者獨立自主、充分發展的空間，且應透過社會行動共同致力於環境改變，促使障礙者完全參與社會生活，應與一般非障礙者有同樣的機會獲得各種事務的決定權。

「醫療模式／個人模式」與「社會模式」的障礙觀點比較

障礙觀點 比較面向	醫療模式／個人模式	社會模式
哲學理念	障礙是身體或心智的損傷對個人身心功能所造成的限制；身心障礙者需要治療、復健與照顧	障礙是社會與文化對身心障礙者身心認知的構建過程所形成的歧視與阻礙；社會態度與組織必須改變
對身心障礙者的看法	身心障礙者是不幸的、無法自我照顧、需要長期依賴他人或社會的服務	身心障礙者與一般人一樣，其公民權、自由表達的意志及獨立自主的社會能力應被尊重
政策方向	治療、保護、照顧有特殊需求的身心障礙者	消除社會歧視與改變社會組織結構，提供身心障礙者平等機會、全面參與社會生活
服務決策	專業工作者為主	身心障礙者參與決策
服務輸送	以專業體系運作的機構式服務為主	以身心障礙者熟悉的社區式生活為主

資料來源：吳秀照（2011）。

醫療模式／個人模式	社會模式
個人悲劇論	社會壓迫論
個人問題	社會問題
個人處置	社會行動
醫療化	自助
專業範疇	個人與集體行動
專家鑑定	經驗
適應	肯定
個人身分	偏見
態度	照顧
控制	政策
個人調適	集體身分
歧視	行為
權利	選擇
政治	社會變遷

資料來源：Oliver（2009）；轉引自林萬億（2022）。

Unit 14-2
國際健康功能與身心障礙分類系統（ICF）

世界衛生組織（WHO）於1980年公布的障礙分類系統（ICIDH）中，損傷（impairment）指的是個體在心智、語言、聽力、視力、肢體或顏面等功能上的缺損；而障礙（disability）是指顯現在行為、溝通、自理、動作、手靈巧度、學科等情形的異常，導致身體受限或缺乏一般人在正常範圍內所能表現出的方式或能力；殘障（handicap），則指個人在所處的社會生活環境狀況下，因其在行為或能力的異常，而有行動、社會參與、職業、經濟獨立等困難者。障礙分類系統（ICIDH）的身心障礙定義基本上是依醫療模式，或是個人模式的觀念，被質疑將身心障礙者醫療化、個人問題化。

身心障礙概念化的轉變是在2001年世界衛生組織（WHO）將身心障礙分類系統的修正為國際健康功能與身心障礙分類系統（ICF）。WHO所修正的ICF，係立基於對醫療模式與社會模式的對立模式之整合，為了能夠同時兼顧不同觀點，使用「生物心理社會」（biopsychosocial）的策略，目的在提供一個足以結合生理、心理、社會觀點的定義及評定指標（周月清等人，2005）。

ICF試圖用一個全球通用的健康分類系統，以方便獲得、追蹤和增強健康、障礙與功能。ICF的產生背景，其目標是要提供一種統一和標準的語言及架構，來描述健康狀況和與健康有關的問題，因此作為一種分類，ICF把某人所處的健康狀況系統地分組到不同的領域，並且列出了與這些概念有相互作用的環境因素。

林萬億等人（2022）指出，ICF的分類訊息主要由兩個部分組成：⑴第一部分：處理功能和障礙的問題，可以藉由四個相互獨立而又相關的結構加以說明，即身體功能（body functions）、身體結構（body structures）、活動（activities）和參與（participation）。其中身體功能和結構可透過在生理系統或解剖結構上的變化來說明，而活動和參與成分則使用能力和活動表現來說明；⑵第二部分：包括環境和個人在內的背景因素，且其中環境因素與所有的功能和障礙成分交互作用；個人因素則包括性別、種族、年齡、生活方式、習慣、教養、社會背景、教育、職業、過去與現在的經歷、性格類型、個人心理優勢和其他特徵等。

ICF可歸納為三個主要原則，包括：⑴普及性：是適用於任何一個人的健康經驗，而非只針對障礙者，ICF強調普同主義（universalism）；⑵整合模式：含括個人及社會的各種和健康有關的因素；不只在對障礙的了解，同時也重視介入服務的提供。環境的角色可以說是ICF的核心；⑶互動模式（interaction）：強調多元觀點及面向的交互作用；人與環境的互動（周月清等人，2005）。

國際健康功能與身心障礙分類系統（ICF）

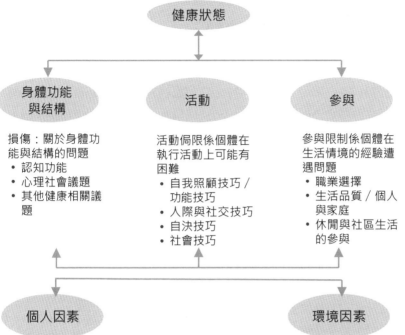

健康狀態

身體功能與結構

損傷：關於身體功能與結構的問題
- 認知功能
- 心理社會議題
- 其他健康相關議題

活動

活動侷限係個體在執行活動上可能有困難
- 自我照顧技巧／功能技巧
- 人際與社交技巧
- 自決技巧
- 社會技巧

參與

參與限制係個體在生活情境的經驗遭遇問題
- 職業選擇
- 生活品質／個人與家庭
- 休閒與社區生活的參與

個人因素

包含個人生活背景與生存因素
- 年齡與性別
- 社會經濟地位
- 文化背景與多樣性
- 地理位置（都會／鄉村）

環境因素

包含物理、社會和態度環境：可能對個人功能造成障礙，或激發個人功能的因素
- 立法／政策
- 含轉銜計畫之教育服務
- 家庭
- 社區／社會態度

資料來源：Bigby & Frawley（2010）；轉引自林萬億（2022）。

ICF對身心障礙的八大分類

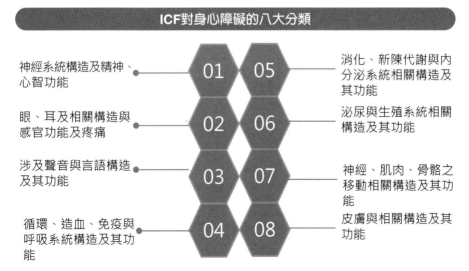

神經系統構造及精神、心智功能 — 01

眼、耳及相關構造與感官功能及疼痛 — 02

涉及聲音與言語構造及其功能 — 03

循環、造血、免疫與呼吸系統構造及其功能 — 04

05 — 消化、新陳代謝與內分泌系統相關構造及其功能

06 — 泌尿與生殖系統相關構造及其功能

07 — 神經、肌肉、骨骼之移動相關構造及其功能

08 — 皮膚與相關構造及其功能

Unit **14-3**
自立生活與個人協助

圖解社會政策與社會立法

246

本單元討論與身心障礙者在社會環境中掌握自己生活的兩個重要觀念，包括個人協助、自立生活。說明如下：

一、自立生活／獨立生活

自立生活（independently living），或稱為獨立生活。歐洲自立生活網絡（European Network on Independent Living, ENIL）對「自立生活」的定義為：「自立生活是人權為基礎的障礙政策在日常生活的實踐。透過多元的環境使障礙者掌控自己的生活，包含住哪裡、與誰同住、如何生活的選擇與決定機會、服務具有可獲取性與可及性，且基於平等、自由及知後同意，並使障礙者日常生活具有彈性。自立生活需要物理環境、交通、資訊可及，輔助科技與個人協助及提供社區為基礎的服務。障礙者不論其性別、年齡與支持需求程度，皆應有自立生活的權利。」（王育瑜，2023）。

英國女性障礙運動者Morris指出，自立生活至少含括三個要素：⑴障礙者和非障礙者有同等權利自我選擇和自主生活；⑵「自立」並非指不需要協助；⑶協助必須在障礙者本人的認同及主導之下（周月清，2008）。亦即，自立生活是在改變過去專業主導，以及「照顧」的意識型態，取而代之為服務使用者主導的服務，即個人協助，強調服務使用者主導服務。聯合國《身心障礙者權利公約》（CRPD）第19條即有「自立生活與融入社區」，強調自立生活、社區服務、個人協助等三個部分。

二、個人協助（personal assistance）

「個人協助」在我國稱為「個人助理服務」。歐洲自立生活網絡（ENIL）對「個人協助」的定義為：「個人協助是指自立生活的工具，意指提供障礙者現金以購買個人協助服務，目的是提供必要性協助。個人助理服務是依據個人生活情況的個別情況、個人需求評量而建立。個人助理服務必須是針對障礙者目前（也就是她／他居住的）國家、區域，以一般薪水的水準，障礙者有權利去招募、去訓練及管理她／他聘請的個人助理，提供障礙者所需的支持。個人助理服務必須是針對障礙者的需求，是障礙者可選擇的服務模式。個人助理服務亦由領有薪水的個人助理提供服務，政府提供現金給使用者購買其個人助理服務，除支付個人助理薪水外，也應含括雇主（使用者）、行政支出、同儕支持等費用支出。」（周月清，2008）。

個人協助在打破傳統服務（如居家服務）是以醫療模式觀點及專家主導為中心，目的在促使障礙者自決、自主，包括自主預算的「直接給付」（direct payment）模式。個人協助的發展與自立生活運動同步，個人協助是自立生活的方法，個人協助的目的即在促進障礙者的自立生活，促使障礙者自主生活、平權融入社區。

MYTH
OR FACT

迷思	事實
1. 自立生活等同自我滿足。	1. 無論障礙與否，世上沒有人是可以自我滿足，你我在人生的各種階段都需要他／她人的支持。
2. 並非所有的人都適合自立生活，機構還是有存在的必要。	2. 只要提供適當的支持，任何一個人都有能力住在社區。
3. 自立生活亦即不需要支持服務。	3. 沒有支持，自立生活是不可能。
4. 自立生活亦即要搬出家庭，自己獨立生活。障礙者自立生活將會孤單、被隔離。	4. 自立生活並非指自己居住、自己單獨生活，而是指有權利選擇住在哪裡與誰生活。
5. 相較住在機構「被照顧得好好的」，自立生活是很冒險的，尤其自立生活是自己管理個人預算與生活，對障礙者而言太危險，會不當使用、被忽略、被虐待。	5. 較住在社區，機構是很危險的地方。
6. 自立生活可以藉由團體家庭、日間照顧服務達成。	6. 因為缺乏支持及服務，障礙者經常被安排到團體家庭或日間照顧中心。
7. 若每一個人都要自立生活，這太昂貴。	7. 自立生活是權利，因此不能以省錢為由遭到拒絕。
8. 自立生活的選擇，如個人協助不適合障礙兒童。	8. 經驗顯示障礙兒童及青年，包括其家人，可以因為個人協助而得到很高的支持。
9. 障礙者是不可能自主其自立生活支持選擇的品質。	9. 自立生活強調個人選擇他／她要的支持，這是比較符合個人需求。

資料來源：European Network on Independent Living (ENIL, 2014)；轉引自周月清（2008）。

Unit 14-4
合理調整

所謂的「合理調整」（reasonable accommodation）是指「根據具體需要，在不造成『過度或不當負擔』（undue burden）之情況下，進行必要及適當之修改與調整。」「合理調整」背後的想法，是為了要達到人與人之間「差異而平等」（different but equal）的目標。這個理念最早起源於北美，但原來並不是針對身心障礙者，而是要讓所有人在社會上享有均等機會──不因個人性別、階級、年齡、族群、宗教、語言、文化而有不平等。換句話說，社會應基於個體事實上或本質上的差異，依法給予合理的差別待遇，如此才能往「實質平等」（substantial equality）的目標邁進（邱大昕，2007）。

在聯合國《身心障礙者權利公約》（CRPD）中，即有相關的規範。例如：為確保身心障礙者能在與其他人平等基礎上，享有或行使各種人權及基本自由，除了第9條的「無障礙／可及性」（accessibility）外，尚有第2條第3項之「合理調整」之規定。

一般來說，許多的無障礙設施，是為了有此需求的對象所設計，例如：在職場上的「無障礙／可及性」是由整體來設計規劃，是職場在聘用員工就應具有的。但是，有些身心障礙者的需求較為特殊，是「無障礙／可及性」的標準沒有考慮到的，這時便需要進行「合理調整」，以為特定員工的需要做個別調整。「合理調整」包括物理空間設備設施、工作內容或流程上的調整。工作內容或流程的調整，包含的範圍很廣。

此外，根據CRPD第2條對「合理調整」的規範，是指在根據具體需要，在不造成過度或不當負擔的情況下，進行必要及適當的修改和調整，以確保身心障礙者在與其他人平等的基礎上享有或行使所有人權和基本自由。例如：在就業服務上可以進行職務的再設計，以實現就業平等與不歧視，使身心障礙者在提出職務再設計計畫被採納後，能與他人一樣保有工作權。

進行合理調整所需的資源，視為實踐平等的社會義務。在符合比例原則、且不造成過度負擔的情況下，拒絕合理調整即為歧視；也就是應以客觀方的評估結果，去決定身心障礙者是否能工作，而非雇主單方主觀意願決定。雇主對促進身心障礙就業有社會責任。「合理調整」可以考慮不同群體間的利害平衡，只有在不會對雇主造成「過度或不當負擔」才需要提供，而「過度負擔」不一定是財務上的負擔，如果某項調整會造成干擾，或改變原來企業經營的本質，也可以算是「過度負擔」。因此，勞雇雙方的進行對話是重要的。

「合理調整」之案例舉例

合理調整方式	案例
物理空間設施的調整	提升或降低工作檯高度、安裝斜坡、提供較佳的照明或隔音設備，或工作站透過人因工程來改善。
工作內容或流程的調整	一位肢體障礙的清潔人員平常行走沒有問題，可以完成分內大部分工作。但是她爬樓梯時會很辛苦，因此清掃樓梯時會比較困難。這時如果有另一位清潔人員的工作是這位肢障員工可以做的，便可以將這部分的工作交給該員工負責，而由另一位員工來打掃樓梯。

資料來源：案例整理自邱大昕（2007）；圖表作者自繪。

「過度或不當負擔」之案例舉例

01 一位弱視員工要求氣氛羅曼蒂克的餐廳加強燈光，這種調整可能會根本地改變該餐廳的本質和氣氛，就不能算是「合理調整」。

02 一家發行早報的報社，印刷工作主要是從晚上10點到隔天清晨3點。如果一位負責印刷的員工因為障礙需要改成白天上班，就不是合理調整。這時的合理調整應該是調整工作職位，改成可以白天上班的工作，而不是變更原工作的時間。

03 一位有慢性病的員工每天必須服藥好幾次，且每次服完藥物就會有很長一段時間有噁心的副作用。這時如果每次服藥，雇主就要讓他休息1小時，這便可能構成對雇主的「過度負擔」。

04 某位身心障礙員工每天需要靠復康巴士接送來上班，但是該巴士無法在早上10點以前抵達工作場所。假如這是一家托兒所，每天早上10點以前會有許多家長送小孩來。這時如果要將該員工的上班時間調整為早上10點到晚上7點的話，可能就會影響托兒所的營運和其他員工的工作，這時工作時間的調整就可能造成雇主的「過度負擔」。

資料來源：案例整理自邱大昕（2007）；圖表作者自繪。

Unit 14-5
通用設計

　　1970年代，各國建築師開始有人提出通用（universal）設計之觀念，就是設法將所有人的需求都納入考慮，因此產生「通用設計」（universal design），又稱為「全面考量性設計」（design for all）或「泛用設計」（inclusive design）。「通用設計」是主張不僅僅是特定族群，例如：身障者、高齡者等弱勢族群而已，而是任何年齡、性別、社會角色及位階等成員皆可障礙無阻、完全適用的設計概念。

　　「通用設計」與「無障礙設計」（barrier free design）最大差別處，在於通用設計強調在規劃設計時，預先考慮如何將器具與建築環境結合，使其達到適合任何人使用之最大可能性，與無障礙設計先考慮建築設計本身，再考慮如何達到無障礙之做法不同。簡單地說，無障礙設計是去除障礙的「減法」，通用設計則是事先考慮所有人需求，求得最大適用性，是加法觀念，並考量家庭生命週期需求之彈性設計（陳燕禎等人，2007）。

　　通用設計是進行加法效益（法律規定加入設施），無障礙設計是進行減法（法律規定去除障礙）。通用設計定位以及考慮何種障礙別的人為服務對象，並且全齡也一起納入都能使用，其中，不只從障礙別去考慮，也要從全部民眾及各種群體去考慮無障礙設計，又要區分何種障礙程度為主要服務對象，並且以常態分布納入服務對象。而相對的，無障礙設計是單純主要以某種或全部障礙別的人為服務對象。因此，通用設計是「包容性設計」。通用設計的主要訴求是「人」、「機」（產品、環境）之間的「協調性」與「一般化」。故通用設計的基本原則就是在同一空間中，讓不同年齡、性別、行動不便者或是慣用方向的人，均可無負擔地使用設計。例如：環境中流暢的空間動線設計、廁所、樓梯扶手、升降梯等。

　　雖然通用設計較無障礙設計所考量的層面更廣，但無障礙設計仍有其存在的必要性，這是因為有很多設備設施是身障者所需要，而其他使用者卻不需要的，例如：盲人使用的點字機、聽障者的助聽器等。此外。無障礙設計著重於改善設備或空間的功能或規劃等部分，有些無障礙設計過於強調身障者為使用對象的做法，也可能造成標籤化、特殊化，影響一般人的使用而導致偏見與歧視的產生或不被大眾所接受，而通用設計所注重的層面較廣泛，可減少特定族群被標籤化的情形，是一種全民適用的概念。

Ron Mace提出的通用設計七項通則

01 公平使用（equitable use）：
不應該分對象的空間設計，維護安全與隱私權，公平讓所有使用者皆能夠使用，不應偏頗特定族群使用，但是不排斥或突顯特殊使用族群使用。

02 彈性使用（flexibility in use）：
希望是讓所有使用者更能夠彈性使用設計，可以自由調整適合所有人使用，並能擴大使用者適用範圍，滿足不同使用者都能適應。

03 操作簡單易懂（simple and Intuitive use）：
可以讓使用者簡易地操作，簡單模式提供使用者操作，不需特別思索皆可以讓使用者學習，儘量簡單提供操作介面資訊，也應避免讓使用者混淆。

04 資訊可理解（perceptible information）：
使用不同的模式的視覺、聽覺、觸覺等功能，必須讓不同能力的使用者都可以理解的操作資訊。

05 容許誤差（tolerance for error）：
使用上發生危險提供警告保護使用者，減少犯錯的機率，儘量減到最小發生危險或避免錯誤。

06 節省體力（low physical effort）：
不該讓身心障礙者耗費過多精神、體力，以及讓使用者可輕鬆地使用技巧。

07 空間尺寸可及性與易使用性（size and space for approach and use）：
足夠操作上下左右迴轉空間，提供使用者容易操作途徑，自由到達想要前往的地方。

資料來源：文字整理自吳可久（2011）；圖表作者自繪。

Unit 14-6
普同主義

普同主義（Universalism）認為身心障礙者的障礙經驗，是每個人必須經歷的人生經驗之一。普同經驗的意義，是指每個人都會經歷身心障礙的過程，只是早晚不同。進入身心障礙狀態，這個狀態是變動且持續改變的，當代的醫療科技可以達到延長壽命的目的，卻無法完全消除這樣的事實。因此，他認為採醫療角度研究身心障礙經驗，有其侷限性（王國羽，2008）。此外，身心障礙風險在未來是威脅到社會中的每一個人，而不是只有少數人的不幸人生經驗；因此，就風險本身，它是普遍的經驗。

美國社會學家Zola首先在1989年的論文中提出「普同」概念。Zola當年提出這個論述之時，他主要的用意在提醒身心障礙運動者，如果只強調身心障礙經驗的特殊性，沒有看到未來人口發展趨勢，只會將身心障礙的相關政策侷限在少數、特殊的公共政策領域，政策手段偏向強調身心障礙者的「受害者」角色，相對地，這種取向也無法真正說服社會降低對身心障礙者的排除或歧視。

在前述Zola對普同概念的論述可知，國家需要將任何與身心障礙者有關之政策，視為整體公共政策一環來處理，這樣才是去除社會對身心障礙人口抱持「可憐」、「同情」等採取特殊待遇方式對待身心障礙者的偏見態度。Zola認為障礙可以被認為是一種普同經驗，只是每個人發生的時間點不同。普同主義的觀點認為，當社會政策的受益者增加後，使用者也不再侷限為身心障礙人口，相對的也降低社會一般大眾對使用者投以異樣的眼光，可減少社會對身障者的排斥或排除。

進一步來說，社會政策在推動時，如果採取普同主義的架構進行思考，則政策的規劃應須從普同性給予適當的回應。建構在普同人生經驗的身心障礙論述上，具體的實踐方式是以社會如何處理「差異」為主。所謂「差異」是針對身心障礙人口的特殊需要而來。例如：建築物的進出設斜坡道，以往是針對身心障礙入口的需要所做的公共場所設備設施的調整與改變。但是，如果社會認為這些設施只有給身心障礙人口使用的特殊性，那就不具有普同性，而具有標籤化的效應；但如果對社會倡導普同主義觀點，對於無障礙坡道設置的看法，就會有另外一種不同的思維。就普同主義觀點分析，設計無障礙坡道，除了便於身心障礙者行走之外，也可以讓推嬰兒車的人可以很方便地進出公共場所，如此，原先的身障坡道這項公共設施設備，使用卻具有普遍性。

Zola的普同主義觀點

Zola的普同主義觀點

駁斥 傳統社會學研究身心障礙放在醫療社會學為分析基礎的看法。

認為以醫療觀點出發，身心障礙者主要角色是病人，在醫療體制中接受各種不同的治療，企圖治癒或矯正障礙。但是，與一般病人不同的地方，除非是短暫的緊急階段，身心障礙狀態是長期且持續的，也很可能隨著身心障礙本人的體力或年齡，進一步地改變。這樣的經驗無法放在傳統的醫療經驗之下研究醫病關係，這樣的經驗需要不同的研究角度。

論述的層次

01

先由人口總量變化與未來社會變遷的角度討論身心障礙經驗普同性的必要。

02

指出身心障礙經驗是持續變化與不斷改變的過程。

03

最後，提出重新檢視身心障礙經驗，或公共政策如何針對身心障礙人口需要而做的各種回應，基本上是重新檢視社會的根本價值。

04

指出未來社會的變化，處理不同人口經驗的差異特色，將遠大於處理共同特色。身心障礙經驗的論述必須跳脫侷限在社會對少數特殊人口的想像，應將它放在大多數人的經驗架構下討論。

253

論點取向

■ Zola的論點介於純然由醫學角度研究身心障礙經驗與由社會結構觀點研究身心障礙經驗兩個目前通行的模型概念之間。

■ 論點比較傾向採取社會結構角度分析身心障礙經驗，但是不同於社會模型，Zola的論點較為偏向社會功能角度，也就是身心障礙者的障礙來自於社會角色的無法完全發揮，而無法發揮的根源在於外部環境、制度並沒有協助或支持他們。換句話說，身心障礙特質在未來社會具有普同性，但是身心障礙經驗在不同團體之間的差異，將是政策處理的重點。

資料來源：文字整理自王國羽（2008）；圖表作者自繪。

Unit 14-7
《身心障礙者權益保障法》

圖解社會政策與社會立法

1980年我國通過《殘障福利法》，開啟我國身心障礙法令制度，此法主要是立基於慈善救助觀點，期待透過殘補式福利扶助身心障礙者自力更生；1997年將《殘障福利法》法案名稱修正為《身心障礙者保護法》，並將身心障礙者公平參與社會生活之機會視為基本保障；而2007年全面修正的《身心障礙者權益保障法》，則是主動參採聯合國通過的《身心障礙者權利公約》之精神，以人權模式精神通盤檢討修正身權法，強調障礙是個人與環境互動結果，必須積極消弭障礙，包括以積極福利與權益取代消極救濟，對個別身心障礙者特殊需求給予支持服務等方式，保障身心障礙者充分及平等享有所有人權及基本自由，並促進對身心障礙者固有尊嚴之尊重（簡慧娟等人，2019）。

我國《身心障礙者權益保障法》對於身心障礙之定義，係採用ICF的分類系統進行認定，致影響其活動與參與社會生活，並藉由醫事、社會工作、特殊教育與職業輔導評量等相關專業人員組成之專業團隊進行鑑定及評估。透過明確區辨服務對象，以因應身心障礙者確切的需求，據以提供適切服務。此外，各目的事業主管機關應依服務需求之評估結果，提供個別化、多元化之服務。

在身心障礙者就業權益上，提供職業重建服務，包括：職業重建個案管理服務、職業輔導評量、職業訓練、就業服務、職務再設計、創業輔導及其他職業重建服務。此外，制度上設計了「強制性」的「定額進用」制度，亦即要求各級政府機關、公（私）立學校及公（民）營事業機構員工總人數在一定人數以上時，應進用一定比例具有就業能力之身心障礙者。

在支持服務層面，朝向照顧服務朝向社區化。除機構照顧外，服務型態朝強調居家，或是小型、社區的社區式服務為主，是因應社區化而產生的服務。《身心障礙者權益保障法》的服務價值理念不再只是「照顧」，更多導向「支持」與「發展」，重視身心障礙者自立與自主，透過各種支持與協助，使身心障礙者能與一般人有同等參與社會之機會。

此外，在《身心障礙者權益保障法》的條文中，最能代表人權模式下的身心障礙政策應屬自立生活支持服務。本法中訂有關於個人照顧及自立生活輔助之服務，由縣市主管機關依需求評估結果辦理服務，提供身心障礙者獲得所需之個人支持及照顧，促進其生活品質、社會參與及自立生活。這些服務包含居家照顧、生活重建、心理重建、社區居住、婚姻及生育輔導、日間及住宿式照顧、家庭托顧、課後照顧、自立生活支持服務，及其他有關身心障礙者個人照顧之服務。

《身心障礙者權益保障法》

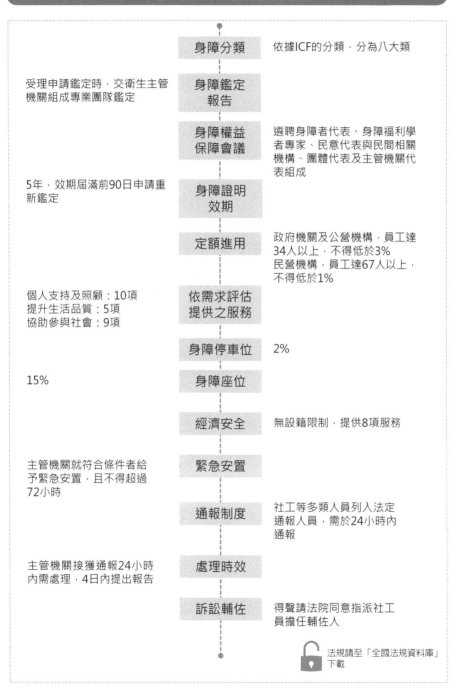

	身障分類	依據ICF的分類，分為八大類
受理申請鑑定時，交衛生主管機關組成專業團隊鑑定	身障鑑定報告	
	身障權益保障會議	遴聘身障者代表、身障福利學者專家、民意代表與民間相關機構、團體代表及主管機關代表組成
5年，效期屆滿前90日申請重新鑑定	身障證明效期	
	定額進用	政府機關及公營機構，員工達34人以上，不得低於3% 民營機構，員工達67人以上，不得低於1%
個人支持及照顧：10項 提升生活品質：5項 協助參與社會：9項	依需求評估提供之服務	
	身障停車位	2%
15%	身障座位	
	經濟安全	無設籍限制，提供8項服務
主管機關就符合條件者給予緊急安置，且不得超過72小時	緊急安置	
	通報制度	社工等多類人員列入法定通報人員，需於24小時內通報
主管機關接獲通報24小時內需處理，4日內提出報告	處理時效	
	訴訟輔佐	得聲請法院同意指派社工員擔任輔佐人

法規請至「全國法規資料庫」下載

第 **15** 章

健康與長期照顧

●●●●●●●●●●●●●●●●●●● 章節體系架構 ▼

Unit 15-1
長期照顧

長期照顧是對生理與心理失能，需要接受持續性協助之個人，所提供之健康與社會照顧服務。Kane將長期照顧定義為：「對身心功能障礙者，在一段長時間內，提供一套醫療、護理、個人與社會支持的照顧；其目的在促進或維持身體功能，增進其獨立自主的正常生活能力」（劉金山，2013）。長期照顧是提供給先天或後天喪失日常生活功能的人們，長期的健康照顧、個人照顧與社會服務。日常生活活動是指進食、移位、室內走動、穿衣、洗澡、上廁所等（社區發展季刊，2016）。

長期照顧的目的是協助身心功能障礙者恢復受損的功能、維持既有的功能，或者提供他們在進行日常生活活動時所需的協助；長期照顧服務係針對照護需求者，提供滿足其照護為考量之制度，提供之服務以生活照顧為主、醫療照護為輔，具整合性與連續性。長期照顧的內容，比醫療層面更為廣泛，不僅限於醫療服務，尚包括各項的的支持性服務，以及對於長照家屬提供的相關服務。

長期照顧是許多國家共同面臨的社會議題。因為平均餘命的增加，造成失能人口的增加，甚或是不健康餘命的年限增長；此外，社會的變遷造成家庭的功能弱化，傳統的大家庭型態已轉變為核心家庭，家庭可用的資源減少；而龐大的長期照顧費用，常非一般人民所能負擔，因此，國家介入長期照顧有其必要性。

長期照顧的實施，涉及到龐大的財源，因此，在國家介入長期照顧的前提下，較常採用的財務類型，包括以稅收為主的貝佛里奇模式，及著重強制性社會保險的俾斯麥模式兩種類型為主。不同國家會採用何種模式，會受到該國家在制定該政策時的社會福利意識型態，以及該國在以往社會政策的福利路徑依賴等因素所影響。而前述的財源不同，也涉及制度建立的差異。

財源充足的確是長期照顧是否能推動完善的根本，但一項成功的長期照顧社會政策，完整、綿密的福利服務輸送體系，是政策的成敗關鍵之一。因此，長期照顧服務的輸送，應避免產生Gilbert在批判社會服務輸送體系的弊病時，常見支離破碎（fragmentation）、不可及（inaccessibility）、不連續（discontinuity），及權責不明（unaccountability）等問題。而進一步深化不同網絡間的合作，建立夥伴關係，共同來治理長照服務輸送體系，並將資源有效利用，從支持家庭照顧者，到建構居家式服務、社區式服務、機構式服務等完整服務體系，及專業團隊的建立，秉持以建構資源網絡為基礎，才能夠提供更全面性的長期照顧服務。

長期照顧之提供服務類型

模型	規範對象
機構式照顧	·指需要長期照顧的失能者居住在照顧機構中，接受全天候的綜合性服務。 ·服務內容包括住宿服務、護理醫療照護、個人照顧、物理治療、復健及心理諮商服務。 ·機構照顧提供完整而密集度高的專業照顧，適合失能程度較重、依賴度高、沒有家庭照顧資源的失能者。
社區式照顧	·指依社區中失能者的需求，整合、運用社區中的資源，規劃提供社區中失能者所需的長期照顧服務。 ·日間照顧（或稱為日間托老）是主要的服務型態，也包括日間醫療照顧、臨托照顧或家庭托顧等。
居家式照顧	·指失能者仍居住在家戶中，由各類居家照護單位提供照顧（護）資源到失能者家中，協助醫療、護理、復健、身體照顧、家務清潔、交通接送、陪伴就醫等照顧工作，並協助或暫代家庭照顧者提供照顧，讓他們獲得喘息的機會。 ·服務包括居家醫療、居家護理、居家復健、居家服務、喘息服務等。
居家環境改善服務	·指提供居家無障礙環境的修繕服務，增進功能障礙者在家中自主活動的能力。
照顧者支持服務	·指提供予照顧失能者之家屬的服務，包括經濟性支持、勞務支持（如喘息服務）及心理性支持。

ADL與IADL

◪ 日常生活活動（activities of daily living, ADL）
又稱基本自理活動（basic self care activities），活動能力的評估包括沐浴、穿衣、短距離步行、從床上挪到椅子、如廁、進食。

◪ 工具性日常生活活動（instrumental activities of daily living, IADL）
指活動能力的評估，包括做輕鬆不費力的家事、洗衣、搭乘公共交通工具、處理財務事宜、打電話、服藥。

Unit 15-2
長期照顧的財務制度

在討論國家介入長期照顧時，在長期照顧財源的制度設計，包括社會保險制、稅收制等二種主要制度。相關概念說明如下：

一、採社會保險制為長期照顧財源

以社會保險方式來提供長期照顧，是因為社會保險制度由被保險人繳費，自給自足式運作，而易為執政者所採行。例如：德國、韓國。此種財源制度，通常由政府、雇主、保險對象三方負擔保險費。其中雇主基於社會連帶責任、對員工的照顧義務以及支持長期照顧保險可減輕照顧負擔，提升員工生產力，因此也應分擔部分保費。

此種財源制度具有財源明確、財源獨立、風險由被保險人分攤，政府責任相對少，以及給付制度明確等優點。但並非所有人均有長期照顧需要，不像全民健保每個人均會有就醫的需求，致面臨公平性受到挑戰；而社會保險制也容易被批評為易面臨因給付創造需求的道德風險；加上風險估算不易、促使服務機構走向大型化、機構化，以及保費收繳不易等，均是採用社會保險制的長期照顧，可能面臨的限制。

二、採稅收制為長期照顧財源

採稅收制是指由政府的稅收、國家預算中支付長期照顧的經費。稅收制運用在長期照顧給付中，如同運用其他的社會福利給付般，各種服務費用由政府財政支付，財源來自稅收。例如：英國、瑞典、我國。

此種財源制度具有所得重分配的效果，主要是因為高所得者繳納較高的稅賦，透過稅收的分配作為長期照顧財源，可達照所得重配的政策效益；此外，可避免社會保險制中，繳納保險費未使用而引發的道德風險。但稅收制亦面臨諸多的限制，包括：容易因為政府的稅收情況，而有財源不穩定的情況，且稅收制的財源，需經過立法機關預算審議，增添財源的不穩定變數；而在國家稅收有限的情況下，勢必每年須與國家其他政事競逐資源，亦是財源不穩定的因素之一；且在服務需求增加情況下，國家稅收無法支應，勢必透過加稅來因應，通常會面臨民意的壓力，而執政的政府亦有可能迫於選票的壓力而不敢加稅，造成財源的左支右絀窘境；而因為少子化現象，可貢獻稅收的工作人口日益減少，但在同時，高齡人口卻逐年增加，巨大的長期照顧服務需求，以及逐漸減少的納稅人口，將會提升財源不穩定的風險。

長期照顧財源制度：社會保險制與稅收制優缺點比較

財務制度	優點	缺點
社會保險制	1. 保險費隨薪資或所得成長而自動成長，有基本保險費之設計，財務充足性及穩定性較高，專款專用。 2. 財務費用由社會成員共同分擔社會性風險，維持權利、義務對等的基本精神，政府負擔小。 3. 透過社會參與及公共監督，制度設計及改革較易隨民眾需要而微調。 4. 人人皆需繳保險費，互助性較佳。 5. 透過保險而確保的「應得權益模式」。 6. 必須經過立法，受到政黨輪替影響較低。 7. 能做到由保險人擔任評估者，杜絕球員兼裁判，保險誘發需求導致費用上升，無法控制的疑慮較低。 8. 可透過財務規劃，採取部分準備提存，平衡若干世代不公的現象。	1. 徵收保險費，需較高行政成本，但若已有徵收體系，影響較小。 2. 財源籌措制度設計較為複雜。 3. 需直接收保險費，使用機率低，民眾繳交意願較低。但若隨其他保險費徵收，影響較小。 4. 老弱殘者無法繳費，貧窮線嚴格難獲補助。 5. 過去社會保險負債累累。 6. 市場化、機構化隱憂，大財團營利取向。
稅收制	1. 統一由稅收（營所稅等）課徵，行政成本較低。 2. 政府可量力而為控制預算，較不浪費。 3. 對弱勢者所得重分配效果大。	1. 政府全額負擔，財務責任重。 2. 稅收受景氣影響較深，致長期財務來源的穩定性及充足性較為不足，偏殘補式，無法關照全民。 3. 納稅者因不同稅目而異，部分民眾因無所得資料無法課稅，故非人人皆有分擔。 4. 若需加稅，需面對民眾壓力。 5. 預算需與其他政事競用資源。 6. 受預算限制，服務提供的多元性及普及性較不易符合民眾需要，亦影響長照產業之發展。 7. 長期照顧需求成長快速，編列預算的壓力逐年上升。 8. 政黨輪替而有不同施政偏好，致使預算不穩定。 9. 應得權利模式強調，必須提供服務給通過長照需求評估者，以滿足需求為前提，不受限於預算，投入經費要隨之成長，宜採取「指定用途稅」。 10. 受益與負擔無直接關係，對工作意願影響較大。 11. 人口老化，財務負擔會轉嫁給下一代。

資料來源：郭振昌（2016）。

Unit 15-3
《長期照顧服務法》

我國為因應高齡化人口的增加，未來長期照顧服務需求將逐漸擴張，於2015年6月三讀通過《長期照顧服務法》，作為長期照顧服務體系之根本大法，並於2021年再進行法案修正。《長期照顧服務法》包括總則、長照服務及長照體系、長照人員之管理、長照機構之管理、接受長照服務者之權益保障、罰則等章。

《長期照顧服務法》之立法意旨，係為健全長期照顧服務體系提供長期照顧服務，確保照顧及支持服務品質，發展普及、多元及可負擔之服務，保障接受服務者與照顧者之尊嚴及權益。而本法對長期照顧之定義為：「指身心失能持續已達或預期達六個月以上者，依其個人或其照顧者之需要，所提供之生活支持、協助、社會參與、照顧及相關之醫護服務。」

在長照服務的服務輸送上，當民眾有長期照顧服務需求，應由照管中心或縣市主管機關評估後，再依評估結果提供服務；在服務給付上，按民眾失能程度核定其長照需要等級及長照服務給付額度；此外，長期照顧服務的部分負擔，依據給付額度自行負擔一定比率或金額。

在服務的提供方式上，包括：⑴居家式：到宅提供服務；⑵社區式：於社區設置一定場所及設施，提供日間照顧、家庭托顧、臨時住宿、團體家屋、小規模多機能及其他整合性等服務；⑶機構住宿式：以受照顧者入住之方式，提供全時照顧或夜間住宿等之服務；⑷家庭照顧者支持服務：為家庭照顧者所提供之定點、到宅等支持服務。

在長期照顧體系的建構上，主管機關應定期辦理長照有關資源及需要之調查，並考慮多元文化特色，與離島偏鄉地區特殊處境，據以訂定長照服務發展計畫及採取必要之獎助措施；而且，為均衡長照資源之發展，得劃分長照服務網區，規劃區域資源、建置服務網絡與輸送體系及人力發展計畫，並得於資源過剩區，限制長照機構之設立或擴充；於資源不足之地區，應獎助辦理健全長照服務體系有關事項。

我國的長期照顧的財源是為稅收制，採用設置長期照顧基金的方式籌措財源，包括：遺產稅、贈與稅、菸酒稅、政府預算撥充、菸品健康福利捐、捐贈收入、基金孳息收入及其他收入等。其中，在財源項目中，最受社會各界批評的是菸稅。衛福部國民健康署每年都編列預算來宣導戒菸，而衛福部提出的報告中，又希望以菸稅穩定長照2.0的財源。究竟衛福部是希望大家抽菸來救長照？還是戒菸來救健康？（蔡長穎，2007）。

《長期照顧服務法》

長期照顧定義	指身心失能持續已達或預期達6個月以上者，依其個人或其照顧者之需要，所提供之生活支持、協助、社會參與、照顧及相關之醫護服務

區分為居家式、社區式、機構住宿式、家庭照顧者支持服務四類，各類另訂有多項服務項目

長照服務提供方式

長照服務會議	主管機關應以首長為召集人，邀集長期照顧相關學者專家、民間相關機構、團體代表、服務使用者代表及各目的事業主管機關代表組成

長照基金

遺產稅及贈與稅稅率由10%調增至20%以內所增加之稅課收入、菸酒稅菸品應徵稅額由每千支（每公斤）徵收590元調增至1,590元所增加之稅課收入、政府預算撥充、菸品健康福利捐、捐贈收入、基金孳息收入、其他收入

 法規請至「全國法規資料庫」下載

《長期照顧服務機構法人條例》

長期照顧服務機構法人定義	指提供機構住宿式服務，並依本條例設立之長照機構財團法人及長照機構社團法人

由其主事務所所在地之直轄市、縣（市）政府為之
但長照機構法人所設立之長照機構如有跨縣市者，由中央主管機關為之

管理機關

 法規請至「全國法規資料庫」下載

Unit 15-4
長期照顧服務十年計畫2.0

行政院於2016年12月核定「長期照顧服務十年計畫2.0」，茲說明如下：

一、計畫精神

為實現在地老化，提供從支持家庭、居家、社區到住宿式照顧之多元連續服務，普及照顧服務體系，建立以社區為基礎之照顧型社區（caring community），期能提升具長期照顧需求者（care receiver）與照顧者（caregiver）之生活品質。

二、計畫總目標

（一）建立優質、平價、普及的長期照顧服務體系，發揮社區主義精神。

（二）讓有長照需求的國民可以獲得基本服務，在自己熟悉的環境安心享受老年生活，減輕家庭照顧負擔。

（三）實現在地老化，提供從支持家庭、居家、社區到機構式照顧的多元連續服務，普及照顧服務體系，建立照顧型社區，期能提升具長期照顧需求者與照顧者之生活品質。

（四）延伸前端初級預防功能，預防保健、活力老化、減緩失能，促進長者健康福祉，提升老人生活品質。

（五）向後端提供多目標社區式支持服務，銜接在宅臨終安寧照顧，減輕家屬照顧壓力，減少長期照顧負擔。

三、計畫實施策略

（一）建立以服務使用者為中心的服務體系，整合衛生、社會福利、退輔等部門服務，發展以服務使用者為中心的服務體系。

（二）發展以社區為基礎的小規模多機能整合型服務中心，以在地化、社區化原則，提供整合性照顧服務，降低服務使用障礙，提供在地老化的社區整體老人、身心障礙者的綜合照顧服務。

（三）鼓勵資源發展因地制宜與創新化，縮小城鄉差距，突顯地方特色，透過專案新型計畫鼓勵資源豐沛地區發展整合式服務模式，鼓勵資源不足地區發展在地長期照顧服務資源，維繫原住民族文化與地理特色。

（四）培植以社區為基礎的健康照護團隊，向前延伸預防失能、向後銜接在宅臨終安寧照顧，以期壓縮失能期間，減少長期照顧年數。

（五）健全縣市照顧管理中心組織定位與職權，補足照顧管理督導與專員員額，降低照顧管理專員服務對象量，進行照顧管理專員職務分析，建立照顧管理專員訓練與督導體系。

（六）提高服務補助效能與彈性，研議鬆綁服務提供之限制，擴大服務範圍及增加新型服務樣式，滿足失能老人與身障者多樣性長期照顧需求。

（七）開創照顧服務人力資源職涯發展策略，透過多元招募管道，提高勞動薪資與升遷管道，將年輕世代、新移民女性、中高齡勞動人口納入，落實年輕化與多元化目標。

（八）強化照顧管理資料庫系統分析與掌握全國各區域長期照顧需求與服務供需落差，與地方政府共享，作為研擬資源發展與普及之依據。

（九）增強地方政府發展資源之能量，定期分析各縣市鄉鎮市區長期照顧服務需求、服務發展與使用狀況，透過資源發展縮短長期照顧需求與服務落差。

（十）建立中央政府總量管理與研發系統，落實行政院跨部會長期照顧推動小組之權責，整合現有相關研究中心，發揮總量管理與研發功能。

長照2.0服務體系之建構（A-B-C 服務點規劃）

	A 級 社區整合型 服務中心	B 級 複合型日間 服務中心	C 級 巷弄 長照站
場域	■ 醫院／綜合醫院 ■ 小規模多機能／日照中心 ■ 護理之家／衛生所 ■ 偏鄉長照據點	■ 日間托老據點 ■ 衛生所 ■ 物理治療所／職能治療所 ■ 診所／社區醫療群（醫師）	■ 居家護理所／居家服務提供單位 ■ 社區照顧關懷據點／農漁會／社區發展協會／村里辦公處／社會福利團體等 ■ 衛生所／樂智據點
服務內容	■ 組成社區健康照顧團隊： 由護理師、社工、照管專員及照顧服務員組成；或由醫師、護理師、物理治療師、職能治療師、營養師、社工及照顧服務員等人組成 ■ 優化初級預防功能，提供B級與C級督導與技術支援；結合區域醫療資源，轉銜在宅臨終安寧照顧	■ 提供日間托老服務 ■ 服務包括緩和失能服務、共餐服務、體適能、諮詢服務及輕度失能復健相關課程	■ 提供短時數看顧衰弱或輕度失能者照顧服務 ■ 服務包括社區預防保健、電話問安、關懷訪視、餐飲服務、體適能、自立支持服務等
目標	■ 每一鄉鎮市區至少設置一處為原則，並依區域人口數酌增設置 ■ 規劃設置469處	■ 每一個國中學區設置1處 ■ 規劃設置829處	■ 每3個村里設置1處 ■ 規劃設置2,529處

資料來源：長期照顧服務十年計畫2.0。

265

「長期照顧服務十年計畫 2.0」
全文請至衛生福利部網站下載

第 16 章

年金體系

● ● ● ● ● ● ● ● ● ● ● ● ● ● ● ● ● ● 章節體系架構 ▼

Unit 16-1
多柱年金體系

　　年金（pension）是一種定期性繼續支付的給付金額，支付方式通常按年、按季、按月，或其他一定期間給付之，保險事故通常包括老年、殘廢及死亡等事故。

　　1994年世界銀行提出三柱年金體系，以保障人口老化與社會結構改變引發的老人所得安全危機。建立在兼顧經濟發展與保障老年安全的年金體系之上，提出「三層保障模式」（three-pillar model），建議老人經濟保障制度應採多層次之體系（multipillar system），透過公共年金計畫、職業年金計畫，以及個人儲蓄及年金計畫等，發揮再分配（redistribution）、保險（insurance）或儲蓄（saving）等功能，來解決老年所得中斷的問題。亦即，世界銀行認為，年金體系的設計應該發揮儲蓄、所得重分配及保險三大功能，但這並非單一體系所能達成，應包括強制性公共管理支柱、強制性民間管理支柱、自願性管理支柱等三柱。

　　2005年世界銀行隨著全球化的過程及社會結構的改變，將既有的三柱改為五柱，增加了第零柱及第四柱，原先第一柱中的社會救助分出來成為第零柱，並加入了非正式部門在家庭內或世代間的支持成為第四柱。五柱年金的支柱類型，說明如下（柯木興等人，2005；黃耀滄，2021）：

1. 第零柱或抵柱（zero or basic pillar）：保障一種「殘補式」的全民補助或「社會年金」，主要係在有效保障終身貧窮者，以及資源不足或不適用任何法定年金的非正式部門和正式部門的老年勞工；亦即，非繳納式的社會救助或社會福利制度，其目的在於提供貧窮老人的最低生活保障。

2. 第一柱（the first pillar）：一種「強制性」的社會保險或公共年金制度，保險財源來自於社會保險費，是隨收隨付的確定給付型態，其主要特色係透過社會連帶責任的重分配功能，藉世代間所得轉移作用來提供老年退休者最低生活水準的終身保障。

3. 第二柱（the second pillar）保障：是一種「任意性」的員工退休制度，無論是職業年金或個人年金，其主要特色係採確定提撥制為主的完全提存處理方式運作，惟制度實施一段時間後，亦可能改為採終身年金的替代方式予以選擇。

4. 第三柱（the third pillar）保障：是一種「自願性」的個人商業保險儲蓄制度，無論是職業年金或個人年金，均採自願性的事前提存準備制度，給付的型態均透過私部門的保險機構來承保，用以提供長期的保障。

5. 第四柱（the fourth pillar）保障：是一種「倫理性」家庭供養制度，它係對無工作的家庭成員提供其晚年生活照顧，這層保障主要係導入開發中國家固有傳統重視孝道的倫理道德思想與疾病相扶持的共濟觀念。

三柱年金體系

	強制性 公共管理支柱	強制性 民間管理支柱	自願性 管理支柱
目標	重分配及 相互保險	儲蓄及 相互保險	重分配及 相互保險
形式	資產調查、 保證最低年金 或定額年金	個人儲蓄計畫 或職業性計畫	個人儲蓄計畫 或職業性計畫
財源	稅收支應	法定完全 準備提存	完全 準備提存

資料來源：黃源協等人（2021）；圖經作者修改自繪。

五柱年金體系／多柱式老年經濟保障模式

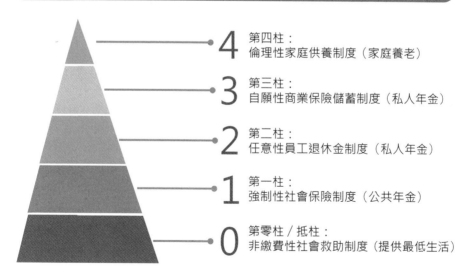

4 第四柱：
倫理性家庭供養制度（家庭養老）

3 第三柱：
自願性商業保險儲蓄制度（私人年金）

2 第二柱：
任意性員工退休金制度（私人年金）

1 第一柱：
強制性社會保險制度（公共年金）

0 第零柱／抵柱：
非繳費性社會救助制度（提供最低生活）

Unit 16-2
年金財務制度：確定提撥與確定給付

年金的財務制度，主要以下列二種類型為主，說明如下：

一、確定提撥制（defined contribution, DC）

確定提撥制是不確定給付，但確定基金提撥。其給付額度取決於投資報酬率高低。受雇者與其贊助者（通常是雇主）每月提撥固定比率的基金（確定提撥），到了退休時定期領回自己與雇主共同提撥的薪資×確定獲益的複利。對參加此制度的勞工及雇主（甚至政府）而言，因其提撥率或保險費，均屬事先予以確定。但「確定」並不意味其終身的提撥率均相同，而是指「提撥」即完成法定的責任。通常確定提撥制會結合完全準備提存制或個人儲金制而成為制度。

確定提撥制是今天自己存錢給以後的自己提領，沒有風險分攤的性質，而是強迫儲蓄，故不屬社會保險，因此，又叫個人儲蓄帳戶（individualaccounts）或個人儲金制度（personal saving schemes）。確定提撥制的個人儲金制度，因可以減少國家的財務責任，被視為是避免國家財務危機的方法。

個人儲金制度的本質乃是一種強制性的儲蓄制度。我國的《勞工退休金條例》所規定之雇主、勞工提繳之工資一定比率之退休金即是；《公務人員退休資遣撫卹法》規定，2023年7月1日以後初任公務人員者，其退撫制度適用《公務人員個人專戶制退休資遣撫卹法》，採用確定提撥制。

二、確定給付制（dened benet, DB）

確定給付制是一種預期確定年金（prespecified annuity），被保險人與贊助者（通常是雇主，或政府）貢獻保險費一段期間（投保年資），一旦被保險人因老年、退休或失能離開職場後，即可定期領取工作期間薪資一定比率（所得替代率）的年金。

確定給付制係指雇主承諾員工於退休時，按約定退休辦法支付定額之退休金或分期支付一定數額之退休俸，至於雇主與員工提撥之基金與退休給付之金額並無必然之關係，退休金數額之決定與薪資水準及服務年資有關，此種辦法對雇主而言，性質屬於長期給付承諾，且退休金之精算成本為估計值，較不確定，因此雇主易遭實質的財務風險。

確定給付制係指年金制度確定，保障老年給付之數額（或水準），或依其繳費年資決定給付水準（基數），及透過精算技術預估該所屬員工，或制度內全體員工退休時所需退休金給付成本後，再決定提撥期間所需提撥比率的一種制度，隨著物價等因素，會影響實際應繳費的金額。我國勞保、公保、軍保、國民年金等，即是確定給付制。

基本概念：確定提撥、確定給付

確定提撥

量入為出，被保險人及雇主均事先按月提撥一定費用至個人帳戶，待退休時領取個人帳戶提撥總額及投資收益，故又名「個人帳戶制」。

確定給付

量出為入，先確定給付數額，再依被保險人年齡結構決定繳費率，通常未足額提撥，再以逐步調升費率方式補足。政府公共年金多採此方式，以確保民眾獲得基本老年經濟安全保障。

確定提撥制與確定給付制之比較

Defined Contribution Vs. Defined Benefit

優缺點 / 制度類型	👍 優點	👎 缺點
確定提撥制（DC）	1. 員工離職時可攜帶退休金，不必擔心因公司關廠或離職而領不到退休金。 2. 員工可自行監督雇主有無按期提存退休準備金；另雇主定期按照個人提存比率提存，制度上較為公平。	1. 退休準備金逐期提撥，易受通貨膨脹影響。 2. 員工所領之退休金無法因應老年退休生活所需。
確定給付制（DB）	1. 具有所得重分配的功能，可減少老年生活的貧富差距。 2. 賦予勞動者撫養退休人口的責任。 3. 給付額度按退休前之薪資而定，受通貨膨脹影響較小。	1. 由於人口老化問題嚴重，撫養比例逐漸提高，勞動者的負擔將會愈來愈沉重。 2. 退休給付會受到工作年資、薪資成長、通貨膨脹、員工異動率等影響，故難以預知退休給付金額。 3. 勞工如更換雇主，或是雇主不繼續僱用勞工，則其年資中斷，無法領到退休金，對員工而言相當不利。

第 **17** 章

勞動政策

● ● ● ● ● ● ● ● ● ● ● ● ● ● ● ● ● 章節體系架構 ▼

Unit 17-1
積極性勞動市場政策

　　在2000年之後，福利國家在社會政策的發展上，福利限縮（retrenchment）和維持成本（cost-containment）已成為各國在福利改革時，最重要的方針之一。過去透過消極性（passive）勞動市場政策為主的方案，如失業給付、提早退休退休津貼等政策，已不再能有效解決失業的危機。此外，勞動市場的彈性化、部分工時勞動、不穩定就業型態等，將威脅福利體系的給付水準，並使得社會移轉所得漸趨減少，增加老年人口群的失業和貧窮危機（Ebbinghaus, 2001；轉引自陳盈方，2020）。

　　隨著失業給付支出的增加與福利依賴現象的出現，以「所得維持」為中心的消極性勞動市場政策，逐漸轉移為以「促進就業」為中心的積極性勞動市場政策（Active Labor Market Policies, ALMP）（行政院經濟建設委員會，2007）。ALMP主要是藉由創造就業機會，提供職業訓練與就業服務，以促進失業者再就業。ALMP的政策工具可分為三類：創造工作機會、職業訓練與就業服務（辛炳隆，2003）。在多數國家，對於維持失業的所得，多採用消極性勞動政策，例如：失業給付、失業救助等，但因欠缺強化失業者工作誘因與提升勞動品質的機制，故長期實施下來，出現嚴重的福利依賴問題。

　　在創造工作機會政策工具層面，包括由政府直接雇用勞工從事公共工作，或是提供企業薪資補貼，以增加其僱用意願。且這些措施的適用對象大多限為長期失業者或低就業能力之弱勢族群；在職業訓練政策工具層面，包括公立職訓機構提供訓練課程，以及補助企業、勞工的職業訓練費用和訓練期間生活費用，以加強勞工的工作技能與生產力；在就業服務政策工具層面，除就業媒合外，也提供就業諮商、尋職技巧訓練，並包括尋職津貼等。

　　總體而言，ALMP強調政策推動上，重視勞動者人力資本的累積，可降低勞動者未來面臨經濟不安全的風險。此外，消極性的勞動市場政策，無法使得勞動者脫離貧窮，而這樣的情形延續下去，將會造成社會排除，亦即由單一財務面向的弱勢，轉變為多面向的弱勢，例如：所得、教育、健康、住宅等等，且工作的缺乏，不僅缺乏固定所得，亦可能喪失以職業為基礎的社會保障，而更易落入社會底層。因此，以促進就業為中心的積極性勞動市場政策，有助於避免失業者的社會排除。另有學者指出，由所得維持政策改為ALMP，強調福利政策與勞動政策的連結，可降低福利依賴，即為強調權利與責任的對等。

工作福利

Bill Clinton
（柯林頓）
美國民主黨總統

工作福利：
意指強制福利領受者為領取福利給付，而進入工作（或進行求職、就學等有助於就業活動），以作為領取福利給付之回報。

▨ 美國的工作福利政策之具體出現，乃1996年柯林頓總統時代之《個人責任及工作機會協調法案》（PRWORA）下的「貧困家庭臨時補助」（TANF）。

▨ 本方案承繼接受救助的貧困兒童及單親媽媽必須符合進入工作的要求，且嚴格執行。

▨ TANF的特性：
　⑴ TANF已澈底終止應享權益和明訂救助時間的限制。
　⑵ TANF強制福利案主必須符合工作和個人責任要求（如每週至少工作30小時）才能換取福利給付。
　⑶ TANF是一項暫時性的現金救助，一生當中至多僅能累計領取5年的給付，每次領取給付滿2年後必須重返正規就業市場。

▨ TANF的四個目標：
　⑴ 提供扶助予貧困的家庭，這些孩童必須生活在其父母的家庭或其他親屬的家庭中。
　⑵ 藉由促進就業準備、就業甚至婚姻，終結貧困案主對政府給付的依賴。
　⑶ 為了防止及減少婚外外懷孕及生子的現象，逐年降低對婚外懷孕給付對象的數量。
　⑷ 鼓勵形成及維持雙親家庭。

工作貧窮、新貧

工作貧窮 （working poor）	新貧 （new poverty）
■ 工作貧窮的定義為：「就業者的所得低於某一水準。」亦即，「即使是有工作，還是處於貧窮的地位。」 ■ 這個概念強烈指向所得、薪資水準過低，不足以維持及滿足家戶的需求。	■ 新貧是指「那些在快速邁向富裕的過程中，留在原地及落後所成的貧窮現象。」是在經濟社會快速進步發展中「被拋棄的人」。 ■ 「被拋棄的人」：指的是低教育、低技術勞動者在中高齡時，容易發生失業的現象。 ■ 新貧與結構性失業有所關聯。

Unit 17-2
《就業服務法》與《就業保險法》

　　一套完整的就業安全體系，係由就業服務、職業訓練及失業保險三者緊密結合，共同建構完成，發揮積極的促進就業功能。本單元就《就業服務法》、《就業保險法》與說明如下：

一、《就業服務法》

　　我國的《就業服務法》之立法意旨，係為促進國民就業，以增進社會及經濟發展，就業服務法對禁止任何的就業歧視有嚴格的規定，是為保障國民就業機會平等，因此，規範雇主對求職人或所僱用員工，不得以種族、階級、語言、思想、宗教、黨派、籍貫、出生地、性別、性傾向、年齡、婚姻、容貌、五官、身心障礙、星座、血型或以往工會會員身分為由，予以歧視。

　　《就業服務法》針對弱勢者的就業協助，必要時得發給相關津貼或補助金。協助之弱勢對象包括：獨力負擔家計者、中高齡者、身心障礙者、原住民、低收入戶或中低收入戶中有工作能力者、長期失業者、二度就業婦女、家庭暴力被害人、更生受保護人。此外，對於低收入戶及中低收入戶中有工作能力者，列冊送當地公立就業服務機構，推介就業或參加職業訓練，及應徵工作所需旅費，得酌予補助。

二、《就業保險法》

　　我國《就業保險法》之立法意旨，係為保障勞工職業訓練及失業一定期間之基本生活；《就業保險法》係採用社會保險的方式辦理，符合投保資格的受僱勞工，應以其雇主或所屬機構為投保單位投保。

　　就業保險的保險給付共有五種，包括失業給付、提早就業獎助津貼、職業訓練生活津貼、育嬰留職停薪津貼、失業之被保險人及隨同被保險人辦理加保之眷屬全民健康保險保險費補助。其中，育嬰留職停薪津貼適用對象為被保險人之保險年資合計滿一年以上，子女滿三歲前，可依規定辦理育嬰留職停薪，並以以被保險人育嬰留職停薪之當月起前六個月平均月投保薪資百分之六十計算，於被保險人育嬰留職停薪期間，按月發給津貼，每一子女合計最長發給六個月。

　　另《就業保險法》的失業給付，係按申請人離職辦理本保險退保之當月起前六個月平均月投保薪資百分之六十按月發給，最長發給六個月；但申請人離職辦理本保險退保時已年滿四十五歲或領有社政主管機關核發之身心障礙證明者，最長發給九個月；且有因應經濟不景氣致大量失業或其他緊急情事時的延長給付規定。

《就業服務法》

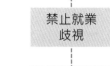

	禁止就業歧視	訂有就業平等及禁止就業歧視等條款，促進就業機會平等
45歲至65歲者	中高齡界定	
	原住民就業服務機構	原住民人口達2萬人以上之地區
獨力負擔家計者、中高齡者、身心障礙者、原住民、低收入戶或中低收入戶中有工作能力者、長期失業者、二度就業婦女、家庭暴力被害人、更生受保護人	自願就業津貼／補助金發放對象	

 法規請至「全國法規資料庫」下載

《就業保險法》

	被保險人	年滿15歲以上，65歲以下之受僱勞工
1-2%	保險費率	
	財務精算小組	每3年精算一次，聘請精算師、保險財務專家、相關學者及社會公正人士9-15人組成
失業給付、提早就業獎助津貼、職業訓練生活津貼、育嬰留職停薪津貼、失業之被保險人及隨同被保險人辦理加保之眷屬全民健康保險保險費補助	保險給付	
	失業給付	月投保薪資60%
月投保薪資60%，每一子女合計最長發給6個月	育嬰留停貼	

 法規請至「全國法規資料庫」下載

第 **18** 章

多元與志願服務政策

● ● ● ● ● ● ● ● ● ● ● ● ● ● ● ● ● ● ● 章節體系架構 ▼

Unit 18-1
《原住民族工作權保障法》

原住民在當代經濟社會上的弱勢地位，反映在原住民勞工的就業競爭劣勢與平均所得低落。有關原住民的勞動概況，經原住民委員會（2019）歸納後，包括：原住民多從事勞動密集工作，易受環境景氣影響；原住民女性勞動參與率低；教育程度及競爭力偏低，工作被取代性高；參與職業訓練比例過低；就業資訊管道可近性低。

為促進原住民就業，保障原住民工作權及經濟生活，我國於2001年通過《原住民族工作權保障法》。《原住民族工作權保障法》係整合既有的原住民就業促進相關法令及就業保障措施，政策目標有二：一為促進就業：亦即提高就業率、降低失業率，保障原住民的工作權；其次是保障經濟生活：增加工作所得，改善生活（童伊迪等人，2019）。

《原住民族工作權保障法》在促進就業面向，訂有比例進用制度，規定政府機關、公立學校及公營事業機構，除外島外，僱用之特定人員之總額，每滿一百人應有原住民一人，而在原住民地區，則應有有三分之一以上為原住民。此項以特定區域訂定應進用特定人員的比例，為《原住民族工作權保障法》所特有，與《身心障礙者權益保障法》僅規定進用人數比率，未規定必須進用之特定區域有所不同。而《原住民族工作權保障法》所稱之原住民地區，係指原住民族傳統居住，具有原住民族歷史淵源及文化特色，經中央主管機關報請行政院核定之地區。

另為協助原住民就業，《就業服務法》規定，縣市轄區內原住民人口達二萬人以上者，得設立因應原住民族特殊文化之原住民公立就業服務機構。此外，《原住民族工作權保障法》規定，民間機構僱用原住民五十人以上者，得置社會工作人員，提供職場諮商及生活輔導，其費用由政府補助之。透過政府資源的挹注，可以提升媒合原住民就業，以及提升原住民的就業技巧。

在另一方面，政府於《政府採購法》訂定政府採購案件得標廠商，其於國內員工總人數逾一百人者，應於履約期間僱用身心障礙者及原住民，人數不得低於總人數百分之二，僱用不足者，除應繳納代金，並不得僱用外籍勞工取代僱用不足額部分。在《原住民族工作權保障法》則延伸加以訂定為依政府採購法得標之廠商，於國內員工總人數逾一百人者，應於履約期間僱用原住民，其人數不得低於總人數百分之一。此項制度的建立，係為保障原住民的工作權益。

《原住民族工作權保障法》

政府機關（構）進用規定
僱用約僱人員、駐衛警察、技工、駕駛、工友、清潔工、收費管理員之總額，每滿100人應有原住民1人（特定地區除外）

僱用約僱人員、駐衛警察、技工、駕駛、工友、清潔工、收費管理員之總額，應有1/3以上為原住民
原住民地區政府機關（構）進用規定

原住民合作社
指原住民社員超過該合作社社員總人數80%以上者，免徵所得稅及營業稅

國內員工總人數逾100人者，應於履約期間僱用原住民，其人數不得低於總人數1%
《政府採購法》得標之廠商

就業狀況調查
中央主管機關應定期辦理原住民就業狀況調查
各級主管機關應建立原住民人力資料庫及失業通報系統，以利推介原住民就業或參加職業訓練

民間機構僱用原住民50人以上者，得置社會工作人員，提供職場諮商及生活輔導，費用由政府補助之
社會工作人員

 法規請至「全國法規資料庫」下載

Unit 18-2
《志願服務法》

聯合國於1985年宣布每年12月5日為國際志願服務日，之後又將2001年訂定為「國際志工年」，我國亦於2001年國際志工年通過《志願服務法》。

志願服務是個人自主奉獻自己的時間、精力，而不關心金錢利益，參與社會活動。顯然，志願服務是個人內在評價後的自發性利社會行為，而非立即對個人有金錢報酬或實質利益，也不是接受他人的強制性要求之行為（曾華源等人，2003）。因此，我國《志願服務法》之立法意旨，係為整合社會人力資源，使願意投入志願服務工作之國民力量做最有效之運用，以發揚志願服務美德，促進社會各項建設及提昇國民生活素質；並將志願服務定義為係民眾出於自由意志，非基於個人義務或法律責任，秉誠心以知識、體能、勞力、經驗、技術、時間等貢獻社會，不以獲取報酬為目的，以提高公共事務效能及增進社會公益所為之各項輔助性服務。

在《志願服務法》中，對於志願服務運用單位之職責，有詳細的規範。包括：必須擬定志願服務計畫，並向主管機關備案；此外，志願服務運用單位應對志工辦理基礎訓練、特殊訓練，以提升志願服務工作品質，保障受服務者之權益。

《志願服務法》在「志工之權利及義務」章中，規範志工應有之權利，包括：⑴接受足以擔任所從事工作之教育訓練；⑵一視同仁，尊重其自由、尊嚴、隱私及信仰；⑶依據工作之性質與特點，確保在適當之安全與衛生條件下從事工作；⑷獲得從事服務之完整資訊；⑸參與所從事之志願服務計畫之擬定、設計、執行及評估。而相對於權利，志工應有之義務，包括：⑴遵守倫理守則之規定；⑵遵守志願服務運用單位訂定之規章；⑶參與志願服務運用單位所提供之教育訓練；⑷妥善使用志願服務證；⑸服務時，應尊重受服務者之權利；⑹對因服務而取得或獲知之訊息，保守秘密；⑺拒絕向受服務者收取報酬；⑻妥善保管志願服務運用單位所提供之可利用資源。此規定有助於釐清志工權利與義務。

此外，《志願服務法》亦課以志願服務運用單位、志工在侵害他人權利之相關責任。志工依志願服務運用單位之指示進行志願服務時，因故意或過失不法侵害他人權利者，由志願服務運用單位負損害賠償責任；但如因志工有故意或重大過失時，賠償之志願服務運用單位對之有求償權。此項規定有助於明定法律責任，也提志願服務運用單位、志工在提供志願服務時必須謹慎。

《志願服務法》

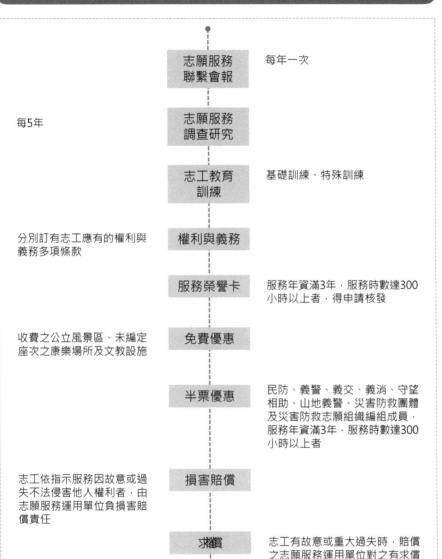

志願服務聯繫會報 — 每年一次

每5年 — 志願服務調查研究

志工教育訓練 — 基礎訓練、特殊訓練

分別訂有志工應有的權利與義務多項條款 — 權利與義務

服務榮譽卡 — 服務年資滿3年,服務時數達300小時以上者,得申請核發

收費之公立風景區、未編定座次之康樂場所及文教設施 — 免費優惠

半票優惠 — 民防、義警、義交、義消、守望相助、山地義警、災害防救團體及災害防救志願組織編組成員,服務年資滿3年,服務時數達300小時以上者

志工依指示服務因故意或過失不法侵害他人權利者,由志願服務運用單位負損害賠償責任 — 損害賠償

求償 — 志工有故意或重大過失時,賠償之志願服務運用單位對之有求償權

 法規請至「全國法規資料庫」下載

283

第 **19** 章

社會工作專業體系政策

 章節體系架構 ▼

Unit 19-1
非營利組織

有關非營利組織的定義，依據Salamon的說法，非營利組織的構成包含正式組織（formal）、民間的組織（private）、不從事盈餘分配（non-pro fit-distributing）、自主管理（self governing）、從事自願服務（voluntary）與公益的屬性（philanthropic）等六項特性。Wolf指出非營利組織的定義，必須具備幾項要素，包括：公益使命、為正式合法的組織、接受相關法令規章的管理、不以營利目的、組織享有稅賦上的優惠、具有可提供捐助人減（免）稅之合法地位（林淑馨，2009）。

依據我國《社會工作辭典》的界定，「非營利組織」的建立是為實現一些特定的社會目的，而不是為了金錢報酬。在學術上這個詞包含政府部門，但一般人是用來指私人、志願性的社會機構和營利的獨占性機構。他們的財源收入有各種來源，包括直接從案主、第三部門、公共捐款、慈善捐款、政府補助和免稅而來。

我國的非營利組織，依據法源的分類，可包括社團法人、財團法人等二類。社團法人的特徵為係結合「社員」的組織，組織本身與組成人員（社員）明確分離，團體與社員均保持其獨立的主體性；財團法人的特徵為係集合「財產」的組織，為達成一定目的而加以管理運用，亦即，財團法人需有一定的捐助財產，按照捐助章程規定，設立財產管理（董事），依特定目的忠實管理該特定財產，以維護不特定人的公益並確保受益人的權益。

Kramer 將非營利組織的角色功能加以分類為四項，包括：(1)開拓與創新：非營利組織常根據或透過組織本身實際參與的行動經驗，以改善增進服務品質或提出新的策略等；(2)改革與倡導：非營利組織透過影響立法與政策、獲得政府資金挹注、促使政府改善服務的供給及為案主爭取特殊利益等；(3)價值維護：非營利組織透過實際之運作，以激勵民眾對社會事務的關懷，有助於各種正面價值觀之維護；(4)服務提供：非營利組織可以彌補政府資源有限，無法充分保障社會中的所有民眾，並提供多元服務之不足（Kramer, 1981；轉引自邱瑜瑾，2009）。

從非營利組織的發展歷史加以分析，早期非營利組織和公部門在社會福利領域上共同提供服務，扮演公部門的部分輔助者角色。但在1980年代以後，因為福利多元主義與福利民營化的福利浪潮興起，非營利組織已從輔助者角色，轉而成為政府在公共服務上重要的「夥伴關係」。尤其是現今的社會福利服務輸送，非營利組織所扮演的角色與功能更形重要。

Kramer & Salamon提出之政府與非營利組織的關係類型

NON-PROFIT
ORGANIZATION

1　政府支配模式
- 政府在公共服務的輸送與財源上都占有支配的角色。
- 政府是主要的資源來源，也是服務的提供者，而政府則是向人民徵稅，並僱用公務人員來維持這些服務。

2　非營利組織支配模式
- 非營利組織既是財源提供者，也是服務的生產者。
- 但此種模式不常見，也較不被接受。

3　二元模式
- 政府與非營利組織二者都各自提供財源和服務，二者也各自進行自己的活動，形成一種平行關係，彼此活動並不重疊，也互不相干。
- 非營利組織在此種模式中，可以扮演兩種角色，一是針對政府無法顧及的人或事進行服務活動；二是補充政府所做之不足。

4　合作模式
- 政府與非營利組織是相互合作，而非各自為政或彼此敵視。
- 一般而言，政府是財源的提供者，而非營利組織是實際的服務執行者。

資料來源：文字整理自陳政智（2009）；圖作者自繪。

非營利組織的運作：CORPS

- C：clients 服務之對象
- O：operations 創造價值之業務運作，含規劃與組織
- R：resources 財力與物力資源，含資源提供者
- P：participants 參與者，含專職人員與志工
- S：services 所創造或提供之服務

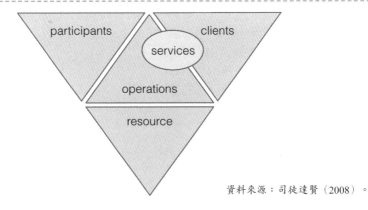

資料來源：司徒達賢（2008）。

Unit 19-2
社會企業

社會企業（social enterprise）是新式福利混合經濟關注的一環，它的社會—企業雙重特性是一種混合組織（hybrid organization）的表徵（黃源協等人，2021）。在福利國家的危機逐漸浮出後，以新右派著稱的雷根和柴契爾政府展開一連串改革政策，企圖以新公共管理政策思維，透過促進勞動與減少福利支出等做法，改善福利國家尾大不掉弊病走出政府失靈困境。在這股經濟改革浪潮下，逐引發社會企業概念浮現（國家發展委員會，2013）。

EMES歐洲研究社群網絡（EMES European Research Network）社會企業歸納為「社會企業是不以營利為目的之私有性質的組織，其所提供的財貨或服務直接與他們明示的目的有緊密的關聯性，而此目的即是要關照社區利益。一般而言，他們依靠一個集體的動能，將各類利益關係人納入到治理結構裡，同時高度珍視組織運作的自主性，以及承受活動時所帶來的經濟風險。」（王仕圖等人，2012）。官有垣（2008）將社會企業定義為「一個私人性質非以營利為目的組織，致力於提供社會財（social goods），除了有非營利組織（NPO）的傳統經費（如捐款與志願服務的參與）來源外，其還有相當部分包括商業的營利收入（從政府部門撥款者與私人營利部門的消費者獲得經費）以及商業上的活動」。

「社會企業」之創立雖以「企業」為機構的運作型式，但社會企業之願景與使命卻蘊含著解決社會議題或提供社會價值之精神，而對社會與公益有所貢獻。社會企業的類型相當多元，以我國為例，常見的社會企業類型包括：(1)工作整合型：此種類型在我國相當常見，主要以設立工作坊或庇護工場來提供工作機會或職業訓練給弱勢人口群，社會福利機構所經營的庇護事業主要歸屬於此類。例如：喜憨兒基金會的烘焙庇護工場、陽光基金會的洗車工場；(2)社區發展型：主要由社區型非營利組織自行設立社會企業單位，或是扮演催化、資源整合、市場開發與行銷管理的角色，協助社區產業、產品與服務的發展。例如：多元就業發展方案；(3)社會合作型：合作社的主要特性在於強調組織內部的利益關係人透過參與組織追求集體利益。例如：原住民勞動合作社；(4)公益創投型：這是由非營利機構出資成立營利公司，以投資並協助其他非營利組織獲利或成長，並將盈餘重新投資其他的非營利組織。例如：臺灣大誌文創。

EMES歐洲研究社群網絡建立的社會企業定義之理想型指標（ideal type）面向

01

社會面

1. 具備公共利益目標組織
2. 由公民發起之行動
3. 有限分配利潤

02

經濟面

1. 持續生產與財貨銷售
2. 具備風險特質
3. 擁有最少支薪員工

03

治理面

1. 高度自主性
2. 決策權非依持股決定特質
3. 民主參與本質

資料來源：文字引自官有垣（2007）；圖作者自繪。

社會企業光譜

社會企業化程度		純慈善性質 ——————→ 純商業性質		
動機、方法、目標		訴諸善心	兩者兼具	訴諸個人利益
		使命導向	使命與市場並重	市場導向
		社會價值	社會與經濟價值並重	經濟價值
主要利益關係人	受益人	免付費	補助價格，或服務對象有的付全額、有的免費	依市價收費
	資金	捐款與補助金	資金成本低於市價，或捐款與成本比照市價行情的資金兼具	市場價格的資金
	員工	義工	付低於市場行情的工資，或同時有義工及支薪的員工	依市場行情給薪
	供應商	捐贈物品	特殊折扣，或物品捐贈與全額捐贈皆有	依市價收費

資料來源：張茂芸譯（2000）。

Unit 19-3
《社會工作師法》

　　我國的《社會工作師法》於1997年3月11日完成立法，是我國社會福利發展的重要里程碑，並訂每年的4月2日為臺灣社工日。《社會工作師法》的立法意旨係為建立社會工作專業服務體系，提升社會工作師專業地位，明定社會工作師權利義務，確保受服務對象之權益。

　　《社會工作師法》對「社會工作師」之定義，為依社會工作專業知識與技術，協助個人、家庭、團體、社區，促進、發展或恢復其社會功能，謀求其福利的專業工作者；經社會工作師考試及格並領有社會工作師證書者，得充任社會工作師；非領有社會工作師證書者，不得使用社會工作師名稱。

　　社會工作是一門專業，為確保服務對象的權益不會受到不當的侵害，專業倫理規範的訂定有其重要性。專業倫理規範則是一系列對從業人員自我約束的倫理原則，其目的在提供辨別某一專業領域的從業者其行為對錯的原則，具體條文便是所謂的專業倫理守則。《社會工作師法》規定，社會工作師之行為必須遵守《社會工作倫理守則》之規定；倫理守則，由全國社會工作師公會聯合會訂定，提請會員（會員代表）大會通過後，報請中央主管機關備查。

　　在執業安全方面，《社會工作師法》規定，社會工作師依法執行業務時，任何人不得以強暴、脅迫、恐嚇、公然侮辱或其他非法之方法，妨礙其業務之執行；如有受到妨礙，或身體、精神遭受不法侵害之虞者，得請求警察機關提供必要之協助；已發生者，警察機關應排除或制止之；涉及刑事責任者，應移送司法機關偵辦；社會工作師所屬機關（構）、團體、事務所應保障其執行業務之安全，並提供必要之安全防護措施；社會工作師所屬機關（構）、團體、事務所未提供前項安全防護措施或提供不足時，社會工作師得請求提供之，機關（構）、團體、事務所不得拒絕；以及會工作師依據相關法令及專業倫理守則執行業務，涉及訴訟，所屬團體、事務所得提供必要之法律協助。

　　社會工作師就如同醫師、律師一樣，訂有懲戒制度。《社會工作師法》規定社會工作師有業務上重大或重複發生過失行為、受主管機關或司法警察機關詢問時有虛偽之陳述或報告、對於因業務而知悉或持有他人之秘密無故洩漏、違反《社會工作倫理守則》，以及業務上不正當行為等情形，由社會工作師公會或主管機關移付懲戒。社會工作師懲戒之方式包括：警告、命接受一定時數之繼續教育或進修、限制執業範圍或停業一個月以上一年以下、廢止執業執照、廢止社會工作師證書等。

《社會工作師法》

	社會工作師身分定義	經社會工作師考試及格,並依法領有社會工作師證書者,得充任社會工作師
應向所在地縣市主管機關申請登記,並取得執業執照	執業	
	停歇復業	30日內,報請原發執業執照機關備查
(1)行為、社會關係、婚姻、家庭、社會適應等問題之社會暨心理評估與處置;(2)各相關社會福利法規所定之保護性服務;(3)對個人、家庭、團體、社區之預防性及支持性服務;(4)社會福利服務資源之發掘、整合、運用與轉介;(5)社會福利機構、團體或於衛生、就業、教育、司法、國防等領域執行社會福利方案之設計、管理、研究發展、督導、評鑑與教育訓練等;(6)人民社會福利權之倡導;(7)其他經中央主管機關或會同目的事業主管機關認定之領域或業務	執行業務項目	
	執行處所	以一處為原則
保存至少7年	社會工作紀錄	
	繼續教育	每6年提出完成繼續教育證明
需執行業務5年以上	申請設立社工師事務所	
	區域社工師公會	直轄市及縣(市)社會工作師達15人以上者得成立

 法規請至「全國法規資料庫」下載

291

參考書目

中文部分

人事行政總處（2004）。〈論我國性別主流化政策歷程與未來修正方向―以北歐瑞典、芬蘭兩國案例爲借鏡〉。《103年人事行政研究發展徵文》。人事行政總處。

中華民國社區發展研究訓練中心（1992）。《社會工作辭典》。臺北：中華民國社區發展研究訓練中心。

王仕圖等人（2012）。〈歐洲與美國的社會企業和社會創業精神的概念內涵：趨同與分歧〉，收錄於官有垣等人主編《社會企業：臺灣與香港的比較》。臺北：巨流。

王秀燕（2013）。〈搭建過剩與匱乏橋樑：臺中市愛心食物銀行的實施經驗〉，《社區發展季刊》，143：231-242。

王育瑜（2023）。《身心障礙者人權議題：自主、倡議與社會工作使命》。臺北：五南。

王國羽（2008）。〈聯合國身心障礙者權利公約對我國的啟示〉，《社區發展季刊》，123：106-116。

王翊涵等人（2020）。〈原住民族婦女的處境分析與充權觀點的社會工作服務〉，《社區發展季刊》，171：202-214。

王篤強（2007）。《貧窮、文化與社會工作》。臺北：洪葉。

王儷玲等人（2017）。〈年金改革與建立臺灣永續年金制度〉，《臺灣經濟預測與政策》，48：1-39。

丘昌泰（2022）。《公共政策：基礎篇》。臺北：巨流。

古允文譯、Ian Gough著（1995）。福利國家的政治經濟學。臺北：巨流。

司徒達賢（2008）。《非營利組織的經營管理》。臺北：天下文化。

江亮演等人（2005）。〈社會福利與公設民營化制度之探討〉，《社區發展季刊》，108：54-71。

行政院主計總處（2022年11月30日）。〈110年社會保障支出統計〉。2024年5月12日，檢索自行政院主計總處。https://reurl.cc/QRZDx2。

行政院經濟建設委員會（2007）。我國促進就業措施對就業的影響分析研究。行政院經濟建設委員會。

何華欽（2015）。〈由貧窮至生活品質的衡量：主客觀的建構方法〉，《社區發展季刊》，151：106-115。

吳可久（2011）。〈應用通用設計原則於公共圖書館空間規劃之分析〉，《臺北市立圖書館館訊》，28(3)：11-22。

吳秀照（2011）。〈從理論到實踐：身心障礙就業服務之理念與服務輸送的探討〉，《社區發展季刊》，112：104-116。

吳定（2017）。《公共政策》。臺北：五南。

呂寶靜（2021）。《老人福利服務》。臺北：五南。

宋麗玉（2021）。〈女性主義與社會工作〉，收錄於《社會工作理論：處遇模式與案例分析》。臺北：洪葉。

李易駿（2013）。《社會政策原理》。臺北：五南。

李易駿（2017）。《社會福利概論》。臺北：洪葉。

李易駿等人（2003）。〈另一個福利世界？東亞發展型福利體制初探〉。《臺灣社會學刊》，31，189-241。

李美珍等人（2009）。〈打造經濟弱勢孩童的夢想撲滿—兒童及少年未來教育與發展帳戶內涵暨執行狀況初探〉，《社區發展季刊》，165：258-269。

李碧涵（2000）。〈市場、國家與制度安排：福利國家社會管制方式變遷〉，論文發表於《全球化下的社會學想像：國家、經濟與社會》學術研討會，台灣大學社會學學系與台灣社會學社主辦。

李麗芬（2002）。〈論「兒少性交易」為何應正名為「兒少性剝削」〉，《社區發展季刊》，139：282-287。

辛炳隆（2003）。〈積極性勞動市場政策的意涵與實施經驗〉，《就業安全半年刊》，2(1)：9-15。

周月清（2008）。〈個人助理服務：障礙者自立生活與身權公約實踐〉，《社區發展季刊》，164：50-66。

周月清等人（2005）。〈聯合國國際衛生組織ICF緣起與精神：文獻檢視〉，《社區發展季刊》，150：17-39。

周怡君（2009）。《社會政策與社會立法新論》。臺北：洪葉。

周海娟（2008）。〈北京宣言十三年：台灣性別主流化的回顧與展望〉，《社區發展季刊》，123：48-58。

官有垣（2007）。〈從社會經濟的觀點探討社會企業的意涵〉，《社區發展季刊》，160：10-27。

官有垣（2008）。《台灣社會企業組織的經營管理：以陽光社會福利基金會為例。多元就業開發方案—民間團體發展成為社會企業論述精選集》。行政院勞工委員會職業訓練局中彰投區就業服務中心。

林正郱等人（2022）。〈從排除到融合 協助社區精神病人之實務經驗分享〉，《社區發展季刊》，179：130-140。

林芳玫等人（2003）。〈性別主流化─促進婦女權益的新思維〉，《社區發展季刊》，101：29-42。

林珍珍（2017）。〈福利混合經濟下的協同合作〉，《社區發展季刊》，117：90-97。

林淑馨（2009）。〈台灣與日本非營利組織的比較〉，收錄於蕭新煌等人主編《非營利部門與組織運作》。臺北：巨流。

林勝義（2012）。《兒童福利》。臺北：五南。

林勝義（2018）。《社會政策與社會立法：兼論社工實務》。臺北：五南。

林萬億（1994）。《福利國家：歷史比較的分析》。臺北：巨流。

林萬億（2012）。《臺灣的社會福利：歷史與制度的分析》。臺北：五南。

林萬億（2000）。〈建構以家庭為中心、社區為基礎的社會福利體系〉，《社區發展季刊》，129：20-51。

林萬億（2022）。《社會福利》。臺北：五南。

林萬億等人（2016）。〈學校社會工作的理論與實務模式〉，收錄於《學校輔導團隊工作》。臺北：五南。

社區發展季刊（2005）。〈高齡社會中積極多元老人福利政策〉，《社區發展季刊》，110：1-4。

社區發展季刊（2013）。〈年金改革聲浪中的改革芻議〉，《社區發展季刊》，144：1-37。

社區發展季刊（2016）。〈展望下階段的長期照顧政策〉，《社區發展季刊》，153：1-4。

社區發展季刊（2017）。〈人權大步走：聯合國權利公約的實踐〉，《社區發展季刊》，157：1-3。

邱大昕（2007）。〈CRPD與「合理調整」〉，《社區發展季刊》，157：236-240。

邱瑜瑾（2009）。〈非營利組織與社會福利服務〉，收錄於蕭新煌等人主編《非營利部門與組織運作》。臺北：巨流。

侯東成譯、Stephen Mckay & Karen Rowlingson著（2006a）。〈所得保障暨社會安全〉，收錄於《解讀社會政策》。臺北：群學。

侯東成譯、Martin Powell著（2006b）。〈第三條路〉，收錄於《解讀社會政策》。臺北：群學。

姚蘊慧（2004）。〈社會福利民營化的再省思〉，《通識研究集刊》，5：39-52。開南管理學院通識教育中心。

施世駿等人（2023）。〈東亞視野的台灣福利國家：歷史發展與前瞻〉，《臺大社會工作學刊》特刊，43-82。

柯木興（1995）。《社會保險》。臺北：三民。

柯木興等人（2005）。〈世界銀行多層次「台灣老年經濟保障模式」的淺析〉，收錄於詹火生、柯木興編著《建構台灣老年經濟保障制度論壇》，33-46。臺北：國家政策研究基金會。

胡夢鯨等人（2006）。〈從生產老化觀點分析退休者的貢獻經驗及障礙：以勒靈中心中作者為例〉，《國立臺灣科技大學人文社會學報》，12(2)：85-113。

原住民族委員會（2019）。《107年原住民族就業狀況調查報告》。臺北：原住民族委員會。

孫本初（2011）。《公共管理》。臺北：智勝文化。

孫健忠（2000）。〈台灣社會津貼實施經驗的初步分析〉，《社會政策與社會工作學刊》，4(2)：5-41。

孫健忠（2014）。〈親屬責任與社會救助：扶助或控制？〉，《社區發展季刊》，103：184-194。

徐慧娟（2003）。〈成功老化：老年健康的正向觀點〉，《社區發展季刊》，103：252-260。

國家發展委員會（2004）。《我國社會福利體系中之基本所得保障研究》。國家發展委員會。

國家發展委員會（2013）。《我國非營利組織社會企業化之研究》。國家發展委員會。

張茂芸譯、赫茲林格等著、Dees J. Gregory（2000）。《哈佛商業評論—非營利組織》。臺北：天下文化。

張國偉（2007）。〈十年來台灣貧窮趨勢分析—以1994、2001、2004年低收入戶調查為例〉，《社區發展季刊》，124：28-42。

張淑慧（2009）。〈司法社會工作概述〉，《社區發展季刊》，128：155-168。

許雅惠（2020）。〈婦女充權與社會參與〉，《社區發展季刊》，171：58-73。

郭振昌（2016）。〈臺灣長期照顧錢從哪裡來？保險制與稅收制抉擇的政策分析〉，《社區發展季刊》，154：307-320。

陳文學（2021）。暨南國際大學推動食物銀行烏溪線站的先期經驗與省思，收錄於孫同文等主編《大學與縣政治理：橋接、行動與研究》。國立暨南國際大學。

陳政智（2009）。〈公私協力下政府部門如何協助非營利組織生存〉，《社區發展季刊》，126：181-190。

陳政智等人（2011）。〈從「高高平、區區同」談福利輸送的價值：平等只是第一步，公平才是下一步〉，《社區發展季刊》，134：345-351。

陳盈方（2020）。〈臺灣積極勞動市場政策做為社會投資策略之檢視－人力資本觀點〉，《社區發展季刊》，170：194-208。

陳琇惠（2000）。〈繳費式與非繳費式給付之本質、意涵及其關連性〉，《社區發展季刊》，95：96-110。

陳琇惠（2010a）。〈國民年金永續發經營之道－永不停止的改革〉，《保險經營與制度》，9(1)：103-126。

陳琇惠（2010b）。〈風險社會下台灣國民年金制度未來發展策略方向〉，《社區發展季刊》，132：402-417。

陳燕禎等人（2007）。〈老人幸福居：全齡住宅與通用設計之探討〉，《社區發展季刊》，158：116-130。

曾華源等人（2003）。《志願服務概論》。臺北：揚智。

童伊迪等人（2019）。〈原住民族就業現況與展望〉，《社區發展季刊》，169：293-307。

馮永猷等人（2013）。《府際財政》。臺北：元照。

黃全慶（2015）。〈邁向多元化、去標籤化的食物銀行〉，《社區發展季刊》，150：264-374。

黃志忠等人譯、Neil Gilbert & Paul Terrell著（2012）。《社會福利政策》。臺北：雙葉。

黃源協等人（2021）。《社會政策與社會立法》。臺北：雙葉。

黃慶讚（2000）。〈從社會福利的發展看非營利機構與政府間之互動〉，收錄於蕭新煌主編《非營利部門組織與運作》，292-313。臺北：巨流。

黃耀滄（2021）。〈我國年金制度發展初探〉，《台灣勞工》，14：24-32。

楊志良（2000）。〈由活躍老化觀點建構國民健康新願景〉，《社區發展季刊》，132：26-40。

楊瑩（1998）。〈國民基礎年金實施後有關老殘及特殊對象福利對策之福利措施配合〉。行政院經濟建設委員會。

楊錦青（2017）。〈「消除對婦女一切形式歧視公約」對於我國法令建置之影響〉，《社區發展季刊》，157：4-24。

葉肅科（2012）。〈臺灣兒童及少年福利與權益保障法：回顧與展望〉，《社區發展季刊》，139：31-41。

董和銳（2003）。〈身心障礙之概念架構與社會意涵〉，《身心障礙研究》，1(1)：32-42。

詹火生（2009）。〈國民年金的時代意義與未來挑戰〉，論文發表於《國民年金的時代意義與未來挑戰》學術研討會，國立中正大學。

詹火生（2010）。〈國民年金兩年來的經驗與未來挑戰〉，收錄於《跨越民國百年—強化國民年金制度，締造祥和社會研討會會議實錄》。內政部國民年金監理會。

詹火生（2010）。〈國民年金周年之回顧與展望〉。國家政策研究基金會，社會（研）099-001號，http://www.npf.org.tw/post/2/6933。

詹火生（2013）。〈我國年金制度改革的挑戰與展望〉，《社區發展季刊》，144：34-49。

詹火生等人（1993）。〈西歐社會安全制度發展之分析〉，王國羽主編，《社會安全問題之探討》，15。國立中正大學社會福利學系。

詹火生等人（2014）。《社會正義與社區參與》。臺北：五南。

監察院（2018）。〈「『以房養老』政策之研析」通案性案件調查研究報告〉。監察院。

劉立凡等人（2022）。〈中老年人健康狀況與主觀幸福感之相關性研究：以臺灣南部某都市社區調查為例〉，《社區發展季刊》，177：311-330。

劉金山（2013）。〈從長期照顧政策發展趨勢論人力培育規劃之方向〉，《社區發展季刊》，142：304-316。

潘中道（1996）。〈社會福利分工的理論性探討〉，《社區發展季刊》，73：126-134。

蔡宏昭（2004）。《社會福利經濟分析》。臺北：揚智。

蔡佳穎等人（2000）。〈以「損傷」與「障礙」並重的社會模式探討身心障礙者生活品質〉，《社區發展季刊》，131：499-512。

蔡長穎（2007）。〈我國長期照顧服務法之政策評析〉，《社區發展季刊》，159：414-425。

衛生福利部等（2018）。《強化社會安全網計畫》。檢索自衛生福利部。https://reurl.cc/gG475z。

衛生福利部等（2021）。《強化社會安全網第二期計畫（110-114 年）》。檢索自衛生福利部。https://reurl.cc/xaaG15。

鄭堯任等人（2010）。〈「以房養老」活躍老化〉，《社區發展季刊》，132：106-122。

鄭麗珍（2005）。〈脫貧相關理論及案例介紹：資產累積模式〉，收錄於林萬億主編《自立脫貧方案操作手冊》。內政部。

蕭玉煌（2011）。〈我國國民年金的規劃與實施〉，《社區發展季刊》，133：109-123。

圖解社會政策與社會立法

賴兩陽（2013）。〈最後一哩路迢迢：我國國民年金制度的實施問題與對策〉，《社區發展季刊》，144：152-160。

薛承泰等人（2010）。〈建構老人經濟安全的新選擇—不動產逆向抵押構想〉，《社區發展季刊》，132：93-105。

簡慧娟等人（2017）。〈從聯合國身心障礙者權利發展脈絡看臺灣身心障礙權利的演變—兼論臺灣推動「身心障礙者權利公約」的歷程〉，《社區發展季刊》，157：151-1673。

簡慧娟等人（2019）。〈身心障礙福利服務10年回顧及前瞻〉，《社區發展季刊》，168：5-19。

羅紀琼（2015）。〈勞工保險老年給付的分配效果探討〉，《臺灣經濟預測與政策》，46：43-74。

顧燕翎等人（2019）。《女性主義理論與流變—激進女性主義》。臺北：貓頭鷹。

英文部分

Awais, M., Alam, T. & Asif, M. (2009). Socio-Economic Empowerment of Tribal Women: An Indian Perspective. International Journal of Rural Studies, 16(1), 1-11.

Barker, Robert (1999). The Social Work Dictionary. 4th ed. Washington D.C.: National Association of Social Workers.

Bigby, C. & Frawley, P. (2010). Social Work Practice and Intellectual Disability. Basing stoke: Macmillan.

Chambers, D. (2009). Social policy and Social Program: A Method for the Practical Public Policy Analyst. Allyn & Bacon Company.

Ebbinghaus, B. & Manow, P. (2001). Comparing Welfare Capitalism: Social Policy and Political Economy in Europe, Japan and the USA. London: Routledge.

Esping-Andersen, G. (1999). The Three Worlds of Welfare Capitalism. Cambridge: Policy.

European Network on Independent Living (ENIL) (2014). Myth buster. Dublin. Ireland: ENIL.

Gilbert, N. & Gilbert, B. (1985). The Enabling State: Modern Welfare Capitalism in American. New York and Oxford: Oxford University Press.

Hill, M. (1997). The Policy Process in the Modern State. Hemel Hempstead: Prentice Hall, Har vester Wbeatsbeaf.

Hudson, J. & Lowe, S. (2004). Under standi ng the Policy Process- Analysing Welfare Policy and Practice. Bristol: The Policy Press.

Rawls, J. (1972). A Theory of Justice, Oxford: Oxford University Press.

Kramer, Ralph M. (1981). Voluntary Agencies and in the Welfare. Berkeley: University of California Press.

Le Grand, J. (1982). The Strategy of Equality: Redistribution and the Social Services. London: Unwin Hyman.

Leichter, H. M. (1979). A Comparative Approach to Policy Analysis- Health Care in Four Nations. Cambridge: Cambridge Univers ity Press.

Lister, R. (2003). Principle of welfare. In Pete Alcock, Angus Erskine and MargaretMay (eds.), The Student's Companion to Social Policy (2nd). 260-266. London: Blackwell Publishers.

Munger, M. C. (2000). Five Questions: An Integrated Research Agenda for Public Choice. Cambridge University Press.

Offe, C. (1984). Contradictions of the welfare state. London: Hutchinson.

圖解社會政策與社會立法

Oliver, M. (1996). Understanding Disabilities: from theory to practice. Badingstoke Macmillan.

Oliver, M. (2009). Understanding Disabilities: from theory to practice. 2nd ed. Badingstoke Macmillan.

Peace. R. (2001). Social Exclusion: A Concept in Need or Definition?, Social Policy Journal of New Zealand, 16: 17-35.

Pierson, C. (2006). Beyond the Welfare State? The New Political Economy of Welfare. Cambridge Polity Press.

Pratt, A. (2012). Universalism or Slectism. In Michael Lavalette and Alan Pratt (eds.), Social Policy: A Conceptual and Theoretical Introduction. London: SAGE.

Sherraden, M. (1991). Assets and the Poor: A New American Welfare Policy. New York: M.E. Sharpe, Inc.

Spicker, P. (2008). Social Policy: Themes and Approaches. Bistol: Policy Press.

Weale, A. (1978). Equality and Social Policy. London: Routedge and Kedan Paul.

Weale, A. (1985). The Welfare State and Two Conflicting Ideal of Equality. Government and Opposition, 20(3): 319-327.

WHO (2002). Active Ageing: A Policy Framework. Madrid, Spain: Ageing and Life Course Program, Second United Nations World Assembly on Ageing Press.

Wilensky, H. & Leabuex, C. (1965). lnd1istrial Society and Social Welfare. NY: The Free Press.

國家圖書館出版品預行編目(CIP)資料

圖解社會政策與社會立法 ／ 陳思緯編著. 一一
三版. 一一 臺北市 ： 五南圖書出版股份有限公
司, 2024.09
　面；　公分
ISBN 978-626-393-463-4(平裝)

1.CST: 社會政策 2.CST: 社會福利

549.1　　　　　　　　　　113008692

1J0G

圖解社會政策與社會立法

作　　　者－陳思緯（272.7）

企劃主編－李貴年

責任編輯－李敏華、何富珊

文字校對－陳俐君

封面設計－姚孝慈

出　版　者－五南圖書出版股份有限公司

發　行　人－楊榮川

總　經　理－楊士清

總　編　輯－楊秀麗

地　　　址：106臺北市大安區和平東路二段339號4樓

電　　　話：(02)2705-5066　傳　　真：(02)2706-6100

網　　　址：https://www.wunan.com.tw

電子郵件：wunan@wunan.com.tw

劃撥帳號：01068953

戶　　　名：五南圖書出版股份有限公司

法律顧問　林勝安律師

出版日期：2020年5月初版一刷
　　　　　2022年12月二版一刷
　　　　　2024年9月三版一刷

定　　　價　新臺幣450元

※版權所有・欲利用本書內容，必須徵求本公司同意※

全新官方臉書

五南讀書趣

WUNAN
Books

since1966

Facebook 按讚

1秒變文青

 五南讀書趣 Wunan Books

★ 專業實用有趣
★ 搶先書籍開箱
★ 獨家優惠好康

不定期舉辦抽獎
贈書活動喔！！

經典永恆·名著常在

五十週年的獻禮——經典名著文庫

五南，五十年了，半個世紀，人生旅程的一大半，走過來了。
思索著，邁向百年的未來歷程，能為知識界、文化學術界作些什麼？
在速食文化的生態下，有什麼值得讓人雋永品味的？

歷代經典·當今名著，經過時間的洗禮，千錘百鍊，流傳至今，光芒耀人；
不僅使我們能領悟前人的智慧，同時也增深加廣我們思考的深度與視野。
我們決心投入巨資，有計畫的系統梳選，成立「經典名著文庫」，
希望收入古今中外思想性的、充滿睿智與獨見的經典、名著。
這是一項理想性的、永續性的巨大出版工程。
不在意讀者的眾寡，只考慮它的學術價值，力求完整展現先哲思想的軌跡；
為知識界開啟一片智慧之窗，營造一座百花綻放的世界文明公園，
任君遨遊、取菁吸蜜、嘉惠學子！